明史

清　張廷玉等撰

第二七册

卷三一三至卷三二二（傳）

中華書局

明史卷三百十三

列傳第二百一

雲南土司

明洪武十四年，大軍至滇，梁王走死，遂置雲南府。自是，諸郡以次來歸，垂及累世，規制咸定。統而稽之，大理、臨安以下，元江、永昌以上，皆府治也。孟艮、孟定等處則爲司，新化、北勝等處則爲州，或設流官，或仍土職。今以諸府州概列之土司者，從其始也。蓋滇省所屬多蠻夷雜處，卽正印爲流官，亦必以土司佐之。而土司名目淆雜，難以縷析，故係之府州，以括其所轄。而於土司事迹，止摭其大綱有關乎治亂興亡者載之，俾控馭者識所鑒焉。

雲南土司一

雲南　大理　臨安　楚雄　澂江　景東　廣南　廣西　鎮沅

永寧　順寧　蒙化　孟艮　孟定 耿馬安撫司附　曲靖

雲南，滇國也。漢武帝時始置益州郡。蜀漢置雲南郡。隋置昆州，唐仍之。後爲南詔蒙氏所據，改鄯闡府。歷鄭、趙、楊三氏，至大理段氏，以高智昇領鄯闡牧，遂世其地。元初，置鄯闡萬戶府。既改置中慶路，封子忽哥爲雲南王鎭之，仍錄段氏子孫守其土。忽哥死，其子嗣封爲梁王。

洪武六年，遣翰林待制王禕等齎詔諭梁王，久留不遣，卒遇害。八年復遣湖廣行省參政吳雲往，中途爲梁使所害。十四年，征南將軍傅友德、藍玉、沐英率師至雲南城，梁王赴滇池死，定其地。改中慶路爲雲南府，置都指揮使司，命都督僉事馮誠署司事。二月詔諭雲南諸郡蠻。十五年，友德等分兵攻諸蠻寨之未服者，土官楊苴乘隙作亂，集蠻衆二十餘萬攻雲南城。時城中食少，士卒多病，寇至，都督謝熊、馮誠等攖城固守，賊不能攻，遂遠營爲久困計。時沐英方駐師烏撒，聞之，將驍騎還救。至曲靖，遣卒潛入報城中，爲賊所得，紿之曰：「總兵官領三十萬衆至矣。」賊衆驚愕，拔營宵遁，走安寧、羅次、邵甸、富民、普寧、大理、江川等處，復據險樹柵，謀再寇。英分調將士剿降之，斬首六萬餘級，生擒四千餘人，諸部悉定。二十五年，英卒，命其子春襲封西平侯，〔一〕仍鎭雲南。

自英平雲南，在鎭十年，恩威著於蠻徼；每下片楮，諸番部具威儀出郭叩迎，盥而後啓，曰：「此令旨也。」沐氏亦皆能以功名世其家。每大征伐，輒以征南將軍印授之，沐氏未嘗不在行間。數傳而西平裔孫當襲侯，守臣爭之，謂滇人知有黔國公，不知西平侯也。孝宗以爲然，許之。自是，遂以公爵佩印，爲故事。諸土司之進止予奪，皆咨稟。及承平久，文網周密，凡事必與太監撫、按、三司會議後行，動多掣肘，土官子孫承襲有積至二三十年不得職者。土官復慢令玩法，無所忌憚；待其罪大惡極，然後興兵征剿，致軍民日困，地方日壞。大學士楊一清等因武定安銓之亂，痛切陳之。黔國公沐紹勳亦以爲言。雖得旨允行，亦不能更革。馴至神宗之世，朝廷惰媮，封疆敗壞日甚一日。緬、莽之叛，皆土官之失職者導之。雖稍奏膚功，而滇南喪敗，卒由土官沙定洲之禍。

沙定洲者，王弄山長官司沙源之子也。源驍勇有將材，萬曆中，數從征調有功，巡撫委以王弄副長官事。繼以征建水功，以安南長官司廢地畀之。後征東川、水西、馬龍山等處，全雲南會城，稱首功，累加至宣撫使，時號沙兵。定洲，其仲子也。

崇禎中，元謀土知州吾必奎叛。總兵官沐天波剿之，調定洲從征。定洲不欲行，出怨言。會奸徒饒希之、余錫朋者逋天波金，無以償。錫朋常出入土司家，誇黔府富盛。定洲心動，陰結都司阮韻嘉諸人爲內應。既定洲入城辭行，天波以家諱日不視事，定洲譟而入，焚劫其府。天波聞變，由小竇遁。時寧州土司祿永命在城，方巷戰拒賊，從官周鼎止天波，留討賊。天波疑鼎爲定洲誘己，殺之，其母妻皆走城北自焚死。定洲據黔府，盤踞會城。劫巡撫吳兆元，使題請代天波鎭滇，傳檄州縣，全滇震動。祿永命與石屛州龍在田俱引所部去。

天波走楚雄，金滄副使楊畏知奉調駐城中，謂天波曰：「公何不走永昌，使楚得爲備，而公在彼犄角，首尾牽制之，上策也。」天波從之。定洲至楚雄，城閉不得入，乃去。遣其黨王翔、李日芳等，攻陷大理、蒙化。畏知乘間檄城外居民盡入城，築陴濬隍，調土、漢兵守之。定洲聞祿永命等各固守，不敢至永昌，恐畏知截其歸路，急還兵攻楚雄。畏知坐城樓，賊發巨礮擊之，煙焰籠城櫓，衆謂畏知已死，而畏知端坐自如，賊相驚謂神。畏知伺賊間，輒出奇兵殺賊甚衆。賊引去，攻石屛不下，還攻寧州，祿永命戰死。賊計迤東稍稍定，乃復攻楚雄。分兵爲七十二營，環城掘濠，爲久困計。

會張獻忠死，其部將孫可望率餘衆由遵義入黔，稱黔國焦夫人弟來復仇。民久困沙兵，喜其來，迎之。定洲解楚雄圍，迎戰於草泥關，大敗，遁阿迷。可望破曲靖及交水，俱屠之。遂由陸涼、宜良入雲南城，分遣李定國徇迤東諸府。而可望自率兵西出，畏知禦於啓明橋，兵敗，被執。可望聞其名，不殺，語之曰：「吾與爾共討賊，何如？」畏知要以三事：「不用獻忠僞號，不殺百姓，不擄婦女，吾從爾。」可望皆許之。卽折箭相誓，乃以書諭天波如畏知言，天波亦來歸。而李定國之徇臨安者，定洲部目李阿楚拒戰甚力。定國穴地置礮，礮發城陷，遂入。驅城中官民於城外白場殺之，凡七萬八千餘人，斬獲不與焉。當時皆意定國破臨安，必襲阿迷，取定洲，乃僅掠臨安子女而回，所過無不屠滅。迤西以畏知在軍，得保全。

始定洲歸，屯兵洱革龍，且借安南援自固。會可望與定國不協，聲其罪，杖之百，責以取定洲自贖。定國既至，定洲土目楊嘉方迎定洲就其營宴。定國偵知之，率兵圍營，相拒數日，乃出降。遂械定洲及妻萬氏數百人回雲南，剝其皮市中。可望遂據滇，而天波卒走死於緬甸。

大理，唐葉楡縣境也。麟德初，置姚州都督府。開元末，蒙詔皮羅閣建都於此，爲南詔，治太和城。至閣羅鳳，號大蒙國，異牟尋改大禮國。其後，鄭買賜、趙善政、楊干貞互篡奪，至五代晉時，段思平得之，更號大理國。元憲宗取雲南，至大理，段智興降附，乃設都元帥，封智興爲摩訶羅嵯，管領八方。又以劉時中爲宣撫使，同智興安輯其民。

段氏有大理，傳十世至寶。聞太祖開基江南，遣其叔段眞由會川奉表歸款。洪武十四年，征南將軍傅友德克雲南，授段明爲宣慰使。明遣都使張元亨貽征南將軍書曰：「大理乃唐交綏之外國，鄯闡實宋斧畫之餘邦，難列營屯，徒勞兵甲。請依唐、宋故事，寬我蒙、段，奉正朔，佩華篆，比年一小貢，三年一大貢。」友德怒，辱其使。明再貽書曰：「漢武習戰，僅置益州。元祖親征，祗緣鄯闡。乞賜班師。」友德答書曰：「大明龍飛淮甸，混一區宇。陋漢、唐之小智，卑宋、元之淺圖。大兵所至，神龍助陣，天地應符。汝段氏接武蒙氏，運已絕於元代，寬延至今。我師已殲梁王，報汝世仇，不降何待？」

十五年，征南左將軍藍玉、右將軍沐英率師攻大理。大理城倚點蒼山，西臨洱河爲固。聞王師至，聚衆扼下關。下關者，南詔皮羅閣所築龍尾關也，號極險。玉等至品甸，遣定遠侯王弼以兵由洱水東趨上關，爲掎角勢，自率衆抵下關，造攻具。遣都督胡海洋由石門間道夜渡河，繞出點蒼山後，攀木援崖而上，立旗幟。昧爽，軍抵下關者望見，皆踴躍譟譟，蠻衆驚亂。英身先士卒，策馬渡河，水沒馬腹，將士隨之，遂斬關入。蠻兵潰，拔其城，酋長段世就擒。世與明皆段寶子也。至京師，帝傳諭曰：「爾父寶曾有降表，朕不忍廢。」賜長子名歸仁，授永昌衞鎭撫；次子名歸義，授雁門鎭撫。大理悉定，因改大理路爲大理府，置衞，設指揮使司。

十六年，品甸土酋杜惠來朝，命爲千夫長。命六安侯王志、安慶侯仇成、鳳翔侯張龍督兵往雲南品甸，繕城池，立屯堡，置郵傳，安輯人民。十七年以土官阿這爲鄧川知州，阿散爲太和府正千夫長，李朱爲副千夫長，楊奴爲雲南縣丞。十九年置雲南洱海衞指揮使司，以賴鎮爲指揮僉事。洱海，本品甸也。兵燹後，人民流亡，室廬無復存者。鎮至，復城池，建譙樓，治廬舍市里，修屯堡、隄防、斥堠，又開白鹽井，民始安輯。二十年詔景川侯曹震及四川都司選精兵二萬五千人，給軍器農具，卽雲南品甸屯種，以俟征討。

永樂以後，雲南諸土官州縣，率按期入貢，進馬及方物，朝廷賜予如制。嘉靖元年改十二關長官司於一泡江之西，從巡撫何孟春奏也。

臨安，古句町國。漢置縣。唐爲羈縻牁州地。天寶末，南詔蒙氏於此置通海郡。元時內附，置阿僰部萬戶府。至元中改臨安路，屬臨安、廣西、元江等處宣慰司。

洪武十四年，征南將軍下雲南，遣宣德侯金朝興分道取臨安。元右丞兀卜台、元帥完者都及土官楊政降，改路爲府，廢宣慰司，置臨安衞指揮使司。十七年以土官和寧爲阿迷知州，弄甥爲寧州知州，陸羡爲蒙自知縣，普少爲納婁茶甸副長官；俱來朝貢，因給誥敕冠帶以命之。十八年，臨安府千戶納速丁等來朝，人賜米十石。

永樂九年，溪處甸長官司副長官自恩來朝，貢馬及金銀器，賜賚如例。自恩因言：「本司歲納海肥七萬九千八百索，非土所產，乞准鈔銀爲便。」戶部以洪武中定額，難准折輸。帝曰：「取有於無，適以厲民，況彼遠夷，尤當寬恤，其除之。」

宣德五年，中官雲仙還自雲南，奏設東山口巡檢司，以故土官後普覺爲巡檢。八年，虧容甸長官司奏：「河底自洪武中官置渡船，路通車里、八百。近年軍民有逃逸出境詐稱使者，迫令乘載，往往被害，又沿河時有劫盜出沒。乞置巡檢司，以故把事袁凱之子瑀爲巡檢。」從之。

嘉靖元年復設寧州流官知州，掌州事，土知州祿氏專職巡捕。寧州舊設流官，正德初，土官祿俸陰賄劉瑾罷之。遂交通彌勒州十八寨强賊爲亂，爲官軍捕誅，其子祿世爵復以罪論死。撫按請仍設流官，從之。

初，臨安阿迷州土官普柱，洪武中爲土知州。後設流，錄其後覺爲東山巡檢，旣而以他事廢。正德二年以廣西維摩、王弄山與阿迷接壤，盜出沒，仍令普覺後納繼前職。普維藩者，與寧州祿氏搆兵，師殲焉。維藩子名聲，幼育於官，旣長，有司俾繼父職。名聲收拾舊部，勇於攻戰，從討奢安有功，仍授土知州，漸驕恣。

崇禎五年，御史趙洪範按部，名聲不出迎。已，出戈甲旗幟列數里。洪範大怒，謀之巡撫王伉，請討，得旨。官軍進圍州城，名聲恐，使人約降，而陰以重賄求援於元謀土官吾必奎。時官軍已調必奎隨征，必奎與名聲戰，兵始合，佯敗走。官軍望見，遂大潰，布政使周士昌戰死。朝廷以起釁罪伉，逮治，而名聲就撫。然驕恣益甚，當事者頗以爲患。已而廣西知府張繼孟道出阿迷，以計毒殺之。必奎聞名聲死，遂反，連陷武定、祿豐、楚雄諸城。寧州土官祿永命、石屏州土目龍在田，俱與必奎、名聲從征著名，至是，黔國公沐天波檄之統兵，合剿擒必奎。名聲妻萬氏，本江西寄籍女，淫而狡。名聲死後，改嫁王弄山副長官沙源之子定洲。名聲有子曰服遠，與萬氏分寨居，定洲誘殺服遠，併其地。天波檄定洲取必奎，定洲不欲行，遂反，詳前傳。

臨安領州四，縣四。〔三〕其長官司有九，曰納樓茶甸，曰教化三部，曰溪處甸，曰左能寨，曰王弄山，曰虧容甸，曰思陀甸，曰落恐甸，曰安南，其地皆在郡東南。西平侯征安南，取道於此。蓮花灘之外卽交荒外，而臨安無南面之虞者，以諸甸爲之備也。但地多瘴，流官不欲入，諸長官亦不請代襲，自相冠帶，日尋干戈。納樓部內有礦場三，曰中場、鵝黃、摩訶。封閉已久，亡命多竊取之。其安南長官司，本阿僰蠻所居，舊名褒古，後名捨資。元爲捨資千戶所。以地近交阯，改安南，屬臨安路。正德八年，蒙自土舍祿祥爭襲父職，鴆殺其嫡兄祿仁，安南長官司土舍那代助之以兵，遂稱亂，守臣討平之。事聞，命革蒙自土官，改長官司爲新安守禦千戶所，調臨安衞中所官軍戍之。

楚雄，昔爲威楚。元憲宗置威楚萬戶府。至元後，置威楚開南路宣撫司。洪武十五年，南雄侯趙庸取其地。十七年以土官高政爲楚雄府同知，阿魯爲定邊縣丞。永樂元年，楚雄府言：「所屬蠻民，不知禮義。惟僰種賦性溫良，有讀書識字者。府州已嘗設學教養，其縣學未設。縣所轄六里，僰人過半，請立學置官訓誨。」從之。宣德五年命故土知府高政女襲同知。政初爲同知，永樂中來朝，時仁宗監國，嘉其勤誠，陞知府，子孫仍襲同知。政卒，無子，妻襲。又卒，其女奏乞襲知府。帝曰：「皇考有成命。」令襲同知。

八年陞南安州琅井土巡檢李保爲州判官；以鄉老言：「本州俱羅舞、和泥、烏蠻雜類，稟性頑獷，以無土官管束，多致流移，差役賦稅，俱難理辦。衆嘗推保署州事，撫綏得宜，民皆向服，流移復歸，乞授本州土官。」吏部言：「南安舊無土官，難從其請。」帝以爲治在順民情，從之。

九年，黔國公沐晟等奏：「楚雄所屬黑石江及泥坎村銀場，軍民盜礦，千百爲羣，執兵攘奪。楚雄縣賊首者些糾合武定賊者惟等，刦掠軍民，殺巡檢張禎。又定邊縣阿苴里諸處强賊，聚衆抄掠景東等衞。大理、蒙化、楚雄、姚州皆有盜出沒。」帝敕責晟等，期以三年，討靖諸爲亂者。

嘉靖四十三年，楚雄叛蠻阿方等兵起，先攻易門所，流劫嶍峨、昆陽、新化各州縣，僭稱王，約土官王一心、王行道爲援。一心後悔，詣軍門請討賊自効。巡撫呂光洵許之，招降數百人。官軍分道進，擒獲賊黨。乘勝攻大、小木址二寨，克之，斬阿方首，餘賊悉平。

澂江，唐爲南寧、昆二州地。天寶末，沒於蠻，號羅伽甸。宋時，大理段氏號羅伽部。元置羅伽萬戶府。至元中，改澂江路。洪武十五年，雲南平，澂江歸附，改澂江府。地居滇省之中，山川明秀，蠶衣耕食，民安於業。近郡之羅羅，性雖頑狠，然恭敬上官。官至，爭迎到家，刲羊擊豕，罄所有以供之，婦女皆出羅拜，故於諸府獨號安靜云。

景東，古柘南也，漢尙未有其地。唐南詔蒙氏始置銀生府，後爲金齒白蠻所據。元中統三年討平之，以所部隸威楚萬戶。至元中，置開南州。

洪武十五年平雲南，景東先歸附。土官俄陶獻馬百六十匹、銀三千一百兩、馴象二。詔置景東府，以俄陶知府事，賜以文綺襲衣。十八年，百夷思倫發叛，率衆十餘萬攻景東之北吉寨。俄陶率衆禦之，爲所敗，率其民千餘家避於大理府之白崖川。事聞，帝嘉其忠，遣通政司經歷楊大用齎白金文綺賜之。二十三年，沐英討平思倫發，復景東地，因奏景東百夷要衝，宜置衞。以錦衣衞僉事胡常守之，俄陶仍舊職。二十四年，帝以景東爲雲南要害，且多腴田，調白崖川軍士屯守。二十六年命洱海衞指揮同知賴鎮守景東，從沐春請也。

宣德五年置孟緬長官司。時景東奏所轄孟緬、孟梳，地方遐遠，屢被外寇侵擾。乞幷孟梳於孟緬，設長官司，授把事姜嵩爲長官，以隸景東，歲增貢銀五十兩。六年，大侯土知州刀奉漢侵據孟緬地，敕黔國公沐晟遣官撫諭。

正統中，思任發叛，官軍征麓川，知府陶瓚從征有功，進階大中大夫。弘治十五年正月，景東衞雲霧黑暗，〔三〕晝夜不別者凡七日，巡撫陳金以聞。命廷臣議考察，以謝天變。南京刑部、都察院承旨，考黜文武官千二百員。嘉靖中，者東甸稱亂，刦景東府印去。土舍陶金追斬其頭目，奪印歸。

景東部皆僰種，性淳樸，習弩射，以象戰。歷討鐵索、米魯、那鑑、安銓、鳳繼祖諸役，皆調其兵及戰象。天啓六年，貴州水西安邦彥反，率衆二十萬入滇境，至馬龍後山，去會城十五里。總兵官調景東土舍陶明卿率兵伏路左。賊分道幷至，官兵禦之，賊拒戰，勢甚銳。

明卿乃以象陣從左翼衝出橫擊，賊潰，追奔十餘里。巡撫上功，推明卿第一。景東每調兵二千，必自効千餘，餉士之費，未嘗仰給公家，土司中最稱恭順。其府治東有邦泰山，頗險峻，土官陶姓所世居也。

廣南，宋時名特磨道。土酋儂姓，智高之裔也。元至元間，立廣南西路宣撫司。〔四〕初領路城等五州，後惟領安寧、富二州。

洪武十五年歸附，〔五〕改廣南府，以土官儂郎金爲同知。十八年，郎金來朝，賜錦綺鈔錠。二十八年，都指揮同知王俊奉命率雲南後衞官軍至廣南，築城建衞。郎金父貞佑不自安，結衆據山寨拒守。俊遣人招之，不服，時伏草莽中劫掠，覘官軍進退。俊乃遣指揮歐慶等分兵攻各寨，自將取貞佑；又以兵扼間道，絕其救援。諸寨悉破，衆潰，貞佑窮促就擒，械送京師。降郎金爲府通判。

永樂六年，富州土知州沈紘經入貢，值仁孝皇后喪，紘經奉香幣致祭。宣德元年，土官儂郎舉來朝，貢馬。

正統六年，廣南賊阿羅、阿思等劫掠，命總兵官沐昂等招撫之。時富州土官沈政與郎舉互訐糾衆侵地，帝命昂等勘處。七年，昂奏二人叛逆無實迹，因有隙相妄奏。兵部請治政等罪，帝以蠻人宥之。政、舉相讐殺已十餘年，時方征麓川，憚兵威不敢動。未幾，郎舉以從征功陞同知，死無嗣，四門舍目共推儂文舉署事，屢立戰功。萬曆七年，實授同知。子應祖從征三鄉，親獲賊首，詔賞銀百兩。播州之役，徵其兵三千討尋甸叛目，皆有功，賜四品服。

儂氏自文舉藉四門舍目推擁之力得授職，後儂氏襲替必因之。土官之政出於四門，租稅僅取十之一。道險多瘴，知府不至其地，印以臨安指揮一人署之。指揮出，印封一室，入取，必有瘟癘死亡。萬曆末，知府廖鉉者，避瘴臨安，以印付同知儂仕英子添壽。添壽死，家奴竊印并經歷司印以逃，既而歸印於其族叔儂仕祥。時仕英親弟仕㺍例得襲，索仕祥印，仕祥不與，遂獻地與泗城土官岑接，與連婚搆兵，滅仕㺍家。及仕祥死，子琳以府印送接，而經歷司印又爲琳弟瓊所有。巡撫王懋中調兵往問，瓊懼，還印於通判周憲，接亦出府印獻於官。時兵方調至境，遽遣歸。廷議治鉉擅離與守巡失撫之罪，瓊、接已輸服，勿問，詔可。未幾，儂紹湯兄弟爭襲，各糾交阯兵象，焚掠一空。

廣西，隋屬牂州，後爲東爨、烏蠻等部所居。〔六〕唐隸黔州都督府。後師宗、彌勒二部寖盛，蒙、段皆莫能制。元憲宗時始內屬。至元十二年籍二部爲軍，置廣西路。

洪武十四年歸附，以土官普德署府事。二十年，普德及彌勒知州赤善、師宗知州阿的各遣人貢馬，詔賜文綺鈔錠。二十四年，布政使張紞奏：「維摩、雲龍、永寧、浪渠、越順等州縣蠻民頑惡，不遵政教，宜置兵戍守，以控制之。」是後，朝貢賜予如制。

正統六年，總兵官沐昂奏師宗州及廣南府賊阿羅、阿思糾合爲亂，命昂等招諭，未幾平。成化中，土知府昂貴有罪，革其職，安置彌勒州，乃置流官，始築土城。嘉靖元年設雲南彌勒州十八寨守禦千戶所。其部衆好擄掠，無紀律，至水西、烏撒用兵，始征調之。崇禎間，巡按御史傅宗龍由滇入黔，招普兵以行。時滇中最勍稱沙普兵，亦曰昂兵。

鎮沅，古濮、洛雜蠻所居，元史謂是和泥、昔樸二蠻也。唐南詔蒙氏銀生府地。其後，金齒爨蠻據之。元時爲威遠蠻柵府，屬元江路總管。

洪武十五年，總管刀平與兄那直歸附，授千夫長。建文四年置鎮沅州，以刀平爲知州。永樂三年，刀平率其子來朝，貢方物，賜鈔文綺。從征八百，又從攻石崖、者達寨外部。整線來降，入貢方物。陞爲府，以刀平爲知府，置經歷、知事各一員。貢賜皆如例。成化十七年，以地方未平，免鎭沅諸土官朝覲。正統元年復免。〔七〕嘉靖中征安銓，調鎭沅兵千人，命刀寧息領之。復調其子刀仁，亦率兵千人，征那鑑，克魚復寨。初，鎭沅印爲那氏所奪，至是得印以獻，命給之。

領長官司一，曰祿谷寨，永樂十年置。

永寧，昔樓頭睒地，接吐蕃，又名荅藍。唐屬南詔，後爲麼些蠻所據。元憲宗時內附，至元間，置荅藍管民官，尋改永寧州，隸北勝府。

洪武平雲南時，屬鶴慶府。二十九年，改屬瀾滄衞。十二月，土賊卜百如加劫殺軍民，前軍都督僉事何福遣指揮李榮等討之。其子阿沙遁入革失瓦都寨，官軍齎三日糧，深入追之，會天大雨，衆饑疲，引還。

永樂四年設四長官司，隸永寧土官，以土酋張首等爲長官，各給印章，賜冠帶綵幣。尋陞永寧爲府，隸布政司，陞土知州各吉八合知府，遣之齎敕往大西番撫諭蠻衆。宣德四年，永寧蠻寨矢不刺非糾四川鹽井衞土官馬剌非殺各吉八合，官軍撫定之。命卜撒襲知府，復爲矢不剌非所殺。已，命卜撒之弟南八襲，馬剌非又據永寧節卜、上、下三村，逐南八，大掠夜白、尖住、促卜瓦諸寨。事聞，帝命都督同知沐昂勒兵諭以禍福，幷移檄四川行都司下鹽井衞諭馬剌非還所據村寨。正統二年，馬剌非爲南八所攻，拔烏節等寨，南八亦言馬剌非殺害。詔鎭巡官驗問，令各歸侵地，乃寢。

永寧界，東至四川鹽井衞十五里，西至麗江寶山州，南至浪渠州，北至西番。領長官司四，曰剌次和，曰瓦魯之，〔八〕曰革甸，曰香羅。

順寧府，本蒲蠻地，名慶甸。宋以前不通中國，雖蒙氏、段氏不能制。元泰定間始內附。天曆初，置順寧府幷慶甸縣，後省入府。

洪武十五年，順寧歸附，以土酋阿悅貢署府事。十七年命阿日貢爲順寧知府。二十三年，土酋猛丘、土知府子丘等，不輸徵賦，自相仇殺。大理衞指揮鄭祥征蒙化賊，移師至甸頭，破其寨。猛丘請降輸賦，乃還。猛丘死，把事阿羅等復起兵相攻擊。二十九年，西平侯沐春遣鄭祥與指揮李榮等，分道進討，擒阿羅等誅之。後貢賜如制。

順寧與大侯接境。萬曆中，大侯土舍奉赦、奉學兄弟不相能。〔九〕奉學倚妻父土知府猛廷瑞，與兄赦日搆兵。巡撫陳用賓檄參將李先著、副使邵以仁勘處。以仁襲執廷瑞，因請改順寧爲流官。先著被檄，極言不可討，被謗語，逮下獄瘐死。然廷瑞實無反謀，以參將吳顯忠覬其富，誣以助惡，索金不應，遂譏於巡按張應揚，轉告巡撫陳用賓。廷瑞大恐，不得已斬奉學以獻。顯忠益誣其陰事，傅以反狀，撫按會奏，得旨大剿。廷瑞出，獻印獻子以俟命，不從。顯忠帥兵入其寨，盡取猛氏十八代蓄貲數百萬，誘廷瑞至會城執之，獻捷於朝。於是所部十三寨盡憤，始聚兵反，官兵悉剿除之，幷殺其子。以仁超擢右都御史，廕子。未幾坐大辟，繫獄，應揚亦病卒。人以爲天道云。

順寧附境有猛猛、猛撒、猛緬，所謂三猛也。〔一〇〕猛猛最强，部落萬人，時與二猛爲難。其地田少箐多，射獵爲業。猛緬地雖廣，而人柔弱。部長賜冠帶，最忠順。猛撒微弱，後折入於耿馬云。

蒙化，唐屬姚州都督府。蒙氏時，細奴邏築城居之，號蒙舍詔。段氏改開南縣。元爲州，屬大理。

洪武十七年以土酋左禾爲蒙化州判官、施生爲正千夫長。二十三年，西平侯沐英以蒙化所屬蠻火頭字青等梗化不服，請置衞。命指揮僉事李聚守蒙化。賊高天惠作亂，大理衞指揮使鄭祥捕斬之，傳首雲南。

永樂九年，土知州左禾、正千夫長阿束來朝，貢馬，賜予如例。既，左伽從征麓川，戰於大侯，功第一，進秩臨安知府，掌州事。正統中，陞州爲府，以左伽爲知府，世襲。所部江內諸蠻，性柔，頗馴擾，江外數枝，以勇悍稱。每應征調，多野戰，無行伍。

成化十七年，巡撫奏地方未寧，免蒙化土官明年朝貢。正統元年詔復免。〔一〕

萬曆四十八年，雲龍土知州段龍死，子嘉龍立，養子進忠殺嘉龍爭襲，流劫殺掠。官軍進討，進忠從間道欲趨大理，官軍擒誅之，改設流官，授段氏世吏目一人。

孟艮，蠻名孟揹，自古不通中國。永樂三年來歸，設孟艮府，隸雲南都司，以土酋刀哀爲知府，給印誥冠帶。時刀哀遣人來朝，請設治所，歲辦差發黄金六十兩。六年，土知府刀交遣弟刀哈哄貢象及金銀器。禮部言：「刀交嘗搆兵攻劫鄰境，詐譎不誠，宜却其貢。」帝曰：「蠻夷能悔過來朝，往事不足責。」命賜鈔及絨錦綺帛。是後，貢賜皆如例。宣德六年，命內官楊琳齎綵幣往賜孟艮知府刀光。正統間，孟艮地多爲木邦所幷。景泰中，入貢知府名慶馬辣，不知於刀氏何屬也。

孟艮在姚關東南二千里外，沃野千里，最殷富。地多虎，農者於樹杪結草樓以護稼。雲南知府趙混一嘗入其境，待之禮慢，後無復至者。

孟定，蠻名景麻。至元中，立孟定路軍民總管府，領二甸，隸大理、金齒等處宣慰司。洪武十五年，土酋刀名扛來朝，貢方物，賜綺帛鈔幣，設孟定府，〔一二〕以刀渾立爲知府。永樂二年，孟定土官刀景發遣人貢馬，賜鈔羅綺。遣使往賜印誥、冠帶、襲衣，復頒信符、金字紅牌。四年，帝以孟定道里險遠，每歲朝貢不便，令自今三年一貢，如慶賀謝恩不拘例。

初，孟璉與孟定皆麓川地，其土目皆故等夷，惡相屬，後改孟璉隸雲南，多以互侵土地仇殺。宣德六年，土知府罕顏法以爲言，敕黔國公沐晟遣官撫諭，俾各歸侵掠。正統中，麓川叛，孟定知府刀祿孟遁走。木邦土官罕葛從征有功，總督王驥奏令食孟定之土。嘉靖間，木邦罕烈據地奪印，令土舍罕慶守之，名爲耿馬；地之所入，悉歸木邦。萬曆十二年，官兵取隴川，平孟定故地，以罕葛之後爲知府。十五年頒孟定府印。崇禎末，孟定叛，降於緬甸。

其地，自姚關南八日程，西接隴川，東連孟璉，南木邦，北鎭康。土瘠人稀，有馬援城在焉。領安撫司一，曰耿馬。萬曆十二年置，以罕爲安撫使。與孟定隔喳哩江。孟定居南，耿馬居北。罕死，弟們罕金護印，屢奉朝貢。時木邦思禮作亂，侵灣甸、鎭康，倚罕金爲聲援。天啓二年，緬人攻猛乃、孟艮，罕金欲救之。緬移兵攻金，金厚賂之，乃解。後與木邦罕正搆難不絕云。

曲靖，隋恭、協二州地。唐置南寧州，改恭州爲曲州，分協州置靖州。至元初，置磨彌部萬戶，後改爲曲靖路宣慰司。

洪武十四年，征南將軍下雲南，元曲靖宣慰司征行元帥張麟、行省平章劉輝等來降。十五年改曲靖千戶所爲曲靖軍民指揮使司，置曲靖軍民府。十六年，霑益州土官安索叔、安磁等貢馬及羅羅刀甲、氈衫、虎皮。詔賜磁、冠帶、綺羅衣各一襲幷文綺、鈔錠。羅雄州土酋納居來朝，賜鈔幣。十七年，亦佐縣土酋安伯作亂，西平侯沐英發兵討降之。

二十年，越州土酋阿資與羅雄州營長發束等叛。阿資者，土官龍海子也。越州，蠻呼爲苦麻部。元末，龍海居之，所屬俱羅羅斯種。王師征南時，英駐兵其地之湯池山。龍海降，遂遣子入朝，詔以龍海爲知州。尋爲亂，英擒之，徙遼東，至蓋州病死。阿資繼其職，益桀驁，至是叛。帝命英會征南將軍傅友德進討。道過平夷，以其山險惡，宜駐兵屯守，遂遷其山民往居卑午村，留神策衞千戶劉成等將千人置堡其地，後以爲平夷千戶所。阿資等率衆寇普安，燒府治，大肆剽掠。友德率兵擊之，斬其營長。二十二年，友德等進攻，土官普旦來降。阿資退屯普安，倚崖壁爲寨。友德以精兵蹙之，蠻衆皆緣壁攀崖，墜死者不可勝數，生擒一千三百餘人，獲馬畜甚衆。阿資遁還越州，復追擊敗之，斬其黨五十餘人。阿資窮蹙請降。初，阿資之遁也，揚言曰：「國家有萬軍之勇，我地有萬山之險，豈能盡滅我輩。」英乃請置越州、馬龍二衞，〔一三〕扼其險要，復分兵追捕，至是遂降。

英等以陸涼西南要地，請設衞屯守。命洱海衞指揮僉事滕聚於古魯昌築城，置陸涼衞指揮使司。英又言：「曲靖指揮千戶哈剌不花，乃故元守禦陸涼千戶。今陸涼置衞，宜調於本衞鎭守，庶絕後患。」詔從之。帝以平夷尤當要衝，四面皆諸蠻部落，乃遣開國公常昇往辰陽集民間丁壯五千人，統以右軍都督僉事王成，卽平夷千戶所改置衞。二十三年置越州衞。二十四年徙越州衞於陸涼州；以英言雲南諸蠻皆降，惟阿資恃險屢叛，宜徙衞軍守禦。已，阿資復叛。命都督僉事何福爲平羌將軍，率師進討，屢敗賊衆。會連月淫雨水溢，阿資援絕，與其衆降。福擇曠地列栅，以置其衆。西南有木蓉箐，賊常出沒處，復調普安衞官軍置寧越堡鎮之，然阿資終不悛。

二十七年，阿資復反。西平侯沐春及福率兵營於越州城北，遣壯士伏於岐路，而以兵挑戰。蠻兵悉衆出，伏起，大敗之，阿資脫身遁。初，曲靖土軍千戶阿保、張琳所守地，與越州接壤，部衆多相與貿易。春使人結阿保等，覘阿資所在及其經行地，星列守堡，絕其糧道，賊益困。二十八年，福潛引兵屯赤窩鋪，遣百戶張忠等擣賊巢，擒阿資，斬之，俘其黨，越州乃平。自是以後，諸土官按期朝貢，西南晏然。

正統二年，曲靖軍民知府晏毅言四事。一，土官承襲，或子孫，或兄弟，或妻繼夫，或妾繼嫡，皆無豫定次序，致臨襲爭奪，仇殺連年。乞敕該部移文所司，豫爲定序造册，土官有故，如序襲職。一，請卹陣亡子孫。一，請雲南官俸，悉如四川之例。一，均戶口田地。事下所司議行。毅復請設霑益州松韶巡檢，從之。

嘉靖中，羅雄知州者濬殺營長，奪其妻，生子繼榮，稍長卽持刀逐濬。濬欲置之死，以其母故不忍。及濬請老，以繼榮代襲，繼榮遂逐濬。濬訴之鎮巡官，命迎濬歸。繼榮陽事之，實加禁錮。萬曆九年調羅雄兵征緬。繼榮將行，恐留濬爲難，遂弒濬。時霑益土知州安世鼎死，妻安素儀署州事，〔一四〕亦提兵赴調。繼榮與之合營，通焉，且倚霑益兵力爲助。師過越州，留土官資氏家，淫樂不進。知州越應奎白於兵備，將擒之，繼榮走，遂聚衆反，攻破陸涼鴨子塘、陸陂諸寨，築石城於赤龍山，據龍潭爲險，廣六十里。名己所居曰「龍樓鳳閣」，環以羣寨，實諸軍士妻女其中。十三年，巡撫劉世曾乃檄諸道進兵。適劉綎破緬解官回，世曾以兵屬綎。綎遂馳赴普鮓營，直擣赤龍寨，斬賊渠帥，繼榮遁去。綎復連破三寨，降其衆一萬七千人，追奔至阿拜江，斬繼榮，賊平。世曾請築城，改設流官，乃以何倓爲知州，者繼仁爲巡檢。未幾，蠻寇必大反，殺繼仁，執倓。參將蔡兆吉等討定之，乃改羅雄州曰羅平，設千戶所曰定雄。

時霑益安素儀無子，以烏撒土官子安紹慶爲嗣。慶死，孫安遠襲。土婦設科作亂，逐安遠，糾衆焚掠霑益諸堡站，陷平夷衞。天啓三年，官兵擒設科，誅之。五年，安邊據霑益，從水西叛。事詳烏撒傳中。

初，越州阿資罪誅，永樂間以其子祿寧爲土縣丞，與亦佐沙氏分土而居。其地南北一百二十里，士馬精强，征調銀至三千八百兩。

曲靖境內有交水，去平夷衞二舍，與黔接壤，滇師出上六衞必由之道。天啓初，水西用兵，撫臣議：「曲靖鎖鑰全滇，交水當黔、滇之衝，乃阨塞要地。平夷右所宜移置交水，去險築城，俾與平夷衞相望，互爲聲援，便。」報可。

校勘記

〔一〕二十五年英卒命其子春襲封西平侯　二十五年，原作「二十六年」。按本書卷三太祖紀、太祖實錄卷二一八都繫沐英死於洪武二十五年六月丁卯，繫其子春襲西平侯於本年十月乙亥，據改。

〔二〕臨安領州四縣四　州四縣四，當作州五縣五。按寰宇通志卷一一二、明一統志卷八六、重修明會典卷一六都作「州四縣四」，因三書分別纂修於景泰、天順、萬曆初，時臨安府領州四縣四。至萬曆十九年，新化州「來屬」，又置新平縣，遂領州五縣五。本書卷四六地理志作「領州六縣五」（「縣五」原作「縣四」，已改正），係將宣德元年已「與安南」之寧遠州亦列爲屬州之故。讀史方輿紀要卷一一五作「州五縣五」。

〔三〕弘治十五年正月景東衞雲霧黑暗　本書卷二八五行志、國榷卷四四頁二七九二都繫此事於弘治十五年十一月。

〔四〕立廣南西路宣撫司　廣南西路，原作「廣南西道」，據本書卷四六地理志、元史卷六一地理志改。

〔五〕洪武十五年歸附　洪武十五年，原作「洪武十七年」，據本書卷四六地理志、太祖實錄卷一五

○洪武十五年十一月「是月」條改。

〔六〕後爲東㸑烏蠻等部所居　東㸑，明史稿傳一八七廣西傳、元史卷六一地理志改作「東爨」。

〔七〕正統元年復免　按正統元年不應敍在成化十七年之後，疑「正統」當作「正德」。

〔八〕曰瓦魯之　原「瓦」「魯」二字倒置，據本書卷四六地理志、明史稿傳一八七永寧傳、明一統志卷八七改。

〔九〕萬曆中大侯土舍奉赦奉學兄弟不相能　萬曆中，原作「宣德中」。按奉學與兄奉赦不相能日搆兵事，蠻司合誌卷一一稱在「萬曆中」。撫按以聞，明朝廷命猛廷瑞擒獻奉學，見神宗實録卷三一三萬曆二十五年八月甲申條。此作「宣德中」誤，今改正。

〔一〇〕所謂三猛也　三猛，原作「三緬」，據本書卷四六地理志改。

〔一一〕正統元年詔復免　按上文已見正統，不應重出，也不應敍在成化之後，疑「正統」當作「正德」。

〔一二〕洪武十五年至設孟定府　十五年，原作「三十五年」，「三」字衍，據本書卷四六地理志改。太祖實録卷一四三洪武十五年三月己未條載是年所定之雲南府名中有孟定府。

〔一三〕英乃請置越州馬龍二衞　馬龍，原作「龍馬」。據明史稿傳一八七曲靖傳、寰宇通志卷一一二、明一統志卷八七改。按「馬龍」一作「馬隆」，見太祖實録卷一九五洪武二十二年二月「是月」條、國榷卷九頁六九四。本書卷四六地理志曲靖府馬龍州注云：「北有馬隆守禦千户所，本馬隆衞，洪武二十三年七月置。」

〔一四〕妻安素儀署州事　安素儀，原作「安索儀」，據下文及明史稿傳一八七曲靖傳改。

明史卷三百十四

列傳第二百二

雲南土司二

姚安 鶴慶 武定 尋甸 麗江 元江 永昌 新化 威遠 北勝 灣甸 鎭康 大侯 瀾滄衞 麓川

姚安，本漢弄棟、蜻蛉二縣地。唐置姚州都督府，以民多姚姓也。天寶間，南詔蒙氏改爲弄棟府。宋時，段氏改姚州。元立統矢千戶所，天曆間，陞姚安路。

洪武十五年定雲南，改爲府。十六年，姚安土官自久作亂。官兵往討，師次九十九莊，自久遁去。明年復寇品甸。西平侯沐英奏以土官高保爲姚安府同知、高惠爲姚安州同知。保、惠從英擊自久，平之。二十年命普定侯陳桓、靖寧侯葉昇往雲南總制諸軍，於定邊、姚安等處立營屯種。二十六年，保以襲職，遣其弟貢馬謝恩。

宣德九年，姚安土知府高賢遣使貢馬。弘治中，土官高棟與普安叛賊戰，死於板橋驛。嘉靖三十年，土官高鵠當元江之變布政司徐樾遇害，奮身赴救，死之。萬曆中，同知高金以征緬功，賜四品服。

所屬大姚縣，有鐵索箐者，本倮種。依山險，以剽掠爲業，旁郡皆受其害。弘治間，稍有歸命者，分隸於姚安、姚州。嘉靖中，乃專屬姚安。其渠羅思者，有幻術，造僞印稱亂。萬曆元年，巡撫鄒應龍與總兵官沐昌祚討平之，諸郡乃安。

鶴慶，唐時名鶴川，南詔置謀統郡。元初，置鶴州。至元中，陞鶴慶府，尋改爲路。洪武中，大軍平雲南，分兵拔三營、萬戶砦，獲僞參政寶山帖木兒等六十七人。置鶴慶府，以土官高隆署府事。十七年以董賜爲知府、高仲爲同知、賜子節爲安寧知州、楊奴爲劍川知州。賜率其屬來朝，貢馬及方物，詔賜冠帶幷織金文綺、布帛、鈔錠。十八年以賜爲雲南前衞世襲指揮僉事。賜，安寧州人，世爲酋長。大軍入滇，率衆來降，復從軍討賊有功，故與子節並有世襲知府、知州之命。及賜來朝，以父子俱受顯榮，無以仰報，子幼沖，不達政治，乞還父子所授官，而自爲安寧知州。帝曰：「爾能綏靖邊鄙，授爾官以酬爾勳。今辭尊居卑，奈何？」命潁國公傅友德及諸大臣議之。皆以賜既有功，不可聽其辭，而節之官則可免。乃改賜明威將軍雲南前衞世襲指揮僉事，諭曰：「雲南前衞密邇安寧，特命爾是職。爾其綏輯遠人，以安邊鄙，其毋再辭。」

二十年，劍川土官楊奴叛。大理衞指揮鄭祥討之，斬八十餘人，楊奴遁。未幾，還劍川，復聚蠻爲亂，祥復以兵擊斬之。二十四年置鶴慶衞。三十年改鶴慶府爲軍民府。永樂十五年，順州知州王義言：「霑被聖化三十餘年，聲教所届，言語漸通，子弟亦有俊秀，請建學教育。」從之。

正統二年，副使徐訓奏鶴慶土知府高倫與弟純屢逞兇惡，屠戮士庶，與母楊氏幷叔宣互相賊害。敕黔國公沐昂諭使輸款，如恃强不服，卽調軍擒捕。五年復敕昂等曰：「比聞土知府高倫妻劉氏同倫弟高昌等，糾集羅羅、麽些人衆，肆行兇暴。事發，不從逮訊。敕至，卽委官至彼勘實，量調官軍擒捕首惡，幷逮千戶王蕙及高宣等至京質問。」八年，鶴慶民楊仕潔妻阿夜珠告倫謀殺其子，復命法司移文勘驗。已而大理衞千戶奏報，倫擅率軍馬欲謀害親母，又稱其母告倫不孝及私斂民財，多造兵器，殺戮軍民，支解梟令等罪。遂敕黔國公沐晟等勘覆。及奏至，言倫所犯皆實，罪應死。倫復屢訴，因與叔宣爭襲，又與千戶王蕙爭娶妾，以致挾仇誣陷。所勘殺死，皆病死及强盜拒捕之人。倫母楊亦訴倫無不孝，實由宣等陷害。復敕晟及御史嚴恭確訪。既而奏當倫等皆伏誅。高氏族人無可繼者，帝命於流官中擇人，以綏遠蠻。乃擢瀘州知府林遒節爲知府。鶴慶之改流官自此始。

武定，南詔三十七部之一。宋淳熙間，大理段氏以阿歷爲羅武部長。三傳至矣格，當元世祖時，爲北部土官總管。至元七年改武定路，置南甸縣。洪武十四年，雲南下，武定女土官商勝首先歸附。十五年改爲武定軍民府，以勝署府事。十六年，勝遣人來朝，貢馬。詔賜勝誥命、朝服及錦幣、鈔錠。十七年以和曲土官豆派爲知州。二十一年發內帑，令於武定、德昌、會川諸處，市馬三千匹。宣德元年，元謀縣故土知縣吾忠子政來朝。

正德二年四月，武定雨雹，溪水漲，決堤壞田，隕霜露殺麥。七月廢武定所屬之南甸縣改隸和曲州，石舊縣改隸祿勸州。三年，土知府鳳英以從征功，進秩右參政，仍知府事，請賜金帶，部議不可。帝以英有軍功，給之。明年，英貢馬謝恩，賜如例。

嘉靖七年，土舍鳳朝文作亂。殺同知以下官吏，劫州印，舉兵與尋甸賊安銓合犯雲南府，撫臣以聞。時安銓未平，朝文復起，滇中大擾。詔以右都御史伍文定爲兵部尚書，提督雲、貴、川、湖軍務，調四鎮土漢官軍討賊。五月，黔國公沐紹勛疏言：〔一〕「臣奉命會同巡撫等調發官軍，分道剿撫。諸賊抗逆，執留所遣官軍二人，所調集各土舍，又重自疑畏。臣謹以便宜榜示，先給冠帶，待後奏請承襲，衆始感奮。於二月進兵，擊斬强賊十餘人，賊奔回武定。乞敕部授臣方略，俾獲便宜行事，幷宥各土舍往罪，凡有功者，俱許承襲，作其敵愾之氣。」帝納之，賜敕獎勵。賊既敗歸，其黨稍散。初，朝文紿其衆，謂武定知府鳳詔母子已戮，朝廷且盡剿武定蠻衆。至是，鳳詔同其母率衆自會城往，蠻民相顧錯愕，咸投鳳詔降。朝文計無所出，絕普渡而走，官兵追及，復敗之。朝文率家奴數人，取道霑益州，奔至東川之湯郎箐，爲追兵所及，磔死。銓衆猶盛，遁據尋甸故巢，列寨數十。官兵分哨夾攻之，諸寨先後破，乃併力攻拔其必古老巢。銓奔東川，入芒部，爲土舍祿慶所執，賊平。是役也，生擒渠賊千餘人，斬首二千九百餘級，俘獲男婦千二百餘，撫散蠻黨二萬有奇，奪器械牛馬無算。捷聞，銓、朝文皆梟示，籍其產，家屬戍邊。

十六年命土知府瞿氏掌印。初，府印自洪武以來俱掌於土官，正德間有司議以畀流官同知，土知府職專巡捕、徵糧而已。及鳳詔死，瞿氏以母襲子官，所轄四十七馬頭阿台等，數請以印屬瞿氏。吏部覆言，係舊例，宜如其請，從之。

四十二年，瞿氏老，舉鳳詔妻索林自代。比索林襲，遂失事姑禮。瞿氏大恚，乃收異姓兒繼祖入鳳氏宗，挾其甥壻貴州水西土舍安國亨、四川建昌土官鳳氏兵力，欲廢索林，以繼祖嗣。不克，乃具疏自稱爲索林囚禁，令繼祖詣闕告之。繼祖歸，詐稱受朝命襲職，驅目兵逼奪府印。索林抱印奔會城，撫按官諭解之。索林歸武定，視事如故，而復聽繼祖留瞿氏所，於是婦姑嫌隙益甚。索林謀誅繼祖，事洩，繼祖遂大發兵圍府，行劫和曲、祿勸等州縣，殺傷調至土官王心一等兵。索林復抱印走雲南，巡撫曹忭下令收印，逮其左右鄭竑繫獄，令瞿氏暫理府事；貸繼祖，責其自新。

四十四年添設府通判一員。四十五年築武定新城成，巡撫呂光洵遣鄭竑回府復業。鄭竑者，前爲索林謀殺繼祖者也。繼祖執而殺之，糾衆攻新城。臨安通判胡文顯督百戶李鰲、土舍王德隆往援，至雞溪子隘，遇伏，鰲及德隆俱死。僉事張澤督尋甸兵二千餘馳救，亦敗，澤及千戶劉裕被執。鎮巡官促諸道兵並進，逼繼祖東山寨，圍之。繼祖懼，攜澤及索林走照姑。已，復殺澤。官軍追之急，由直勒渡過江，趨四川，依東川婦家阿科等。巡按劉思問以狀聞，敕雲南、四川會兵討賊。

初，繼祖之走東川也，土官鳳氏與之通。已而見滇、蜀官軍與土舍祿紹先等兵皆會，乃背繼祖，發卒七千人來援，繼祖益窮。賊帥者色赴紹先營降，斬繼祖以獻。姚縣土官高繼先復擒其餘黨，姚安府同知高欽及弟鈞，謀主趙士傑等皆伏誅。守臣議改設流官，猶不欲絕鳳氏，授索林支屬鳳曆子思堯經歷，給莊百餘。鳳曆以不得知府怨望，陰結四川七州及水西宣慰安國亨謀作亂。流官知府劉宗寅遣諭之，不聽，遂聚衆稱思堯知府，夜襲府城。城中嚴備不能入，退屯魯墟。宗寅夜出兵，砍其營，賊潰，追至馬剌山，擒鳳曆，伏誅。

萬曆三十五年，繼祖姪阿克久徙金沙江外，賊黨鄭舉等誘阿克作亂，陰結江外會川諸蠻，直陷武定，大肆劫掠。連破元謀、羅次諸城，索府印。會流官知府攜印會城，不能得。賊以無印難號召，劫推官，請冠帶、印信。鎭撫以兵未集，懼，差人以府印授之。賊退入武定，立阿克爲知府。鎭撫調集土兵，分五路進剿，克復武定，元謀、羅次、祿豐、嵩明等州縣，擒阿克及其黨至京師，磔於市。武定平，遂悉置流官。

尋甸，古滇國地，獛剌蠻居之，〔三〕號仲劄溢源部，後爲烏蠻裔斯丁所奪，號斯丁部。蒙氏爲尋甸，至段氏，改仁德部。元初，置仁德萬戶，後改府。

洪武十五年定雲南，仁德土官阿孔等貢馬及方物，改爲尋甸軍民府。十六年，土官安陽來朝，貢馬及虎皮、氈衫等物，詔賜衣服、錦綺、鈔錠。十七年以尋甸土官沙琛爲知府。二十三年置木密關守禦千戶所於尋甸之甸頭易龍驛，又置屯田所於甸頭里果馬里，聯絡耕種，以爲邊備。是後，土官皆按期入貢。

成化十二年，兵部奏，土官舍人安宣聚衆殺掠，命鎭守官相機撫捕。十四年，土知府安晟死，兄弟爭襲，遂改置流官。

嘉靖六年，安銓作亂，乃土舍之失職者也，侵掠嵩明、木密、楊林等處。巡撫傅習檄守巡官討之，大敗，賊遂陷尋甸、嵩明，殺指揮王昇、唐功等，知府馬性魯棄城走。時武定鳳朝文叛，銓與之合，久之伏誅，事詳前傳。

麗江，南詔蒙氏置麗水節度。宋時麼些蠻蒙醋據之。〔三〕元初，置茶罕章宣慰司。至元中，改置麗江路軍民總管府，後改宣撫司。

洪武十五年置麗江府。十六年，蠻長木德來朝貢馬，以木德爲知府，羅克爲蘭州知州。十八年，巨津土酋阿奴聰叛，劫石門關，千戶浦泉戰死。吉安侯陸仲亨率指揮李榮、鄭祥討之，賊戰敗，遁入山谷，捕獲誅之。時木德從征，又從西平侯沐英征景東、定邊，皆有功，予世襲。二十四年，木德死，子初當襲。初守巨津州石門關，與西番接境。旣襲職，英請以初弟虧爲千夫長，代守石門，從之。二十六年十月，西平侯沐春奏，麗江土民每歲輸白金七百六十兩，皆麼些洞所產，民以馬易金，不諳眞僞，請令以馬代輸，從之。三十年改爲麗江軍民府，從春請也。永樂十六年，檢校龐文郁言，本府及寶山、巨津、通安、蘭州四州歸化日久，請建學校，從之。

宣德五年，麗江府奏浪滄江寨蠻者保等聚衆劫掠。黔國公沐晟委官撫諭，不服，部議再行招撫。已，蘭州土官羅牙等奏，者保拒命，請發兵討之。帝命黔國公及雲南三司相機行，勿緣細故激變蠻民。正統五年，賜知府木森誥命，加授大中大夫資治少尹，以征麓川功也。成化十一年，知府木嶔奏，鶴慶千夫長趙賢屢糾羣賊越境殺掠，乞調旁衞官軍擒剿，命移知守臣計畫。嘉靖三十九年，知府木高進助殿工銀二千八百兩，詔加文職三品服色，給誥命。四十年又進木植銀二千八百兩，詔進一級，授亞中大夫，給誥命。

萬曆三十一年，巡按御史宋興祖奏：「稅使內監楊榮欲責麗江土官退地，聽採。竊以麗江自太祖令木氏世官，守石門以絕西域，守鐵橋以斷吐蕃，滇南藉爲屏藩。今使退地聽採，必失遠蠻之心。卽令聽諭，已使國家歲歲有吐蕃之防；倘或不聽，豈獨有傷國體。」疏上，事得寢。

三十八年，知府木增以征蠻軍興，助餉銀二萬餘兩，乞比北勝土舍高光裕例，加級。部覆賜三品服色，巡按御史劾其違越，請奪新恩，從之。四十七年，增復輸銀一萬助遼餉。泰昌元年，錄增功，賞白金表裏，其子懿及舍目各賞銀幣有差。天啓二年，增以病告，加授左參政致仕。五年，特給增誥命，以旌其忠。雲南諸土官，知詩書好禮守義，以麗江木氏爲首云。

元江，古西南夷極邊境，曰惠籠甸，又名因遠部。南詔蒙氏以屬銀生節度，徙白蠻蘇、張、周、段等十姓戍之。又開威遠等處，置威遠睒。後和泥侵據其地。宋時，儂智高之黨竄居於此，和泥又開羅槃甸居之，後爲麼些、徒蠻、阿僰諸部所據。元時內附。至元中，置元江萬戶府。後於威遠更置元江路，領羅槃、馬籠等十二部，屬臨安、廣西、元江等處宣慰司。洪武十五年改元江府。十七年，土官那直來朝貢象，以那直爲元江知府，賜襲衣冠帶。十八年置因遠羅必甸長官司隸之，以土酋白文玉爲副長官。二十年遣經歷楊大用往元江等府練兵，時百夷屢爲邊患，帝欲發兵平之故也。二十六年置元江府儒學。二十七年，知府那榮及白文玉等來朝貢。

永樂三年，榮復入朝貢。帝厚加賜予，遂改爲元江軍民府，給之印信。榮請躬率兵及餽運，往攻八百，帝嘉勞之。元江府又奏，石屛州洛夾橋，每歲江水衝壞，止令本府修理，民不堪，乞命石屏州協治，從之。九年，那榮率頭目人等來朝，貢馬及金銀器，賜予如例。十二年，故土知府那直子那邦入貢方物。

宣德五年，黔國公沐晟奏，元江土知府那忠，被賊刀正、刀龍等焚其廨宇及經歷印信。今獲刀龍、刀洽赴京，乞如永樂故事，發遼東安置，以警邊夷，從之。命禮部鑄印給之。正統元年，因遠羅必甸長官司遣人來朝貢馬。正德二年以那端襲土知府。

嘉靖二十五年，土舍那鑑殺其姪土知府那憲，奪其印，幷收因遠驛印記。巡撫應大猷以聞，命鎭巡官發兵剿之。二十九年，那鑑懼，密約交蠻武文淵謀亂。撫按官胡奎、林應箕，總兵官沐朝弼以聞，請以副使李維、參政胡堯時督兵剿之，制可。那鑑益縱兵攻掠村寨。沐朝弼與巡撫石簡調武定、北勝、亦佐等土、漢兵，分五哨。調兵旣集，朝弼與簡駐臨安，分部進兵。破木龍寨，降甘莊，賊勢漸蹙。那鑑遣經歷張維及生儒數人詣南羡監督王養浩所乞降。時左布政徐樾以督餉至南羡，樾迂闊，聞維言，謂鑑誠計窮，乃約翼日令鑑面縛出城來降。左右咸謂夷詐不可信，樾不聽，如期親率百人往城下受降。鑑縱象馬夷兵突出衝之，樾及左右皆死。巡按趙炳然以聞，幷參朝弼、簡及養浩等失事罪。帝降敕切責，褫簡職，養浩等各住俸，剋期捕賊贖罪。朝弼與簡乃督集五哨兵，環元江而壁。令南羡哨督兵渡江攻城，選路通哨、甘莊哨各精卒二千佐之。那鑑知二哨精卒悉歸南羡，潛遣兵象乘虛衢路通哨。官兵不意賊至，倉猝燒營走。監督郝維嶽奔入甘莊哨，甘莊亦大潰，督哨李維亦遁，惟餘南羨逼城而軍。武定女土官瞿氏、寧州土舍祿紹先、廣南儂兵頭目陸友仁咸恨那鑑戕主奪嫡，誓死不退。督哨王養浩因激獎之，翼日鼓譟攻城，賊大敗，閉門不出。官兵圍之，鑑乞降。官兵懲徐樾之敗，不應。城中析屋而爨，斗米銀三四錢。時瘴毒起，大兵乃復撤，期秋末征之，朝弼以事聞。帝定二哨失事諸臣罪，行撫臣厚賞瞿氏、祿紹先、陸友仁等，敕朝弼會同新撫臣鮑象賢鳩兵討賊。

三十二年，象賢至鎮，調集土、漢兵七萬人，廣集糧運，剋期分哨進剿元江，爲必取計。那鑑懼，伏藥死。象賢檄百戶汪輔入城，撫諭其衆，擒其賊首，及戕土官那憲之阿捉，殺布政徐樾之光龍、光色等，皆斬首以獻。鑑子恕輸所占那旂、封鑾等村寨，并出所掠鎮沅府印，納象十二隻，輸屢歲逋賦。象賢命官民推那氏當立者，衆舉前土官那端從孫從仁。象賢疏言其狀，請廢恕，貸其死，命從仁暫統其衆，加汪輔以千戶職，從之。萬曆十三年以元江土舍那恕招降車里功，許襲祖職，賞銀幣。

領長官司一，曰因遠羅必甸。

永昌，古哀牢國。漢武帝時，置不韋縣。東漢置瀾滄郡，尋改永昌郡。唐屬姚州，後爲南詔蒙氏所據，歷段氏、高氏皆爲永昌府。元初，於永昌立三千戶所，隸大理萬戶府。〔四〕至元間置永昌州，尋爲府，隸大理路，置金齒等處宣撫司治。

洪武十五年定雲南，立金齒衞。以元雲南右丞觀音保爲金齒指揮使，賜姓名李觀。十六年，永昌州土官申保來朝，詔賜錦二匹、織金文綺二匹、衣一襲及鈒花銀帶、韡襪。十七年以申保爲永昌府同知。四月，金齒土官段惠遣把事及其子弟來貢，賜綺帛鈔有差。置施甸長官司，〔五〕以土酋阿干爲副長官，賜冠帶。

十八年置金齒衞指揮使司。二十年，遣使諭金齒衞指揮儲傑、嚴武、李觀曰：「金齒遠在邊徼，土民不遵禮法。爾指揮李觀處事寬厚，名播蠻中，爲諸蠻所愛。然其下多恃功放恣，有乖軍律，故特命傑、武輔之。觀之寬，可以綏遠；傑、武之嚴，可以馭下。敕至，其整練諸軍，以觀外變。」

二十三年罷永昌府，改金齒衞爲軍民指揮使司。時西平侯沐英言，永昌居民鮮少，宜以府衞合爲軍民使司，從之。置鳳谿長官司，以永昌府通判阿鳳爲長官。二十四年置永平衞。永樂元年，賜金齒土官百戶汪用鈔一百錠、綵幣四表裏，以西平侯沐晟遣用招安罕的法，故賞之。洪熙元年，金齒軍民指揮使司及騰衝守禦千戶所等土官貢馬，賜鈔幣。

宣德五年設金齒軍民指揮司騰衝州，置土知州一員。時騰衝守禦所土官副千戶張銘言，其地遠在極邊，麓川宣慰思任發不時侵擾，乞設州治。帝從之，卽以銘爲騰衝知州。八年置騰衝州庫扛關、庫刀關、庫勒關、古湧二關。〔六〕先是，騰衝州奏，本州路通麓川、緬甸諸處，人民逃徙者多，有悞差發貢獻。舊四百夫長隸騰衝千戶所，其庫扛關等五處，皆軍民兼守。今四百夫已隸本州，止州民守之。乞於五處置巡檢司，以土軍尹黑、張保、李輔、郭節等爲巡檢。正統二年以非額革之。

嘉靖元年復設永昌軍民府。領州一、縣二。其長官司二，曰施甸，曰鳳谿。

新化，本馬龍、他郎二甸，阿僰諸部蠻據之。元憲宗時內附，立爲二千戶所，隸寧州萬戶府。至元間，以馬龍等甸管民官併於他郎甸，置司，隸元江路。

洪武初，改名馬龍他郎甸長官司，直隸雲南布政司。後陞爲新化州。十七年以普賜爲馬龍他郎甸副長官。宣德八年，故長官普賜弟土舍普寧等來朝，貢馬，賜鈔幣。八月，黔國公沐晟奏，摩沙勒寨萬夫長刀甕及弟刀眷糾蠻兵侵占馬龍他郎甸長官司衙門，殺掠人民，請遣都督同知沐昂討之。帝命遣人撫諭，但得刀甕，毋擾平民。正統二年，晟等奏甕不服招撫，請調附近官土兵，令都督昂𠜂捕。帝以蠻衆仇殺乃其本性，可仍撫諭之，事遂不竟。其地有馬龍諸山，居摩沙勒江右。兩岸束隘如峽，地勢極險，故改州以鎮之。

威遠，唐南詔銀生府地，舊爲濮落雜蠻所居。大理時，爲百夷所據。元至元中，置威遠州。

洪武十五年平雲南後，改威遠蠻棚府爲威遠州。三十五年，以土官刀算黨爲威遠知州。

永樂二年，算黨爲車里所擄，奪其地，命西平侯諭之，乃還算黨幷侵地。三年，算黨進象馬方物謝，頒降敕諭金字紅牌，賜之金帶、織金文綺、襲衣及銀鈔、錦幣。二十二年，土官刀慶罕等來朝，貢馬及方物，賜慶罕鈔八十錠，紵絲、羅紗，及頭目以下，皆有加。

宣德三年，刀慶罕遣頭目招剛、刀著中等來貢，賜予如例，就令齎敕及織金紵絲、紗羅賜之，仍給信符、勘合底簿。八年，威遠州奏其地與車里接境，累被各土官劫掠，播孟實當要衝，乞置巡檢司，以把事劉禧爲巡檢，從之。

正統二年，土知州刀蓋罕遣人貢馬及銀器，賜綵幣等物，幷以新信符給之。正統六年給威遠土知州刀蓋罕金牌，〔七〕命合兵剿麓川叛寇，以捷聞。敕曰：「叛寇思任發侵爾境土，脅爾從逆。爾母招曩猛能秉大義，効忠朝廷，悉出金貲，分賚頭目。爾母子躬擐甲冑，賈勇殺賊，斬其頭目派罕，〔八〕追逐餘賊過江，溺死數千，斬首數百，得其戰艦戰象，仍留兵守賊所據江口地。忠義卓然，深足嘉尚。今特陞爾正五品，授奉政大夫、修正庶尹，封爾母爲太宜人，俱錫誥命、銀帶及綵幣表裏，酬爾母子勳勞。陶孟、刀孟經等亦賜賚有差。爾宜益勉忠義，以副朕懷。」

時西南諸部多相仇殺，所給金牌、信符，燒燬不存。景泰六年，刀蓋罕、隨乃吾等來朝貢，因命其管屬本州人民，復給與金牌、信符、織金文綺，賜敕諭遣之。成化元年，威遠州土舍刀朔罕遣頭目刀昔思貢象馬幷金銀器，賜予如例。

其俗勇健，男女走險如飛。境內有河，汲水練炭上卽成鹽。無秤斗，以簍計多寡量之。

北勝，唐貞元中，南詔異牟尋始開其地，名北方睒，徙瀰河白蠻及羅落、麼些諸蠻，以實其地，號成偈睒，又改名善巨郡。宋時，大理段氏改爲成紀鎭。元初，內附。至元中，置施州，尋改北勝州。後爲府，隸麗江路軍民宣撫司。

洪武十五年改爲州，隸鶴慶府，後屬瀾滄衞。永樂五年，土官百夫長楊克卽牙舊來貢馬，賜鈔幣。宣德四年，土判官高琳子瑛來貢方物，請襲父職。十年，土知府高瑛來朝貢，賜鈔幣。正統七年，以北勝州直隸雲南布政司，設流官吏目一員，以州蠻苦於瀾滄衞官軍侵漁也。

萬曆四十八年，北勝州土同知高世懋死，異母弟世昌襲。其族姪蘭妄稱世昌奸生，訟之官，不聽。世昌懼逼，走麗江避之。尋還至瀾滄，宿客舍，蘭圍而縱火，殺其家七十餘人，發其祖父墓，自稱欽授把總，大掠。麗江知府木增請討之，謂法紀弁髦，尾大不掉，不治將有隱憂。上官嘉其義，調增率其部進剿，獲蘭梟之。

灣甸，蠻名細睒。元中統初，內附，屬鎭康路。洪武十七年置灣甸縣。永樂元年三月設灣甸長官司，以西平侯沐晟奏地近麓川，地廣人稠故也。尋仍改爲灣甸州，以土官刀景發爲知州，給印章、金牌幷置流官吏目一員。四年，帝以灣甸道里險遠，每歲朝貢，令自今三年一貢，著爲令。如慶賀、謝恩之類，不拘此例。六年，刀景發遣人來朝，貢馬及方物，賜鈔幣。七年，刀景發子景懸等來朝，貢馬，賜予如例。

宣德八年以土官刀景項弟景辦法繼兄職。州有流官吏目一員。州鄰木邦、順寧，日以侵削。成化五年，灣甸州土官舍人景拙法遣使刀胡猛等來朝，貢象馬幷金銀器，賜宴幷衣服綵幣有差。

萬曆十一年，土官景宗眞率弟宗材導木邦叛賊罕虔入寇姚關，宗眞死於陣，擒宗材斬之。景眞子幼，貸死，降爲州判官。後從討猛廷瑞有功，復舊職。

灣甸地多瘴。有黑泉，漲時，飛鳥過之輒墮。

鎭康，蠻名石睒，本黑僰所居。元中統初，內附。至元十三年立鎭康路軍民總管府，領三甸。

洪武十五年改爲鎭康府，十七年改爲州。永樂二年遣官頒信符及金字紅牌於鎭康州。七年以灣甸同知曩光爲知州。初，鎭康地隸灣甸，曩光請增設署所，故有是命。九年以中官徐亮使西南蠻，曩光阻道，詔責之，至是，遣人來朝謝罪。十四年，鎭康州長官司遣人貢馬，賜鈔幣。二十一年，知府刀孟廣來朝，貢馬。宣德三年賜鎭康州土目刀門淵等鈔幣有差。成化五年，知州刀門戞遣使貢馬及金銀器，賜予如例，及妻。

鎭康後亦爲木邦、順寧所侵削。隆慶間，知州悶坎者，罕虔妻以女，因附虔歸緬。坎敗死，其弟悶恩歸義。恩死，子悶枳襲，木邦思禮誘之歸緬，不從。天啓二年，木邦兵據喳哩江，枳奔姚關，守備遣官撫之，乃退。

大侯，蠻名孟祐，百夷所居。元中統初，内附，屬麓川路。

洪武二十四年置大侯長官司。永樂二年頒給信符、金字紅牌。三年，大侯長官司長官刀奉偶遣子刀奉董貢馬及銀器，賜鈔幣。六年，長官刀奉偶遣弟不納狂來貢，賜予如例。

宣德四年陞大侯長官司爲大侯州，〔九〕以土官刀奉漢爲知州。〔一〇〕時刀奉漢奏：「大侯蠻民復業者多，歲納差發銀二百五十兩。灣甸、鎭康二長官民少，歲納差發銀各百兩，永樂中俱陞爲州，乞援二州例。」帝諭吏部曰：「大侯民多復業，亦其長官善撫綏也，宜增秩旌之。」故有是命。八年，大侯州入貢，遣内官雲仙往撫之，幷賜錦綺有差。

正統三年，土官刀奉漢子刀奉送來貢，命賚敕幷織金文綺絨錦諸物，賜刀奉漢幷及其妻。初，奉漢令把事傳永瑤來朝，貢馬，奏欲與木邦宣慰罕門法共起土兵十萬，協同征剿麓川，乞賜金牌、信符，以安民心。特賜之，復降敕嘉奬。七年，敕刀奉漢子刀奉送襲大侯知州，賜冠帶、印章、綵段表裏，以奉迭能率土兵助討麓川也。十一年，大侯知州奉外法等貢銀器、象馬，賜綵幣、衣服有差。十二年敕賜大侯州奉敬法、刀奉迭等幷其妻綵幣，命來使齎與之。

萬曆中，土目奉學竰於順寧知府猛廷瑞，後巡撫陳用賓誣奏廷瑞與學反狀，廷瑞斬奉學首以獻，學兄赦守大侯如故。子奉先與其族舍猛廐、奉恭爭殺抗命，次年討平之，改爲雲州，設流官。

瀾滄，元爲北勝州地。洪武中，屬鶴慶府。二十八年置瀾滄衞。二十九年於州南築城，置今衞司。領北勝、浪渠、永寧三州。永樂四年以永寧州陞爲府。正統七年以北勝州直隸布政司，今衞只領州一。

弘治十一年，福建布政李韶以前任雲南參議，知土俗事宜，上疏言四事。〔一〕一謂瀾滄衞與北勝州同一城，地域廣遠，與四川建昌西番野番相通。邇年西番土舍章輗等倚恃山險，招服野番千餘家爲莊戶，遂致各番生拗，動輒殺人，州官無兵不能禁止。衞官大廢軍政，恬不加意。又姚安府、大羅衞、賓川州地方有賊穴六七，軍民受害。請添設兵備副使於瀾滄衞城，以姚安、大羅、賓川、鶴麗、大理、洱海、景東諸府州衞所，皆令屬之。於野番則用撫流民法，於賊巢則用立保甲法，朝夕經理，則內外寇患皆可弭矣。因從其議，設兵備副使一員於瀾滄城。

麓川、平緬，元時皆屬緬甸。緬甸，古朱波地也。宋寧宗時，緬甸、波斯等國進白象，緬甸之名自此始。緬在雲南之西南，最窮遠。與八百國、占城接境。有城郭室屋，人皆樓居，地產象馬。元時最强盛。元嘗遣使招之，始入貢。

洪武六年遣使田儼、程斗南、張禕、錢允恭齎詔往諭。至安南，留二年，以道阻不通。有詔召之，惟儼還，餘皆道卒。十五年，大兵下雲南，進取大理，下金齒。平緬與金齒壤地相接，土蠻思倫發聞之懼，遂降。因置平緬宣慰使司，以倫發爲宣慰使。十七年八月，倫發遣刀令孟獻方物，幷上元所授宣慰使司印。詔改平緬宣慰使爲平緬軍民宣慰使司，並賜倫發朝服、冠帶及織金文綺、鈔錠。尋改平緬軍民宣慰使司爲麓川平緬軍民宣慰使司。〔一三〕麓川與平緬連境，元時分置兩路以統其所部，至是以倫發遣使貢，命兼統麓川之地。

十八年，倫發反，率衆寇景東。都督馮誠率兵擊之，值天大霧，猝遇寇，失利，千戶王昇戰死。

二十年敕諭西平侯沐英等曰：「近御史李原名歸自平緬，〔一三〕知蠻情詭譎，必爲邊患。符到，可卽於金齒、楚雄、品甸及瀾滄江中道，葺壘深池，以固營柵，多置火銃爲守備。寇來，勿輕與戰。又以往歲人至百夷，多貪其財貨，不顧事理，貽笑諸蠻。繼今不許一人往平緬，卽文移亦愼答之，毋忽。」明年，倫發誘羣蠻入寇馬龍他郎甸之摩沙勒寨。英遣都督甯正擊破之，斬首千五百餘級。倫發悉舉其衆，號三十萬，象百餘，寇定邊，欲報摩沙勒之役，新附諸蠻皆爲盡力。英選師三萬亟趨至，賊列象陣搏戰。英列弩注射，突陣大呼，象多傷，其蠻亦多中矢斃，蠻氣稍縮。次日，英率將士，益置火鎗、神機箭，更番射，象奔，賊大敗。擣其寨，斬首三萬餘級，降卒萬餘人。象死者半，生獲三十有七。倫發遁，以捷聞。帝遣使諭英移師逼景東屯田，固壘以待大軍集，勿輕受其降。

二十二年，倫發遣把事招綱等來言：「往者逆謀，皆由把事刀厮郎、刀厮養所爲。乞貸死，願輸貢賦。」雲南守臣以聞。乃遣通政司經歷楊大用齎敕往諭思倫發修臣禮，悉償前日兵費，庶免問罪之師。倫發聽命，遂以象、馬、白金、方物入貢謝罪，大用幷令獻叛首刀厮郎等一百三十七人，平緬遂平。自是，三年每來朝貢。二十七年，倫發來朝，貢馬、象、方物。已，遣京衞千戶郭均英往賜思倫發公服、幞頭、金帶、象笏。

二十八年，緬國王使來言，百夷屢以兵侵奪其境。明年，緬使復來訴。帝遣行人李思聰等使緬國及百夷。思倫發聞詔，俯伏謝罪，願罷兵。適其部長刀幹孟叛，〔一四〕思聰以朝廷威德諭其部衆，叛者稍退。思倫發欲倚使者服其下，强留之，以象、馬、金寶爲賂，思聰諭却之。歸述其山川、人物、風俗、道路之詳，爲百夷傳紀以進，帝褒之。

初，平緬俗不好佛。有僧至自雲南，善爲因果報應之說，倫發信之。又有金齒戍卒逃入其境，能爲火銃、火砲之具，倫發喜其技能，俾繫金帶，與僧位諸部長上。刀幹孟等不服，遂與其屬叛，攻騰衝。倫發率其家走雲南，西平侯沐春遣送至京師。帝憫之，命春爲征南將軍，何福、徐凱爲副將軍，率雲南、四川諸衞兵往討刀幹孟。幷遣倫發歸，駐潞江上，招諭其部衆。賜倫發黃金百兩、白金百五十兩、鈔五百錠。又敕春曰：「思倫發窮而歸我，當以兵送還。若至雲南，先遣人往諭幹孟毋怙終不臣，必歸而主。倘不從，則聲罪討之。」

時幹孟既逐倫發，亦懼朝廷加兵，乃遣人詣西平侯請入貢，春以聞。三十一年奏：「幹孟欲假朝廷威以拒忽都，其言入貢，未可信。」帝遣人諭春曰：「遠蠻詭詐誠有之，姑從所請，審度其宜，毋失事機。」春以兵送倫發於金齒，使人諭刀幹孟，幹孟不從。遣左軍都督何福、瞿能等，將兵五千討之。踰高良公山，〔一五〕直擣南甸，大破之，殺刀名孟，斬獲甚衆。回兵擊景罕寨。寨憑高據險，堅守不下，官軍糧械俱盡，賊勢益張。福使告急於春，春率五百騎往救，乘夜至潞江，詰旦渡。率騎馳躪，揚塵蔽天。賊不意大軍至，驚懼，遂破之。乘勝擊崆峒寨，賊夜潰。幹孟遣人乞降，事聞，朝廷以其狡詐，命春偕變討之。春尋病卒，幹孟竟不降。又命都督何福往討，未幾，擒幹孟歸，倫發始還平緬，踰年卒。

永樂元年，思倫發子散朋來朝，貢馬。賜絨錦、織金文綺、紗羅并傔從鈔有差。二年遣內官張勤等頒賜麓川。麓川、平緬、木邦、孟養俱遣人來貢，各賜之鈔幣。時麓川平緬宣慰使思行發所遣頭目刀門賴訴孟養、木邦數侵其地。禮部請以孟養、木邦朝貢使付法司，正其罪。帝謂蠻衆攻奪常事，執一二人罪之，不足以革其俗，且曲直未明，遽罪其使，失遠人心。命西平侯諭之，遣員外郎左緝使八百國，并使賜麓川平緬宣慰冠帶、襲衣。

五年，麓川平緬所隸孟外頭目刀發孟來朝，貢象及金器，散朋亦貢馬，各賜鈔幣。六年，思行發貢馬、方物謝，賜金牌、信符。黔國公沐晟言：「麓川、平緬所隸孟外、陶孟，土官刀發孟之地，爲頭目刀薛孟侵據，請命思行發諭刀薛孟歸侵地。」從之。七年，行發來貢，遣中官雲仙等齎敕，賜金織文綺、紗羅。至麓川，行發失郊迎禮，仙責之。行發惶懼，九年遣刀門奈來貢謝罪。帝貸之，仍命宴勞其使，并遣賜行發文錦、金織紵絲紗羅。

十一年，行發請以其弟思任發代職，從之。任發遣頭目刀弄發貢象六、馬百匹及金銀器皿等物謝恩。二十年，任發遣使奉表來貢，并謝侵南甸州罪，遣中官雲仙齎賜并敕戒之。

洪熙元年遣內官段忠、徐亮以卽位詔諭麓川。

宣德元年遣使諭西南夷，賜麓川錦綺有差，以其勤修職貢也。時麓川、木邦爭界，各訴於朝，就令使者諭解之，俾安分毋侵越。黔國公沐晟奏，麓川所屬思陀甸火頭曲比爲亂，請發兵討，帝命姑撫之。置麓川平緬宣慰司所轄大店地驛丞一員，以土人刀捧怯爲之，從宣慰刀暗發奏也。

三年，雲南三司奏，麓川宣慰使思任發奪南甸州地，請發兵問罪。帝命晟同三司、巡撫詳計以聞。敕任發保境安民，不得侵鄰疆，陷惡逆，以滋罪咎。晟以任發侵奪南甸、騰衝之罪不可宥，請發官軍五萬及諸土兵討之。帝以交阯、四川方用兵，民勞未息，宜再行招諭。不得已，其調雲南土官軍及木邦宣慰諸蠻兵勦之。八年遣內官雲仙齎敕至麓川，賜思任發幣物，諭其勿與木邦爭地抗殺。

正統元年，免麓川平緬軍民宣慰司所欠差發銀二千五百兩。以任發奏其地爲木邦所侵，百姓希少，無從辦納。部執不可，帝特蠲之。

初，洪武間，克平雲南，惟百夷部長思倫發未服，後爲頭目刀幹孟所逐，赴京陳訴。命爲宣慰，回居麓川。，分其地，設孟養、木邦、孟定三府，隸雲南；設潞江、干崖、大侯、灣甸四長官司，隸金齒。永樂元年陞孟養、木邦爲宣慰司。〔一六〕孟養宣慰刀木旦與鄰境仇殺而死，緬甸乘機幷其地。未幾，緬甸宣慰新加斯又爲木邦宣慰所殺。〔一七〕時倫發已死，子行發襲，亦死。次子任發襲爲麓川宣慰，狡獪愈於父兄，差發金銀，不以時納，朝廷稍優容之。會緬甸之危，任發侵有其地，遂欲盡復其故地，稱兵擾邊，侵孟定府及灣甸等州，殺掠人民。而南甸知州刀貢罕亦奏麓川奪其所轄羅卜思莊等二百七十八村。於是晟奏：「思任發連年累侵孟定、南甸、干崖、騰衝、潞江、金齒等處，自立頭目刀珍罕、土官早亨等相助爲暴，叛形已著。近又侵及金齒，勢甚猖獗。已遣諸衞馬步官軍至金齒守禦，乞調大兵進討。」朝命選將，廷臣舉右都督方政、都督僉事張榮往雲南，協同鎭守右都督昂率兵討之。任發方修貢冀緩師，而晟遽信其降，無渡江意。任發乃遣衆萬餘奪潞江，沿江造船三百艘，欲取雲龍，又殺死甸順、江東等處軍餘殆盡。帝以賊勢日甚，責晟等玩寇養患。政亦至軍，欲出戰，晟不可。政造舟欲濟師，晟又不許。政不勝憤，乃獨率麾下與賊將緬簡戰，破賊舊大寨。賊奔景罕，指揮唐淸復擊破之。又追之高黎共山下，共斬三千餘級。乘勝深入，逼任發上江。上江，賊重地也。政遠攻疲甚，求援於晟，晟怒其違節制渡江，不遣。久之，以少兵往，至夾象石，又不進。政追至空泥，知晟不救，賊出象陣衝擊，軍殲，政死焉。晟聞敗，乃請益軍。帝遣使者責狀，仍調湖廣官軍三萬一千五百人、貴州一萬人、四川八千五百人，令吳亮、馬翔統之，至雲南，聽晟節制，仍敕晟豫籌糧糒。而晟懼罪，暴卒。

時任發兵愈横，犯景東，剽孟定，殺大侯知州刀奉漢等千餘人，破孟賴諸寨，孟璉長官司諸處皆降之。任發仍遣人以象馬金銀來修貢，復致番書於雲南總兵官，謂：「始因潞江安撫司線舊法相邀報仇，其後線舊法乃誣己爲入寇，致大軍壓境，惶恐無地。今欲遣使謝罪，乞爲導奏。」帝降敕許赦其罪。時刑部侍郎何文淵疏請罷麓川師，命下廷臣議。於是行在兵部尚書王驥及英國公張輔等，皆以爲「麓川負恩怙惡，在所必誅，須更選將練兵，以昭天討。如思任發早自悔禍，縛詣軍門，生全之恩，取自上裁」。帝然之。已而侍講劉球復以息兵請如文淵議。部覆以麓川之征，已有成命，報聞。

六年以定西伯蔣貴爲平蠻將軍，都督李安、劉聚副之，以兵部尚書王驥總督雲南軍務，大會諸道兵十五萬討之。時任發遣賊將刀令道等十二人，率衆三萬餘，象八十隻，抵大侯州，欲奪景東、威遠。而驥將抵金齒，任發遣人乞降，驥受之，密令諸將分道入。右參將冉保從東路攻細甸、灣甸水寨，入鎮康，趨孟定。驥與貴由中路至上江，會騰衝。左參將宫聚自下江據夾象石。至期，合攻之。賊拒守嚴，銃弩飛石，交下如雨。次日，乘風焚其栅，火竟夜不息。官軍力戰，拔上江寨，斬刀放戛父子，擒刀孟項，〔一八〕前後斬馘五萬餘，以捷聞。

七年，驥率兵渡下江，通高黎貢山道。至騰衝，留都督李安領兵提備。驥由南甸至羅卜思莊，前軍抵杉木籠。〔一九〕時任發率衆二萬餘據高山，立硬寨，連環七營，首尾相應。驥遣宮聚、劉聚分左右翼緣嶺上，驥將中軍橫擊之，賊遁。軍進馬鞍山，擣賊寨。寨兩面拒江壁立，周迴三十里皆立柵開塹，軍不可進，而賊從間道潛師出馬鞍山後。驥戒中軍毋動，命指揮方瑛率精騎六千突入賊寨，斬首數百級，復誘敗其象陣。而從東路者，合木邦人馬，招降孟通諸寨。元江同知杜凱等亦率車里及大侯蠻兵五萬，招降孟璉長官司，并攻破烏木弄、戛邦等寨，斬首二千三百餘級。齊集麓川，守西峨渡，就通木邦信息。百道環攻，復縱火焚其營，賊死不可勝算。任發父子三人并挈其妻孥數人，從間道渡江，奔孟養。搜獲原給虎符、金牌、信符、宣慰司印及所掠騰衝千戶等印三十二。麓川平。捷聞，命還師。

時任發敗走孟蒙，復爲木邦宣慰所擊，追過金沙江，走孟廣。緬甸宣慰卜剌當亦起兵攻之。帝命木邦、緬甸能效命擒任發獻者，卽以麓川地與之。未幾，任發爲緬人擒，緬人挾之求地。其子思機發窮困，乞來朝謝罪，先遣其弟招賽入貢，帝命遣還雲南安置。機發窺大兵歸，圖恢復，據麓川出兵侵擾。於是復命王驥、蔣貴等統大軍再征麓川。驥率師至金齒，機發遣頭目刀籠肘偕其子詣軍門求降。驥遣人至緬甸索任發，緬佯諾不遣。驥至騰衝，與蔣貴、沐昂分五營進，緬人亦聚衆待。驥欲乘大師攻之，見其衆盛，未易拔，又恐多一麓川敵，乃宣言犒師，而命貴潛焚其舟數百艘，進師薄之。緬甸堅執前詔，必予地乃出任發，復詭以機發致仇爲解。驥乃趨者藍，擣機發巢，破之。機發脫走，俘其妻子部衆，立隴川宣慰司而歸。時思機發竊據孟養，負固不服，自如也。

十一年，緬甸始以任發及其妻孥三十二人獻至雲南。〔一〇〕任發於道中不食，垂死。千戶王政斬之，函首京師。其子機發屢乞降，遣頭目刀孟永等修朝貢，獻金銀。言蒙朝廷調兵征討，無地逃死，乞貸餘生，詞甚哀。帝命受其貢，因敕總兵官沐斌及參贊軍務侍郎楊寧等，以朝廷既貸思機發以不死，經畫善後長策以聞，并賜敕諭思機發。十二年，總兵官黔國公沐斌奏：「臣遣千戶明庸齎敕招諭思機發，以所遣弟招賽未歸，疑懼不敢出。近緬甸以機發掠其牛馬、金銀，欲進兵攻取。臣等議遣人分諭木邦、緬甸諸宣慰司，令集蠻兵，尅期過江，分道討機發。臣等率官軍萬人駐騰衝，以助其勢。賊四面受敵，必成擒矣。」從之。已，命授機發弟招賽爲頭目，給冠帶、月糧、房屋，隸錦衣衞，其從人俱令於馴象所供役。先是，招賽安置雲南，其黨有欲稱亂者，乃命招賽來京，且冀以招徠機發也。帝既命雲南出兵剿機發，及沐斌等至騰衝，督諸軍追捕，機發終不出，潛匿孟養，遣其徒來貢。許以恩貸，復不至。斌以春瘴作，江漲不可渡，糧亦乏，引兵還。

帝以斌師出無功，復命兵部尚書靖遠伯王驥總督軍務，都督同知宮聚佩平蠻將軍印，率南京、雲南、湖廣、四川、貴州官軍、土軍十三萬人往討之。至是，驥凡三征麓川矣。帝密諭驥曰：「萬一思機發遠遁，則先擒刀變蠻，平其巢穴。或遁入緬地，緬人黨蔽，亦相機擒之。庶蠻衆知懼，大軍不爲徒出。」又敕諭斌，軍事悉與驥會議而行。又敕諭木邦、緬甸、南甸、干崖、隴川等宣慰司罕蓋發等，各整兵備船，積糧以俟調度。

十四年，驥率諸將自騰衝會師，由干崖造舟，至南牙山舍舟陸行，抵沙壩，復造舟至金沙江。機發於西岸埋柵拒守。大軍順流下至管屯，適木邦、緬甸兩宣慰兵十餘萬亦列於沿江兩岸，緬甸備舟二百餘爲浮梁濟師，併力攻破其柵寨，得積穀四十萬餘石。軍飽，銳氣增倍。賊領衆至鬼哭山，築大寨於兩峰上，築二寨爲兩翼，又築七小寨，綿亙百餘里。官軍分道並進，皆攻拔之，斬獲無算，而思機發、思卜發復奔遁。

時王師踰孟養至孟那。孟養在金沙江西，去麓川千餘里，諸部皆震讋曰：「自古，漢人無渡金沙江者，今王師至此，眞天威也。」驥還兵，其部衆復擁任發少子思祿據孟養地爲亂。〔三〕驥等慮師老，度賊不可滅，乃與思祿約，許土目得部勒諸蠻，居孟養如故，立石金沙江爲界，誓曰「石爛江枯，爾乃得渡」。思祿亦懼，聽命，乃班師。捷聞，帝爲告廟云。

景泰元年，雲南總兵官沐璘奏：「緬甸宣慰已擒獲思機發，又將思卜發放歸孟養，恐緬人復挾爲奇貨，不若緩之，聽其自獻便。」從之。五年，緬人索舊地，左參將胡誌等諭以銀戛等處地方與之，乃送思機發及其妻孥六人至金沙江村，誌等檻送京師。南寧伯毛福壽以聞，乃誅思機發於京師。七年，任發子思卜發奏：「臣父兄犯法，時臣幼無知。今不敢如父兄所爲，甚畏朝廷法，謹備差發銀五百兩、象三、馬六及方物等，遣使人入貢，惟天皇帝主哀憐。」因賜敕戒諭，幷賚思卜發與妻錦幣及其使鈔幣有差。

成化元年，總兵官沐瓚等以思任發之孫思命發至京師，乃逆賊遺孽，不可留，請發沿海登州衞安置，月給米二石，從之。麓川亡。

先是，麓川之初平也，分其地立隴川宣撫使司，因以恭項爲宣撫使。恭項者，故麓川部長，首先歸順効力有功，因命於麓川故地開設宣撫。已，頭目曩渙等復來歸，願捕賊自效。帝命還守本土，有功，即加敍。諸凡來歸者視此例。遂以刀歪孟爲本司同知，刀落曩爲副使，隴帚爲僉事，俱賜冠帶，從宣撫恭項請也。恭項子恭立來貢，給賜如例，幷授恭立爲長史。未幾，隴川宣撫失印，請再給。帝責恭項以不能宣揚國威，反失印，罪應不宥，姑從寬頒給。時板蹇據者藍寨，侵擾隴川，百夫長刀門線、刀木立進兵圍之，斬板蹇等二十三人。命賜有功者皆爲冠帶把事，幷賚織金文綺。

正統十一年，木邦宣慰罕蓋發來求麓川故地。有司以已設隴川宣撫司，建官分管，以孟止地予之，報可。十二年敕諭恭項，言：「比者，總兵奏爾與百夫長刀木立相仇殺，人民懷怨，欲謀害爾父子。今遷爾於雲南，俾不失所，且遣官護爾家屬完聚，其體憫恤，無懷疑懼。」既而總兵官言：「隴川致亂，皆由恭項暴殺無辜，刻虐蠻人。同知刀歪孟爲蠻衆信服，乞安置項於別衞，以刀歪孟代。」帝以恭項來歸，屈法宥之，命於曲靖安置，幷遣敕往諭。

景泰七年，隴川宣撫多外悶遣人貢象、馬及金銀器皿、方物，賜綵幣、襲衣如例。仍命齎敕賜之，以多外悶初修朝貢故也。成化十九年，以隴川宣撫司多歪孟子亨法代職。

初，隴川與木邦相鄰，爭地仇殺，搆兵不息。嘉靖中，土舍多鯨刃兄自襲，下鎮巡官按問，伏辜，還職兄子多參。詔貰其罪，幷戒木邦罕孟毋得復黨鯨爭職。

萬曆初，緬甸莽瑞體叛，來招隴川宣撫多士寧，士寧不從。其記室岳鳳者，江西撫州人，黠而多智，商於隴川，士寧信任之，妻以妹。鳳曲媚士寧，陰奪其權，與三宣六慰各土舍罕拔等歃血盟，誘士寧往擺古，歸附緬酋。陰使其子曩烏鴆士寧幷殺其妻女，奪印投緬，受緬僞命，代士寧爲宣撫。及瑞體死，子應裏嗣，鳳父子臣服之。誘敗官軍，獻士寧母胡氏及親族六百餘人於應裏，盡殺之，多氏之宗幾盡。

初，鳳之附於緬也，爲瑞體招諸部，拒中國，傷官軍，逆勢寖成，緬深倚之。久之，以緬不足恃。而鄧川土知州何鈺，鳳友壻也，初使人招鳳，鳳執使獻緬。及是，鈺復開示百方，與之盟誓。時官軍亦大集，諸將劉綎、鄧子龍各率勁師至，環壁四面。鳳懼，乃令妻子及部曲來降。〔三〕綎責令獻金牌、符印及蠻莫、猛密地。乃以送鳳妻子還隴川爲名，分兵趨沙木籠山，先據其險，而自領大兵馳入隴川。鳳度無可脫，遂詣軍門降。綎復率兵進緬，緬將先遁，留少兵隴川，綎攻之，鳳子曩烏亦降。綎乃攜鳳父子往攻蠻莫，蠻莫賊知鳳降，馳報應裏，發兵圖隴川。綎乘機掩殺，賊窘，乞降，縛緬人及象馬來獻。遂招撫孟養賊，賊將乘象走，追獲之。復移師圍孟璉，生擒其魁，隴川平。獻俘於朝，帝爲告謝郊廟，時萬曆十二年九月也。踰年復鑄隴川宣撫司及孟定府印，陞孟密安撫爲宣撫司。添設安撫司二，曰蠻莫，曰耿馬；長官司二，曰孟璉，曰孟養；千戶所二，一居姚關，一居孟淋砦，皆名之曰鎭安；並鑄印記，建大將行署於蠻莫。從雲南巡撫劉世曾之議也。於是，多士寧之子思順襲隴川宣撫使。

二十九年，莽應裏分道入犯，一入遮放、芒市，一入臘撒蠻顙，一入杉木籠，並出隴川。多思順不敵，奔猛卯。緬初以猛卯同知多俺爲嚮導，寇東路。至是大軍遣木邦罕欽擒多俺殺之。〔二三〕未幾，思順死，蠻莫思正乘喪襲隴川，據其妻罕氏。三十五年，思順子安民以守將索賂，叛入緬。已而緬聽撫，遣安民歸。安民久據蠻灣，桀驁甚，署永騰參將周會遣二指揮襲之，敗績。王師亟討，其族人挾其弟多安靖誅之以獻。時安靖尚幼，勢孤，詔俟其長給之印。安民弟安邦治亦附緬，後寄居蠻莫。其地有馬安、摩黎、羅木等山，極險峻，隴川之所恃爲巢穴者也。

校勘記

〔一〕黔國公沐紹勛疏言　沐紹勛，原作「沐勛」，據本書卷一〇五功臣世表、卷一二六沐英傳及世宗實録卷八八嘉靖七年五月甲申條補。

〔二〕獛剌蠻居之　獛剌，明一統志卷八七、讀史方輿紀要卷一一四作「僰剌」。

〔三〕宋時麼些蠻蒙醋據之　蒙醋，寰宇通志卷一一三、明一統志卷八七麗江軍民府作「蒙醋醋」。

〔四〕隸大理萬户府　府，原作「所」，據寰宇通志卷一一三、明一統志卷八七、元史卷九一百官志改。

〔五〕置施甸長官司　施甸，原作「司甸」，據本書卷四六地理志、明史稿傳一八八、太祖實録卷一六二洪武十七年五月己酉條改。

〔六〕古湧二關　宣宗實録卷一〇六宣德八年九月己丑條同，本書卷四六地理志、寰宇通志卷一一三作「古勇關」。

〔七〕給威遠土知州刀蓋罕金牌　刀蓋罕，原作「刀蓋」，脱「罕」字。據上下文及英宗實録卷八一正統六年七月己亥條補。

〔八〕斬其頭目派罕　派罕，當作「刀派罕」，派罕姓刀，見英宗實録卷八一正統六年七月己亥條、國榷卷二五頁一六一二。下文刀孟經未省「刀」，此亦不宜省。

〔九〕宣德四年陞大侯長官司爲大侯州　本書卷四六地理志、宣宗實録卷四三宣德三年五月戊午條繫於宣德三年。

〔一〇〕以土官刀奉漢爲知州　刀奉漢，原作「刀奉罕」。本傳下文二名錯出。本卷上文景東傳、英宗實錄卷四六正統三年九月庚戌條、國榷卷二四頁一五五九作「刀奉漢」，宣宗實錄卷四三宣德三年五月戊午條、國榷卷二〇頁一三四九作「刀奉罕」。明代文獻中多同名異譯者，今爲劃一起見，都改作「刀奉漢」。

〔一一〕弘治十一年福建布政李韶以前任雲南參議知土俗事宜上疏言四事　參議，孝宗實錄卷一五四弘治十二年九月乙丑條作「右參政」。

〔一二〕尋改平緬軍民宣慰使司爲麓川平緬軍民宣慰使司　第二個「宣慰」上原脫「軍民」二字，據本書卷四六地理志、太祖實錄卷一六四洪武十七年八月丙子條補。

〔一三〕近御史李原名歸自平緬　李原名，原作「李原德」。明史稿傳一八八麓川傳、太祖實錄卷一八二洪武二十年五月庚申條、國榷卷八頁六七〇俱作「李原名」。按本書卷一三六有李原名傳，事跡與此合，據改。

〔一四〕適其部長刀幹孟叛　幹，原作「榦」，據本書卷三太祖紀、卷一二六沐英傳、卷三一五緬甸傳及太祖實錄卷二五七洪武三十一年五月丁未條改。下同。

〔一五〕踰高良公山　高良公山，下文作「高黎共山」，「高黎貢山」。寰宇通志卷一一三謂當地居民稱爲「高良公山」。

〔一六〕永樂元年陞孟養木邦爲宣慰司　本書卷四六地理志、太宗實録卷二一九永樂二年六月癸酉條繫於永樂二年。

〔一七〕緬甸宣慰新加斯又爲木邦宣慰所殺　新加斯，原作「新斯加」，據本書卷三一五緬甸傳、宣宗實録卷三一宣德二年九月丁酉條改。

〔一八〕擒刀孟項　刀孟項，原作「刀孟頊」，據明史稿傳一八八麓川傳改。英宗實録卷八六正統六年閏十一月辛巳條作「刀門項」。「孟」「門」當係音譯之異。

〔一九〕前軍抵杉木籠　杉木籠，原作「於木籠」，據本書卷一七一王驥傳改。本傳下文作「杉木籠」，又作「沙木籠」，本書卷二七四劉綎傳、明一統志卷八七作「沙木籠」，乃同一山名之異譯。

〔二〇〕十一年緬甸始以任發及其妻孥三十二人獻至雲南　本書卷一〇英宗前紀及英宗實録卷一三六俱繫於正統十年十二月丙辰，本書卷三一五緬甸傳繫於正統十一年。

〔二一〕其部衆復擁任發少子思禄據孟養地爲亂　思禄，原作「禄」，脱「思」字，據下文補。按思禄，本書卷一七三王驥傳、孝宗實録卷一九五弘治十六年正月癸未條俱作「思陸」，本書卷三一五孟養傳作「思陸發」。

〔二二〕鳳懼乃令妻子及部曲來降　令，原作「合」。按時鳳尚未來降，作「合」誤。據本書卷二四七劉綎傳、明史稿傳一八八麓川傳改。

〔三三〕大軍遣木邦罕欽擒多俺殺之　多俺，原作「多掩」，據上文及本書卷三一五緬甸傳、明史稿傳一八八麓川傳改。

明史卷三百十五

列傳第二百三

雲南土司三

緬甸二宣慰司　干崖宣撫　潞江　南甸二宣撫司　芒市　者樂甸
茶山　孟璉卽猛臉　里麻　鈕兀　東倘　瓦甸　促瓦　散金
木邦孟密安撫司附　孟養　車里　老撾　八百二宣慰司

緬甸，古朱波地。宋寧宗時，緬甸、波斯等國進白象，緬甸通中國自此始。地在雲南西南，最窮遠。有城郭廬舍，多樓居。元至元中，屢討之，乃入貢。

明太祖卽位，遣使齎詔諭之。至安南，〔一〕留二年，以道阻不能達而返，使者多道卒。洪武二十六年，八百國使人入貢，言緬近其地，以遠不能自達。帝乃令西平侯沐春遣使至八百國王所，諭意。於是緬始遣其臣板南速剌至，進方物，勞賜之。二十七年置緬中宣慰使司，以土酋卜剌浪爲使。二十八年，卜剌浪遣使貢方物，訴百夷思倫發侵奪境土。二十九年復來訴。帝遣行人李思聰、錢古訓諭緬及百夷各罷兵守土，倫發聽命。會有百夷部長刀幹孟之亂，逐倫發，以故事得已。

永樂元年，緬酋那羅塔遣使入貢。因言緬雖遐裔，願臣屬中國，而道經木邦、孟養，多阻遏。乞命以職，賜冠服、印章，庶免欺陵。詔設緬甸宣慰使司，以那羅塔爲宣慰使，遣內臣張勤往賜冠帶、印章。於是緬有二宣慰使，皆入貢不絕。五年，那羅塔遣使貢方物，謝罪。先是，孟養宣慰使刀木旦與戛里相攻，那羅塔乘釁襲之，殺刀木旦及其長子，遂據其地。事聞，詔行人張洪等齎敕諭責。那羅塔懼，歸其境土，而遣人詣闕謝罪。帝諭禮部曰：「蠻既服辜，其釋不問。」仍給以信符，令三年一朝貢。

初，卜剌浪分其地，使長子那羅塔管大甸，次子馬者速管小甸。卜剌浪死，那羅塔盡收其弟土地人民。已而其弟復入小甸，遣人來朝，且訴其情。敕諭那羅塔兄弟和好如初，毋干天討。六年，那羅塔復遣人入貢，謝罪，并謝賜金牌、信符，勞賜遣之。七年復遣中官雲仙等齎敕賜緬酋金織文綺。十二年，緬人來言爲木邦侵掠。帝以那羅塔素强橫，遣人諭之，使修好鄰封，各守疆界。

洪熙元年遣內官段忠、徐亮以卽位詔諭緬甸。宣德元年遣使往諭雲南土官，賜緬甸錦綺。二年以莽得剌爲宣慰使。初，緬甸宣慰使新加斯與木邦仇殺而死，子弟潰散。緬共推莽得剌權襲，許之。自是來貢者只署緬甸，而甸中之稱不復見。八年，莽得剌遣人來貢，復遣雲仙齎敕賜之，幷諭其勿侵木邦地。

正統六年給緬甸信符、金牌。時麓川思任發叛，將討之，命緬甸調兵待。七年，任發兵敗，過金沙江，走孟廣，緬人攻之。帝諭能擒獻賊首者，予以麓川地。八年，總督尚書王驥奏，緬甸酋馬哈省、以速剌等已擒獲思任發，不解至，唯以麓川地爲言，朝命遂有幷征緬甸之命。是時，大師已集騰衝，緬使致書，期以今冬送思任發至貢章交付。驥與刻期，遣指揮李儀等率精騎通南牙山路，抵貢章，受獻，而緬人送思任發者竟不至。九年，驥駐師江上，緬人亦嚴兵爲備，遣人往來江中，覘官軍虛實。驥以麓川未平，緬難不可復作，乃令總兵官蔣貴等潛焚其舟數百，緬人潰，驥亦班師。於是總兵官沐昂奏：「緬恃險黨賊，應加兵，但滇中方連年征討，財力困弊，旱澇相仍，糧餉不給，未可輕舉。臣已遣人諭緬禍福，俾獻賊首，緬宜聽從。」十二年，木邦宣慰罕蓋法，緬甸故宣慰子馬哈省、以速剌，遣使偕千戶王政等獻思任發首及諸俘馘至京，幷貢方物。〔三〕帝命馬哈省、以速剌並爲宣慰使，賜敕獎勞，給冠帶、印信。未幾，以速剌奏求孟養、戛里地，且請大軍亟滅思任發之子思機發兄弟，而已出兵爲助。帝諭以機發可不戰擒，宜即滅賊以求分地，弗爲他人得也。

景泰二年賜緬甸陰文金牌、信符。時以速剌久獲思機發不獻，又放思卜發歸孟養。朝廷知其要挾，故緩之。五年，緬人來索地，參將胡誌以銀戛等地與之，乃送機發及其妻孥。帝以思卜發既遠遁，不必窮追，仍加賞錦幣，降敕褒獎。

成化七年，鎮守太監錢能言，緬甸宣慰稱貢章、孟養舊爲所轄，欲復得之。帝命往勘，貢章係木邦、隴川分治，孟養係思洪發所掌，非緬境，乃令雲南守臣傳飭諸部。而緬甸以所求地乃前朝所許，貢章乃朝貢必由之途，乞與之。又乞以金齒軍餘李讓爲冠帶把事，以備任使。兵部尚書余子俊等以思洪發不聞有過，豈可奪其地，李讓中國人，而與爲把事，亦非體，宜勿許。帝命兵部諭其使，孟養、貢章是爾朝貢所由，當飭邊臣往諭思洪發，以通道往來，不得阻遏，餘勿多望。

弘治元年，緬甸來貢，且言安南侵其邊境。二年遣編修劉戩諭安南罷兵。然緬地鄰孟養，而孟養以緬先執思任發，故怨緬。

嘉靖初，孟養酋思陸子思倫糾木邦及孟密，擊破緬，殺宣慰莽紀歲幷其妻子，分據其地。緬訴於朝，不報。六年始命永昌知府嚴時泰、衞指揮王訓往勘。思倫夜縱兵鼓譟，焚驛舍，殺齎金牌千戶曹義，時泰倉皇遁，乃別立土舍莽卜信守之而去。值安鳳之亂，不暇究其事。

莽紀歲有子瑞體，少奔匿洞吾母家，其酋養爲己子。既長，有其地。洞吾之南有古喇，濱海，與佛郎機鄰。古喇酋兄弟爭立，瑞體和解之，因德瑞體，爭割地爲獻，受其約束，號瑞體爲噠喇。瑞體乃舉衆絕古喇糧道，殺其兄弟，盡奪其地，諸蠻皆畏服之。時滅緬者木邦、孟養，而與緬相抗者孟密也。孟密土舍兄弟爭立，訴於瑞體。瑞體乃納其弟爲壻，改名思忠，遣歸孟密，奪其兄印，因假道攻孟養及迤西諸蠻，以復前仇，又使其黨卓吉侵孟養境。後卓吉爲思眞壻猛乃頭目別混所殺，瑞體怒，自將攻別混父子，擒之。遂招誘隴川、干崖、南甸諸土官，欲入寇。旣覘知有備，又慮他蠻襲其後，乃遁歸。於是鎭巡官沐朝弼等上其事。兵部覆，荒服之外，治以不治。噠喇已畏威遠遁，傳諭諸蠻，不許交通結納。詔可。時嘉靖三十九年也。

木邦土舍罕拔求襲不得，怒投于緬，潞江宣撫線貴聞之，亦入緬。瑞體自以起孤微，有兵衆，威加諸部，中國復禁絕之，遂謀內侵，乃命線貴趣召隴川土官多士寧。士寧言中國廣大，誡勿妄動，瑞體稍稍寢。未幾，士寧爲其下岳鳳所殺，干崖宣撫刀怕舉亦死。罕拔乃請瑞體入干崖，干崖舉，則隴川可坐定也。瑞體子應裏桀黠多智，言於瑞體曰：「隴川、干崖雖無主，遠難猝取。孟養思箇近在肘腋，又吾世仇，萬一乘虛順流下，禍不測。」瑞體深然之，因借木邦兵一萬取干崖，而自率兵侵孟養。旣至，屢爲思箇所敗，思箇亦退保孟倫，相持入之。而隴川書記岳鳳欺其主幼，私齎重賂投緬，結爲父子。蠻莫土目思哲亦迎附瑞體，調緬兵萬餘，出入於迤西界上，以牽制思箇。復徵木邦罕拔兵，會岳鳳於隴川，襲孟密。乃與罕拔、思哲盟，必下孟密，奉瑞體以拒中國。

萬曆元年，緬兵至隴川，入之。岳鳳遂盡殺士寧妻子族屬，受緬僞命，據隴川爲宣撫。主莽噠喇弄王書報天皇帝，書中嫚辭無狀。僞爲錦囊象函貝葉緬文，稱西南金樓白象怕文拒之，與戰。適應裏率衆二十萬分戍隴、干間，以其兵驟臨之，怕文潰奔永昌。遂取干崖印，付罕拔妹，以女官攝宣撫，召盞達副使刀思管、雷弄經歷廖元相佐之，同守干崖，以防中國。於是木邦、蠻莫、隴川、干崖諸蠻，悉附緬，獨孟養未下。

金騰副使許天琦遣指揮侯度持檄撫諭孟養。思箇受檄，益拒緬。緬大發兵攻之，思箇告急。會天琦卒，署事羅汝芳犒思箇使，令先歸待援，遂調兵至騰越。箇聞援兵至，喜，令土目馬祿喇送等領兵萬餘，絕緬糧道，且導大兵伏戛撒誘緬兵深入。箇率蠻卒衝其前，而約援兵自隴川尾擊之。緬兵既敗，糧又絕，屠象馬以食，瑞體窘甚。會有陳於巡撫王凝，言生事不便者，凝馳使止援軍。汝芳聞檄退，思箇待援不至。岳鳳偵知之，集隴川兵二千兼程進，導瑞體由間道遁去。思箇追擊之，緬兵大敗，當是時幾獲瑞體。

六年，廷議遣使至孟養，俾思箇還所俘緬兵象，幷賚以金帛，好言慰諭之。瑞體不謝。

七年，永昌千戶辛鳳奉使買象於孟密，思忠執鳳送緬，緬遣回。是年，緬復攻孟養，報戛撒之怨。思箇以無援敗，將走騰越，中途爲其下所執，送瑞體，殺之，盡幷孟養地。八年，巡撫饒仁侃遣人招緬，緬不應。

十年，岳鳳導緬兵襲破干崖，奪罕氏印，俘之。俄，瑞體死，子應裏嗣。岳鳳嗾應裏殺罕拔，盡俘其衆。〔三〕又說應裏起兵象數十萬，分道內侵。十一年焚掠施甸，寇順寧。鳳子曩烏領衆六萬，突至孟淋寨，指揮吳繼勳、千戶祁維垣戰死。又破盞達，副使刀思定求救不得，城破，妻子族屬皆盡。且窺騰衝、永昌、大理、蒙化、景東、鎮沅諸郡。巡撫劉世曾請以南京坐營中軍劉綎爲騰越遊擊，移武靖參將鄧子龍爲永昌參將，各提兵五千赴剿，幷調諸土軍應援。緬亦合兵犯姚關，綎與子龍大破之於攀枝花地，乘勝追擊，自十年十月至十一年四月，斬首萬餘。復率兵出隴川、孟密，直抵阿瓦，緬將猛勺詣綎降。勺，瑞體弟也。緬將之守隴川、孟養、蠻莫者，皆遁去，岳鳳及其子皆伏誅。官軍定隴川，遂歸。應裏乃以其子思斗守阿瓦，復攻孟養、蠻莫，聲言復仇。副使李材備兵騰衝，遣兵援之，戰於遮浪，大破其象陣，生擒五千餘人。

先是，蠻莫酋思化投緬。材遣人招之，思化降。十九年，應裏復率緬兵圍蠻莫，思化告急。會天暑，軍行不前，裨將萬國春夜馳至，多設火炬爲疑兵，緬人懼而退，追敗其衆。二十二年，巡撫陳用賓設八關於騰衝，留兵戍守，募人至暹羅約夾攻緬。緬初以猛卯酋多俺爲嚮導，寇東路。至是遣木邦罕欽擒多俺殺之，遂築堡於猛卯，大興屯田。是年，緬帥思仁寇蠻莫，敗之，斬其渠丙測。

二十三年，應裏屬孟璉、孟艮二土司求朝貢，鎭巡以聞。朝議令原差官黎景桂齎銀幣賜之，至境，不受。詔以景桂首事貪功納侮，下於理。三十一年，阿瓦雍罕、木邦罕拔子罕裿俱入貢，緬勢頓衰。暹羅得楞復連歲攻緬，殺緬長子莽機撾，古喇殘破。自此不敢內犯，然近緬諸部附之如初。

崇禎末，蠻莫思緜爲緬守曩木河。及黔國公沐天波等隨永明王走蠻莫，思緜使告緬。緬遣人迎之，傳語述萬曆時事，幷出神宗璽書，索今篆合之，以爲僞。天波出己印與先所頒文檄相比無差，始信。蓋自天啓後，緬絕貢職，無可考驗云。

干崖，舊名干賴睒，僰人居之。東北接南甸，西接隴川，有平川衆岡。境內甚熱，四時皆蠶，以其絲織五色土錦充貢。元中統初，內附。至元中，置鎭西路軍民總管府，領三甸。洪武十五年改鎭西府。永樂元年設干崖長官司。二年頒給信符、金字紅牌幷賜冠服。

三年，干崖長官曩歡遣頭目奉表貢馬及犀、象、金銀器，謝恩，賜鈔幣。五年設古剌驛，隸干崖。曩歡復遣子刀思曩朝貢，賜賚如例。自是，三年一朝貢不絕。宣德六年改隸雲南都司。〔四〕時長官刀弄孟奏，其地近雲南都司，而歲納差發銀於金齒衞，路遠，乞改隸，而輸銀於布政司。從之。正統三年命仍隸金齒軍民指揮使司。六年陞干崖副長官刀怕便爲長官司，賜綵幣，以歸附後屢立功，從總兵官沐昂請也。九年陞干崖爲宣撫司，以刀怕便爲宣撫副使，劉英爲同知，從總督王驥請也。

弘治三年，干崖土舍刀怕愈欺其姪刀怕落幼，刼印奪職。蠻衆不服，遂起兵相攻。四年，按察司副使林俊同參將沐詳移文往諭，始釋兵歸印。事聞，帝以鎭巡官不以時奏報，責之。嘉靖三十九年，緬酋莽瑞體叛，招干崖諸土官入寇。萬曆初，宣撫刀怕舉死，妻罕氏，木邦宣慰罕拔妹也。拔旣叛附緬，召怕舉弟怕文襲職以臣緬，且許以妹。怕文不受，與戰。緬兵十萬驟臨，怕文潰奔永昌。罕拔遂取干崖印付罕氏。十年，隴川岳鳳破干崖，奪罕氏印。十一年，遊擊劉綎破隴川，〔五〕鳳降，追印竟不得。而干崖部衆自相承代，亦莫得而考云。

潞江，地在永昌、騰越之間，南負高崙山，北臨潞江，爲官道咽喉。地多瘴癘，蠻名怒江甸。至元間，隸柔遠路。

永樂元年內附，設潞江長官司。其地舊屬麓川平緬，西平侯奏其地廣人稠，宜設長官司治之。二年頒給信符、金字紅牌。九年，潞江長官司曩璧遣子維羅法貢馬、方物，賜鈔幣，尋陞爲安撫司。曩璧來朝，貢象、馬、金銀器，謝恩。

宣德元年，曩璧遣人貢馬，請改隸雲南布政司，從之。遣中官雲仙齎敕及綺幣賜曩璧。三年，黔國公沐晟奏，潞江千夫長刀不浪班叛歸麓川，劫潞江，逐曩璧入金齒，據潞江驛，逐驛丞周禮，立寨固守，斷絕道路，請發兵討。帝敕晟與三司計議。五年，晟奏，刀不浪班懼罪，還所據地，歸舊部，輸役如故，乞宥之。報可。是年置雲南廣邑州。時雲仙還言：「金齒廣邑寨，本永昌副千戶阿干所居。干嘗奉命招生蒲五千戶向化。今干孫阿都魯同蒲酋莽塞等詣京貢方物，乞於廣邑置州，使阿都魯掌州事，以熟蒲幷所招生蒲屬之。」帝從之，遂以阿都魯爲廣邑州知州，莽塞爲同知，鑄印給之。八年改金齒永昌千戶所爲潞江州，隸雲南布政司，以千夫長刀珍罕爲知州，刀不浪班爲同知，置吏目及淸水關巡檢各一員。

正統三年從黔國公沐晟奏，改潞江安撫司仍隸金齒，悉還舊制。五年，安撫使線舊法以麓川思任發叛來告，諭整兵以俟。未幾，麓川賊遣部衆奪據潞江，殺傷官軍，潞江遂削弱。

正德十六年，安撫司土官安捧奪其從弟掩莊田三十八所，掩訟於官，不報。捧遂集蠻兵圍掩寨，縱火屠掠，掩母子妻妾及蠻民男婦死者八十餘人，據有其地。官軍誘執之，捧死於獄。帝命戮屍棄市，其子詔及黨與皆斬。天啓間，有線世祿者，繼襲安撫。

南甸宣撫司，舊名南宋，在騰越南半箇山下，其山巔北多霜雪，南則炎瘴如蒸。元置南甸路軍民總管府，領三甸。

洪武十五年改南甸府。永樂十一年改爲州，〔六〕隸布政司。宣德三年，南甸爲麓川侵奪，有司請討。不許，降敕諭麓川，俾還侵地。五年，南甸州奏：「先被麓川宣慰司奪其境土，賴朝廷威力復之，若不置官司以正疆界，恐侵奪未厭，乞置四巡檢司鎮之。」帝命吏部除官。八年又奏：「與麓川接境，舊十二百夫長在騰衝千戶所時，賴邦哈等處軍民兼守。後麓川侵據，不守者十餘年。今蒙敕諭還，竊恐再侵，百姓逃移，乞於賴邦哈、九浪、莽孟洞三處各置巡檢，以土軍楊義等三人爲之。」命下三司勘覆，授之。

正統二年，土知州刀貢罕奏：「麓川思任發奪其所轄羅卜思莊二百七十八村，乞遣使齎金牌、信符諭之退還。」帝敕沐晟處置奏聞。麓川之役自是起。九年陞州爲宣撫司，以知州刀落硬爲宣撫使，通判劉思勉爲土同知。六年頒給金牌、信符、勘合，加敕諭之。十年免所欠差發銀兩，令安業後，仍前科辦。

天順二年復置南甸驛丞一人，以土人爲之。時宣撫刀落蓋奏南寧伯毛勝遣騰衝千戶藺愈占其招八地，逼民逃竄。敕雲南三司官同巡按御史詣其地體勘，以所占田寨退還，治勝、愈罪。

南甸所轄羅卜思莊與小隴川，皆百夫長之分地。知事謝氏居曩宋，悶氏居盞西，屬部直抵金沙江，地最廣。司東十五里曰蠻干，宣撫世居之。南百里有關，立木爲柵，周一里。曰南牙，甚高，山勢延袤一百餘里，官道經之。上有石梯，蠻人據以爲險。

芒市，舊曰怒謀，又曰大枯睒、小枯睒，在永昌西南四百里，卽唐史所謂茫施蠻也。元中統初，內附。至元十三年立茫施路軍民總管府，領二甸。

洪武十五年置茫施府。正統七年，總兵官沐晟奏：「芒市陶孟刀放革遣人來訴，與叛寇思任發有讐。今任發已遁去，思機發兄弟三人來居麓川者藍地方，願擒以獻。」兵部言：「放革先與任發同惡，今勢窮乃言結釁，譎詐難信。宜敕諭放革，如能去逆效順，當密調土兵助剿機發。」從之。八年，機發令其黨涓孟車等來攻芒市，爲官軍所敗。放革來降，靖遠伯王驥請設芒市長官司，以陶孟刀放革爲長官，隸金齒衞。

成化八年，木邦曩罕弄亂，掠隴川。敕芒市等長官司整兵備調。萬曆初，長官放福與隴川岳鳳聯姻，導緬寇松坡營。事覺，伏誅，立舍目放緯領司事，轄於隴川。芒市川原廣邈，田土富饒，而人稍脆弱云。

者樂甸，本馬龍他郎甸猛摩地，〔七〕名者島。洪武末，內附，隸雲南布政司。永樂元年設者樂甸長官司，改隸雲南都司，以沐晟言其地廣人稠也。十八年，長官刀談來朝，貢馬。自是，皆以刀氏世領司事。其地山險多瘴，介於鎭沅、元江、景東間。日事攻戰，鎧械犀利，兵寡而勍，諸部畏憚之。

茶山長官司，永樂二年頒給信符、金字紅牌。八年，長官早張遣人貢馬。宣德五年置滇灘巡檢司。以長官司奏滇灘當茶山瓦高之衝，蠻寇出沒，民不能安，通事段勝頗曉道理，能安人心，乞置司，以勝爲巡檢。從之。

孟璉長官司，永樂四年四月設。時孟璉頭目刀派送遣子壞罕來言，孟璉舊屬麓川平緬宣慰司，後隸孟定府。而孟定知府刀名扛亦故平緬頭目，素與等夷，乞改隸。遂設長官司，隸雲南都司，命刀派送爲長官，賜冠帶、印章。

正統四年，思任發反，以兵破孟璉，遂降於麓川，爲木邦宣慰罕蓋法擊敗。七年，總督王驥征麓川，招降孟璉、亦保等寨。敕賜孟璉故長官司刀派罕子派樂等綵幣，以麓川平故也。嘉靖中，孟璉與孟養、孟密諸部仇殺數十年，司廢。至萬曆十三年，隴川平，復設，稱猛臉云。

里麻長官司，永樂六年設，隸雲南都司，以刀思放爲長官。時思放爲里麻招剛。招剛者，故西南蠻官名。思放籍其地來朝，請授職事，遂有是命，仍賜印章、冠帶。八年遣頭目貢馬。

鈕兀長官司，宣德八年置。鈕兀、五隆諸寨在和泥之地，其酋任者、陀比等朝貢至京，奏地遠蠻多，請授職以總其衆。兵部請設長官司，從之。遂以任者爲長官，陀比爲副。

東倘長官司，宣德八年置，隸緬甸宣慰。時緬甸宣慰昔得謀殺當蕩頭目新把的，而奪其地。新把的遣子莽只貢象、馬、方物，乞置司，庶免侵殺，從之。置東倘長官司，命新把的爲長官。

瓦甸長官司，初隸金齒，永樂九年改隸雲南都司。土官刀怕賴言金齒遠，都司近，故改隸焉。宣德八年置曲石、高松坡、馬緬三巡檢司。初，長官司言其地山高林茂，寇盜出沒，人民不安，乞置巡檢司，以授通事楊資、楊中、范興三人，從之。命資於曲石，中於高松坡，興於馬緬。正統五年，長官早貴爲思任發所獲，殺其守者十七人，挈家來歸。帝嘉其忠順，命所司褒賞，以早貴爲安撫，賜綵幣、誥命。

促瓦、散金二長官司，皆永樂五年設，〔八〕隸雲南都司。其地舊屬麓川平緬。土蠻註甸八等來朝，請別設長官司，從之。命註甸八等爲長官，各給印章。

木邦，一名孟邦。元至元二十六年立木邦路軍民總管府，領三甸。洪武十五年平雲南，改木邦府。建文末，土知府罕的法遣人貢馬及金銀器，賜鈔幣。

永樂元年遣內官楊瑄齎敕諭木邦諸土官。明年遣人來貢。時麓川訴木邦侵地，命西平侯諭之，因改木邦爲軍民宣慰使司，以知府罕的法爲使，賜誥印。時官軍征八百，罕的法發兵助戰，攻江下等十餘寨，斬首五百餘級。詔遣鎭撫張伯恭、經歷唐復往賜白金、錦幣，及其部領有差。明年遣使貢象馬、方物，謝恩。頒賜如例，復加賜其母及妻錦綺。罕的法卒，其子罕賓發來朝，請襲，命賜冠服。七年遣使謝恩。又遣人奏緬甸宣慰使那羅塔數誘賓發叛，賓發不敢從逆，若天兵下臨，誓當效命。帝嘉其忠，遣中官徐亮賷敕勞之，賜白金三千兩、錦綺三百表裏，祖母、母、妻織金文綺、紗羅各五十疋。自是，每三年遣使貢象馬。十一年，賓發遣使獻緬甸俘。時木邦攻破緬甸城寨二十餘，多所殺獲，獻於京師。

宣德三年遣中官徐亮賷敕及文綺賜襲職宣慰罕門法幷及祖母、母、妻。八年，木邦與麓川、緬甸各爭地，訴於朝，帝命沐晟幷三司巡按公勘。

正統三年征麓川，敕諭木邦以兵會勦。五年，總兵官沐昂遣人間道達木邦，得報，知宣慰祖母美罕板、其孫宣慰罕蓋法與麓川戰於孟定、孟璉地，殺部長二十人，斬首三萬餘級，獲馬象器械甚衆。帝嘉其功，加授罕蓋法懷遠將軍，封美罕板太淑人，賚以金帶、綵幣。七年，總督王驥奏，罕蓋法遣兵攻拔麓川板罕、貢章等寨，追至孟蒙，獲其孥七人，象十二，麓川酋思任發父子遁孟廣。帝命指揮陳儀往勞之，且曰：「木邦能自効，生縶賊首獻，其酬以麓川土地人民。」八年免木邦歲辦金萬四千兩。木邦遣人謝恩，幷獻所獲思任發家屬，復賜敕及綵幣奬勞。十一年，緬甸獻任發首，木邦亦遣使與同獻，且修貢職，因求麓川地。兵部以麓川已設隴川宣撫司，請以孟止地給之，幷遣官諭祭其母，以表忠勤，免木邦歲辦銀八錠三年，從之。

景泰元年，罕蓋法奏乞隴川界者闌景線地，未報，蓋法子罕落法輒發兵據之。隴川宣撫刀歪孟訴於總兵官沐璘。璘遣使諭歸之，而與以底麻之地。四年，罕落法襲父職。族人搆難，落法避於孟更，遣人赴總兵官求救。璘以聞，詔左參將胡誌調兵撫諭之，與其族人部衆設盟而還。然落法猶避居孟都不敢歸。孟都蠻者，地近隴川，歲調蠻兵二百更番護之。

天順元年，鎭守中官羅珪奏：「罕落法與所部交攻，遣人求援。臣等議委南寧伯毛勝、都督胡誌量調官軍，相機剿捕。」帝以非犯邊疆，不許。二年，落法奏爲思坑、曩罕弄等所攻，乞兵剿除，命總兵官區處。六年，總兵官沐瓚奏罕落法屢侵隴川地，欲以撥守貴州兵八千調回防禦，詔留其半。

成化十年，木邦所轄孟密蠻婦曩罕弄等侵掠隴川，黔國公沐琮以聞。曩罕弄者，故木邦宣慰罕揲法之女，嫁其孟密部長思外法。地有寶井。罕揲法卒，孫落法嗣。曩罕弄以尊屬不樂受節制，嗾族人與爭。景泰中，叛木邦，逐宣慰，據公署，殺掠鄰境隴川、孟養，兵力日盛，自稱天娘子，其子思柄自稱宣慰。黔國公琮奏委三司官往撫，曩罕弄驕蹇不服，且欲外結交阯兵，逼脅木邦、八百諸部，琮等復以聞。兵部尚書張鵬主用兵。詔廷臣集議，皆以孟密與木邦仇殺，並未侵犯邊境，止宜撫諭。因命副都御史程宗馳傳與譯者序班蘇銓往。時成化十八年也。踰年，孟密思柄遣人入貢，宴賜如土官例。已，孟密奏爲木邦所擾，乞別設安撫司。張鵬以太監覃平、御史程宗撫馭已有成緒，遂命宗巡撫雲南，敕平偕詣金齒勸諭之，其孟密地或仍隸木邦，或別設安撫，區處具奏。

初，曩罕弄竊據孟密，貳於木邦。畏鄰境不平，遣人從間道抵雲南，至京，獻寶石、黃金，乞開設治所，直隸布政司。閣臣萬安欲許之，劉珝、劉吉皆以孟養原木邦屬夷，今曩罕弄叛，而請命於朝，若許之，則土官誰不解體。蘇銓私以告於宗。宗復奏曩罕弄與木邦仇殺已久，勢難再合，已喩諸蠻，示以朝廷德意，宥其罪，開設衙門，令還其所侵地，皆踴躍奉命，木邦亦已允服，乞遂行之。部覆，從之。二十年遂設孟密安撫司，以思柄爲使。時孟密據寶井之利，資爲結納，而木邦爲孟密所侵，兵力積弱，不能報，雖屢奏訴，竟不得直云。

弘治二年，雲南守臣奏，孟密曩罕弄先後占奪木邦地二十七處，又誘其頭目放卓孟等叛，其勢必盡呑後已。乞敕八百宣慰司俾與木邦和好，互相救援。亦敕木邦宣慰收復人心，親愛骨肉，勿使孟密得乘間誘叛，自致孤弱。如孟密聽諭，方許曩罕弄孫承襲。報可，幷敕雲南守臣親詣金齒曉諭，復降敕詰責前鎭巡官所以受賂召侮啓釁者。三年追論致仕南京工部尙書程宗罪。先是，宗以右副都御史奉命率蘇銓往撫諭，而銓受思柄金，紿宗奏爲設孟密安撫司。銓復敎思柄僞歸木邦地，而占據如故，思柄益橫。至是，木邦宣慰罕空法發其事，時宗已致仕，巡按請追罪之。獄具，帝以事在赦前，不問。六年，雲南守臣奏孟密侵奪木邦，兵連禍結，垂四十餘年，屢撫屢叛，勢愈猖肆，請調兵往討。兵部議以孟密安撫，初隸布政司，今改隸木邦，以致爭殺，仍如初隸可息兵，從之。

初，孟密之復叛木邦也，因木邦宣慰罕烇法親迎婦於孟乃寨，孟密土舍思揲乘虛襲之，據木邦，誘降其頭目高答落等，聚兵阻路。罕烇法不得歸，依孟乃寨者三年。於是巡撫張誥等會奏，議遣文武大員詣孟密撫諭，思揲猶不服。誥乃遣官督率隴川、南甸、干崖三宣撫司，積糧開道，示以必征之勢，又令漢土官舍耀兵以威之。高答落等懼，謀歸罕烇法。思揲欲殺之，罕烇法乞救於鄰部，調土兵合隴川等三宣撫兵至蠻遮，共圍之。思揲懼，乃罷兵。誥等奏其事，且乞賞有功者。兵部議，罕烇法雖還木邦，思揲猶未悔罪，必令歃血同盟，歸地獻叛，永息爭端，乃可論功行賞，報聞。

九年，罕烇法及思揲各遣使來貢，報賜如例。初，思揲圍蠻遮，木邦宣慰妻求救於孟養思陸。孟密素畏思陸之兵，聞其將至，遂解去。木邦與思陸謀共取孟密，於是蠻中之患，又在孟養矣。自萬安、程宗勘處失宜，諸酋長紛紜進退，中國用兵且數十年。

嘉靖初，思陸子思倫與木邦宣慰罕烈同擊殺緬酋莽紀歲，而分其地。後莽瑞體强，將修怨於木邦。隆慶二年，木邦土舍罕拔告襲，有司索賂不爲請。拔怒，與弟罕章集兵梗往來道，商旅不前，而己食鹽亦乏絕，乞於緬。緬以五千籯餽之，自是反德緬，攜金寶象馬往謝之。瑞體亦厚報之，歡甚，約爲父子。瑞體死，子應裏用岳鳳言誘拔殺之。時萬曆十一年也。

拔子進忠守木邦，應裏遣弟應龍襲之，其孽子罕鳳與耿馬舍人罕虔欲擒進忠獻應龍。進忠攜妻子內奔，虔等追至姚關，焚順寧而去。十二年，官軍破緬於姚關，立其子欽。欽死，其叔罕榼約暹羅攻緬，緬恨之。三十四年，緬以三十萬衆圍其城。請救於內地，不至，城陷，罕榼被擄。緬僞立孟密思禮領其衆。事聞，黜總兵官陳賓，木邦遂亡。

孟密自思柄授安撫，繼之者曰思揲，曰思眞，眞年至百十歲。嘉靖中，土舍兄弟爭襲，走訴於緬。緬人爲立其弟，改名思忠，忠遂以其地附緬。萬曆十二年，忠齎僞印來歸，命授爲宣撫。已而復投緬，乃以其母罕烘代掌司印。緬攻孟密，罕烘率子思禮、從子思仁奔孟廣，而孟密遂失。十八年，緬復攻孟廣，罕烘、思禮奔隴川，思仁奔工回，而孟廣又失。先是，思仁從罕烘奔孟廣時，有甘線姑者，思忠妻也。思忠既投緬，思仁通於線姑，遂欲妻之，而罕烘不許。至是，罕烘攜線姑走隴川，思仁奔雅蓋，率兵象犯隴川，欲擄線姑去。會隴川有備，弗克，思仁亦走歸緬，緬僞署思仁於孟密，食其地。

初，孟密寶井，朝廷每以中官出鎭，司採辦。武宗朝錢能最橫，至嘉靖、隆慶時猶然。萬曆二十年，巡撫陳用賓言，緬酋擁衆直犯蠻莫，其執詞以奉開採使命令，殺蠻莫思正以開道路。全滇之禍，皆自開採啓之。時稅使楊榮縱其下，以開採爲名，恣暴横，蠻人苦之。且欲令麗江退地聽採，緬酋因得執詞深入。巡按宋興祖極言其害，請追還榮等，帝皆不納。凡採辦必先輸官，然後與商賈貿易，每往五六百人。其屬有地羊寨，在孟密東，往來道所必經。人工幻術，採辦人有强索其飲食者，多腹痛死；己所乘馬亦斃，剖之，則馬腹皆木石也。思眞嘗剿之，殺數千人，不得絕。至是，復議剿，以兵少中止。

孟養，蠻名迤水，有香柏城。元至元中，於孟養置雲遠路軍民總管府。洪武十五年改爲雲遠府。其地故屬平緬宣慰司。平緬思倫發爲其下所逐，走京師。帝命西平侯沐春以兵納之，還故地。

成祖卽位，改雲遠府爲孟養府，〔九〕以土官刀木旦爲知府。永樂元年，刀木旦遣人貢方物及金銀器，賜賚遣歸。二年改陞軍民宣慰使司，以刀木旦爲使，賜誥印。四年，孟養與戛里相仇殺，緬甸宣慰那羅塔乘釁劫之，殺刀木旦及子思欒發而據其地。事聞，詔行人張洪等齎敕諭責緬。那羅塔懼，仍歸其境土。會木邦宣慰使罕賓法以那羅塔侵據孟養，請自率兵討，遂破緬甸城寨二十餘，獲其象、馬獻京師。十四年復設孟養宣慰司，命刀木旦次子刀得孟爲使，以木旦姪玉賓爲同知。自木旦被害，司遂廢，孟養之人從玉賓散居干崖、金沙江諸處者三千餘人。朝廷嘗命玉賓署宣慰使以撫之，故仍命爲本司同知，令其率衆復業。十五年，刀得孟遣使貢馬及方物。

宣德五年，刀玉賓奏：「伯父刀木旦被殺，蒙朝廷遣官訪玉賓，授同知，又阻於緬難，寄居金齒者二十餘年。今孟養地又爲麓川宣慰思任發所據，乞遣兵送歸本土。」帝命黔國公沐晟遣還之，然其地仍爲任發所有。時爲孟養宣慰者名刀孟賓，亦寄居雲南。及任發敗奔緬甸，子機發潛匿孟養，求撫。

正統十三年敕孟養頭目伴送思機發來朝，〔一〇〕許以陞賞，機發疑畏竟不至。帝以孟養宣慰頭目刀變蠻等匿機發，敕數其罪，曰：「孟養乃朝廷開設，爾刀變蠻等敢違朝命，一可伐。思機發係賊子，故縱不捕，二可伐。爾孟養被思任發奪地，逐爾宣慰，見在雲南優養，爾等與仇爲黨，三可伐。雲南總兵官世世管屬爾地，奉命捕取賊子，爾等不從調度，四可伐。爾等不過以爲山川險阻，官軍未易遽到，又以爲氣候瘴癘，官軍不可久居。勢强則拒敵，力弱則奔遁。殊不知昔馬援遠標銅柱，險阻無傷，諸葛亮五月渡瀘，炎蒸無害，皆能破滅蠻衆，開拓境土。況今大軍有必勝之機，麓川之師可爲前鑒。爾等速宜悔過自圖，令思機發親自前來，仍與一官一地，令享生全。如不肯出，爾等卽擒爲上策；迹思機發所在，報與官軍捕取爲中策；若代彼支吾，令其逃匿，則幷爾等剿滅，悔無及矣。」時已三征麓川，內旨必欲生擒機發，已密諭總督王驥，又敕諭以雲南安置孟養舊宣慰刀孟賓爲嚮導。及兵出窮征，機發卒遁去，不可得。於是乃以孟養地給緬甸宣慰馬哈省管治，命捕思機發。時正統十四年也。

景泰二年，任發之子思卜發遣使來貢，〔二〕求管孟養舊地。廷臣議，孟養地已與緬甸，豈可移易。時朝命雖不許，然卜發已潛據之，卽緬甸不能奪也。卜發死，子思洪發嗣，自天順、成化，每朝貢輒署孟養地名，儼然自有其地矣。

成化中，孟養金沙江思陸發遣人貢象馬，宴賜皆如例。思陸發者，思任發之遺孽也。太監錢能鎭雲南，思陸發數以珍寶遺能，因得入貢，稱孟養金沙江思陸發，常規立功以襲祖職。適孟密安撫土舍思揲侵據木邦地，爭殺累年，守臣議征之，思陸發乃請自效。時蠻衆相傳孟密畏思陸兵，參政毛科請於總兵鎭巡官，許之。思陸兵未至，思揲解去。巡撫張誥議調思陸兵，令戮力捕思揲，乃遣使促之發兵。思陸遣大陶孟倫索領蠻兵象馬過江，倫索旣過江，指鷹謂使者曰：「我曹猶此鷹，奪得土地，卽管食之耳。」科聞之憂甚。時思揲令陶孟思英以兵守蠻莫。孟養兵至，思英堅守不出，已而請和。孟養兵聞官軍聽思英約降，頗有怨言。官軍糧絕，遽引退。倫索亦恐思英絕其歸路，取道干崖而還。科念倫索前語，急戒令孟養還兵守疆界，孟養不聽。初，靖遠伯王驥與之約誓，非總兵官符檄不得渡江。自是遂犯約，數興兵過江與孟密戰。

弘治十二年，雲南巡按謝朝宣奏：

孟養思陸本麓川叛種，竄居金沙江外。成化中，嘗據緬甸之聽盞。弘治七年徵調其兵渡江，遂復據騰衝之蠻莫。又糾木邦兵，攻燒孟密安撫司，殺掠蠻民二千餘人，劫象馬金寶，有幷吞孟密覬覦故土之志。迤西人恭們、騰衝人段和爲之謀主，屢撫不聽。雲南會城去孟養遠，聲勢難接。曩於金騰添設鎮守太監，爲撫蠻安民之計。而近時太監吉慶貪暴無狀，雖嘗陽却思陸之贄，然蠻知其貪，又烏知不因其却而更進之。臣聞蠻莫等處，乃水陸會通之地，蠻方器用咸自此出，江西、雲南大理逋逃之民多赴之。雲南差官每多齎違禁物往彼餽送，漏我虛實，爲彼腹心。鎮夷關一巡檢耳，安能禁制。臣計孟養甲兵不能當中原一大縣，以雲南之勢臨之，易於壓卵。柰何一調卽來，屢撫不退，皆鎮巡失之於初，逋逃奸人謀之於中，撫蠻中官壞之於後。伏望垂念邊民困苦，將雲南鎮守太監止存一員，別用指揮一員守備鎮夷關，驅思陸退歸江外，而移騰衝司於蠻莫，幷木邦、孟密不得窺伺，乃爲萬全之策。設思陸冥頑不聽撫諭，便當決策用兵，使無噍類，以爲土官不法之戒。

先是，吉慶已爲思陸請朝貢，至是因朝宣疏，幷下鎭巡官議剿撫之宜，數年不決。

十六年，巡撫陳金乃遣金騰參將盧和撫諭思陸。和至騰衝，思陸遣陶孟投書，致方物。和諭以禍福，令掣兵過江，歸所占蠻莫等地，且調隴川、干崖、南甸三宣撫司蠻兵及戰象，隨官軍分道至金沙江。思陸乃遣大陶孟倫索、怕卓等率所部來見，和等再申諭之。思陸聽命，退還前所據蠻莫等地十三處，撤回象馬蠻兵，渡金沙江而歸。又遣陶孟、招剛等貢象六、銀六百兩幷金銀器納款。鎭巡官以聞，幷奏言：「蠻莫等地原隸木邦，成化間始爲孟密所有，近又爲思陸所據，連年搆禍，今始平定。既不可復與木邦、孟密，又不可割畀隴川、干崖、南甸三宣撫，宜暫於騰衝歲檄官軍四百分番守之。思陸前有助平思揲功，今悔禍納款，請賜以名目、冠帶，仍降敕奬諭。」部議以蠻莫等處本木邦分地，在大義宜歸之木邦。其名目、冠帶，貢使已言思陸不願受，不宜輕畀，請賜敕厚勞遣歸之。報可。時思陸覬得宣慰司印，部執不予，於是仍數出兵與木邦、孟密仇殺無寧歲。

嘉靖七年，總兵官沐紹勛、巡撫歐陽重遣參政王汝舟等徧歷諸蠻，諭以禍福。孟養思倫等各願貢象牙、土錦、金銀器，退地贖罪。乃以蠻莫等十三處地方寬廣，諸蠻歷年所爭，屬之騰衝司，檄軍輪守，則烟瘴可虞；屬之木邦，則地勢遼遠，蠻心不順。莫若仍屬孟密管領，歲徵差發銀一千兩，而割孟乃等七處仍歸木邦罕烈，則分願均而忿爭息矣。報可。

萬曆五年，雲南巡按陳文燧言，孟養思箇與緬世仇，今更歸順於緬。因引弘治朝先臣劉健嘗議孟養事狀，謂思陸有官猶可制，卽無官，其僭自若也，不如因而官之以抗緬。報可。十一年，緬爲遊擊劉綎所敗，孟養思威亦殺緬使降於綎。十三年，隴川平，乃於孟養立長官司。

未幾，長官思眞復爲緬所擄，部長思遠奉思眞妻來歸，給以冠帶，令歸守。思遠乘亂自立爲宣慰，貢象進方物。然遠暴虐，諸部恨之，引緬兵至，聲言還思眞，思遠奔蠻西。有思轟者，內附，與蠻莫酋思正共據險抗緬。三十年，緬攻思正，轟率兵倍道馳救，至則正已被殺。三十二年，緬攻入迤西，轟走死，緬以頭目思華守其地。華死，妻怕氏代理。緬人更番戍守，連年徵發，從行甚苦，曰：「孟養不亡，蠻何得至此！」轟之後曰放思祖，有衆千餘，不敢歸，寄食於干崖云。

舊制，宣慰遣人俱稱頭目，唯木邦及緬甸又有陶孟及招剛等稱，孟養又有招八稱，皆見於奏章，因其俗不改。

車里，即古產里，爲倭泥、貂黨諸蠻雜居之地，〔三〕古不通中國。元世祖命將兀良吉䚟伐交阯，經所部，降之，置撒里路軍民總管府，領六甸，後又置耿凍路耿當、孟弄二州。洪武十五年，蠻長刀坎來降，改置車里軍民府，以坎爲知府。坎遣姪豐祿貢方物，詔賜刀坎及使人衣服、綺幣甚厚，以初奉貢來朝故也。十七年復遣其子刀思拂來貢，賜坎冠帶、鈔幣，改置軍民宣慰使司，以坎爲使。二十四年，子刀暹答嗣，遣人貢象及方物。二十八年以賜誥命謝恩，予賜皆如例。

永樂元年，刀暹答令其下剽掠威遠知州刀算黨及民人以歸。西平侯沐晟請發兵討，帝命晟移文諭之，如不悛，即以兵繼。又以車里已納威遠印，是悔過之心已萌，不必加兵。晟使至，暹答果懼，還刀算黨及威遠之地，遣人貢馬謝罪。帝以其能改過，宥之。自是頻入貢。朝廷遣內官往車里者，道經八百大甸，爲宣慰刀招散所阻。三年，刀暹答遣使請舉兵攻八百，帝嘉其忠。八百伏罪，敕車里班師，復加獎勞。四年遣子刀典入國學，實陰自納質。帝知其隱，賜衣幣慰諭遣還，以道里遼遠，命三年一貢，著爲令。十一年，暹答卒。長子刀更孟自立，驕狠失民心，未幾亦卒。更孟長子霸羨年幼，衆推刀賽署司事。刀賽者，更孟弟刀怕漢也。怕漢死，妻以前夫子刀弄冒爲暹答孫，請襲。十五年命刀弄襲宣慰使，以更孟從弟刀雙孟爲本司同知。十九年，雙孟言刀弄屢以兵侵劫蠻民，乞別設治所，以撫其衆。詔分共地，置靖安宣慰使司，陞雙孟爲宣慰使，命禮部鑄印給之。

宣德三年，雲南布政司奏刀弄、雙孟相仇殺，弄棄地投老撾，請差官招撫。帝命黔國公計議。六年，黔國公奏，謂奉命招撫刀弄，其母具言布政司差官劉亨徵差發金，亨已取去，本司復來徵，蠻民因而激變逐弄，弄逃入老撾，尋還境內以死。未嘗棄地外投，亦未嘗與雙孟仇殺。帝命法司執劉亨等罪之。

七年，車里土舍刀霸羨請襲，許之，遣行人陸埍賫敕賜冠帶、襲衣。九年，靖安宣慰刀霸供言：「靖安原車里地，今析爲二，致有爭端，乞仍併爲一，歲貢如例。」帝從其請，革靖安宣慰，仍歸車里，命刀霸供、刀霸羨共爲宣慰使，俾上所授靖安宣慰司印。

正統五年命貢使賫敕及綺帛歸賜刀霸羨及妻，嘉其勤修職貢也。六年，麓川宣慰思倫發叛，詔給車里信符、金牌，命合兵剿賊。景泰三年以刀霸羨奏調有功，免其積欠差發金。天順元年，總兵官沐璘奏：「刀霸羨自殺，弟板雅忠等已推兄三寶歷代承職。今板雅忠又作亂，糾合八百相仇殺。」帝命璘亟爲撫諭，并勘奏應襲者。二年，帝以三寶歷代者，雖刀更孟之子，乃庶孽奪嫡，謀害刀霸羨，致板雅忠借兵攻殺，不當襲。但蠻民推立，姑從衆願，命襲宣慰使。

成化十六年，交阯黎灝叛，頒僞敕於車里，期會兵共攻八百，車里持兩端。雲南守臣以聞，遣使敕車里諸土官互相保障，勿懷二心。二十年復敕車里等部，愼固封疆，防交人入寇，不得輕與文移，啓釁納侮。嘉靖十一年，緬酋莽應裏據擺古，蠶食諸蠻。車里宣慰刀糯猛折而入緬，有大、小車里之稱，以大車里應緬，而以小車里應中國。萬曆十三年命元江土舍那恕往招，糯猛復歸，獻馴象、金屏、象齒諸物，謝罪。詔受之，聽復職。

天啓七年，巡撫閔洪學奏，緬人侵孟艮，孟艮就車里求救，宣慰刀韞猛遣兵象萬餘赴之。緬人以是恨車里，興兵報復，韞猛年已衰，重賂求和。緬聞韞猛子召河璇有女名召烏岡色美，責獻烏岡。河璇別以女給之。緬知其詐，大憤，攻車里愈急。韞猛父子不能支，遁至思毛地，緬追執之以去。中朝不及問，車里遂亡。

老撾，俗呼爲撾家，古不通中國。成祖卽位，老撾土官刀線歹貢方物，始置老撾軍民宣慰使司。永樂二年以刀線歹爲宣慰使，給之印。五年遣人來貢。旣而帝以刀線歹潛通安南季犛，遣使詰責，諭其悔過。六年，刀線歹遣人貢象馬、方物。七年復進金銀器、犀象、方物謝罪。自是連年入貢，皆賚予如例。帝遣中官楊琳往賜文綺。十年來貢，命禮部加賜焉。

宣德六年遣使齎敕獎諭宣慰刀線達。九年，老撾貢使還，恐道中爲他部所阻，給信符，敕孟艮、車里諸部遣人護之。景泰元年請賜土官衣服。故事，無加賜衣服者，命加賜錦幣幷及其妻。成化元年頒金牌、信符於老撾。七年鑄給老撾軍民宣慰使司印，以皆爲賊焚燬也。十六年，貢使至，會安南攻老撾，鎮守內官錢能以聞。因敕其使兼程回，幷量給道里費。明年，安南黎灝率兵九萬，開山爲三道，進兵破哀牢，入老撾境，殺宣慰刀板雅及其子二人。其季子怕雅賽走八百，宣慰刀攬那遣兵送至景坎。黔國公沐琮以聞，命怕雅賽襲父職，免其貢物一年，賜冠帶、綵幣，以示優恤。旣怕雅賽欲報安南之仇，覬中國發兵爲助。帝以老撾、交阯皆服屬中國久，恤災解難，中國體也，令琮愼遣人諭之。

弘治十一年，宣慰舍人招攬章應襲職，遣人來貢，因請賜冠帶及金牌、信符。賚賞如制，其金牌、信符，俟鎮巡官勘奏至日給之。十一月，招攬章遣使入貢。吏部言：「招攬章係舍人，未授職，僭稱宣慰使，雲南三司官冒奏違錯，宜治罪。」宥之。

嘉靖九年，招攬章言：「交阯應襲長子光紹，爲叔所逐，出亡老撾，欲調象馬送回。」守臣言：「據招攬章之言，懼納亡之罪，且假我爲制服之資，留之啓釁，遣之招兵，宜聽光紹自歸，幷責其私納罪。」報可。二十四年，雲南巡撫汪文盛言：「老撾土舍怕雅聞征討安南，首先思奮，且地廣兵多，可獨當一面。八百、車里與老撾相近，孟艮在老撾上流，皆多兵象，可備征討。請免其察勘，就令承襲，以備征調。」從之。四十四年，土舍怕雅蘭章遣人進舞牌牙象

二、毋象三、犀角十，雲南守臣以聞。禮部以非貢期，且無漢、緬公文，第來路險遠，跋涉踰年，宜受其所貢，給賞遣之，毋令赴京。報可。時緬勢方張，剪除諸部，老撾亦折而入緬，符印俱失。

萬曆二十六年，緬敗，老撾來歸，奉職貢，請頒印。命復鑄老撾軍民宣慰使司印給之。四十年貢方物，言印信燬於火，請復給，撫鎭官以聞。明年再頒老撾印。時宣慰猶貢象及銀器、緬席，賜予如例。自是不復至云。

其俗與木邦同，部長不知姓，有三等：一曰招木弄，一曰招木牛，一曰招木化。而爲宣慰者，招木弄也，代存一子，絕不嗣。其地東至水尾，南至交阯，西至八百，北至車里，西北六十八程至雲南布政司。

八百，世傳部長有妻八百，各領一寨，因名八百媳婦。元初征之，道路不通而還，後遣使招附。元統初，置八百等處宣慰司。

洪武二十一年，八百媳婦國遣人入貢，遂設宣慰司。二十四年，八百土官刀板冕遣使貢象及方物。先是，西平侯沐英遣雲南左衞百戶楊完者往八百招撫，至是來貢。帝諭兵部尚書茹瑺曰：「聞八百與百夷搆兵，仇殺無寧日。朕念八百宣慰遠在萬里外，能修職奉貢，深見至誠。今與百夷搆兵，當有以處之。可諭意八百，令練兵固守，俟王師進討。」自是及永樂初，頻遣使入貢，賜予如例。

永樂二年設軍民宣慰使司二，以土官刀招你爲八百者乃宣慰使，其弟刀招散爲八百大甸宣慰使，遣員外郎左洋往賜印誥、冠帶、襲衣。刀招散遣人貢馬及方物謝恩，命五年一朝貢。

是歲，遣內官楊瑄齎敕諭孟定、孟養等部，道經八百大甸，爲土官刀招散所阻，弗克進。三年遣使諭刀招散曰：「朕特頒金字紅牌，敕諭與諸邊爲信，以禁戢邊吏生事擾害，用福爾衆。諸宣慰皆敬恭聽命，無所違禮。惟爾年幼無知，惑於小人孟乃朋、孟允公等，啓釁生禍，使臣至境，拒却不納。廷臣咸請興師問罪，朕念八百之人豈皆爲惡，兵戈所至，必及無辜，有所不忍。茲特遣司賓田茂、推官林楨齎敕往諭，爾能悔過自新，卽將奸邪之人擒送至京，庶境土可保。其或昏迷不悛，發兵討罪，孥戮不貸！」幷敕西平侯沐晟嚴兵以待。以馬軍六百、步軍一千四百護內官楊安、郁斌前往。又慮老撾乘車里空虛，或發兵掩襲，或與八百爲援，可遣其部長率兵一萬五千往備。

三年，刀招你等遣使奉金縷表文，〔一三〕貢金結絲帽及方物。帝命受之，仍加賜予。西平侯沐晟奏：「奉命率師及車里諸宣慰兵至八百境內，破其猛利石厓及者答二寨，又至整線寨。木邦兵破其江下等十餘寨。八百恐，遣人詣軍門伏罪。」乃以所陳詞奏聞。因遣使敕諭車里、木邦等曰：「曩者八百不恭朝命，爾等請舉兵誅討。嘉爾忠誠，已從所請。今得西平侯奏，言八百已伏罪納款。夫有罪能悔，宜赦宥之。敕至，其悉止兵勿進。」遂敕晟班師。四年降敕誡諭刀招散，刀招散遣人貢方物謝罪。帝以不誠，却之。五年貢使復來謝罪，命禮部受之。

洪熙元年遣內官洪仔生齎敕諭刀招散。宣德七年遣人來貢，因奏波勒土酋常糾土雅之兵入境殺掠，乞發兵討之。帝以八百大甸去雲南五千餘里，波勒、土雅皆未嘗歸化，勞中國爲遠蠻役，非計，止降敕撫諭而已。

正統五年，八百貢使奏：「遞年進貢方物，土民不識禮法，不通漢語。乞依永樂間例，仍令通事齎捧金牌、信符，催督進貢，驛路令軍卒護送，庶無疏失。」從之。十年，給八百大甸宣慰司金牌、信符各一，以前所給牌符爲暹羅國寇兵焚燬也。

成化十七年，安南黎灝已破老撾，頒僞敕於車里，期會兵攻八百。其兵暴死者數千，傳言爲雷所震。八百因遣兵扼其歸路，襲殺萬餘，交人敗還。土官刀攬那以報。黔國公沐琮奏：「攬那能保障生民，擊敗交賊，救護老撾。交人嘗以僞敕脅誘八百，八百毀敕，以象蹴之，請頒賞以旌忠義。」帝命雲南布政司給銀百兩、綵幣四表裏以奬之。二十年，刀攬那遣人入貢。雲南守臣言：「交兵雖退，宜令八百諸部飭兵爲備。」弘治二年，刀攬那孫刀整賴貢方物，求襲祖職。兵部言：「八百遠離雲南，瘴毒之地，宜免勘予襲。」從之，仍給冠帶。

其地東至車里，南至波勒，西至大古喇，與緬鄰，北至孟艮，自姚關東南行五十程始至。平川數千里，有南格剌山，下有河，南屬八百，北屬車里。好佛惡殺，寺塔以萬計。有見侵，乃舉兵，得仇卽已，俗名慈悲國。嘉靖間，爲緬所幷，其酋避居景線，名小八百。自是朝貢遂不至。緬酋應裏以弟應龍居景邁城，倚爲右臂焉。萬曆十五年，八百大甸上書請恢復，不報。初，四譯館通事惟譯外國，而緬甸、八百如之，蓋二司於六慰中加重焉。

校勘記

〔一〕至安南　安南，原作「南安」，據本書卷三一四麓川傳及太祖實錄卷八六洪武六年十一月己酉條改。

〔二〕十二年木邦宣慰罕蓋法至幷貢方物　本書卷三一四麓川傳繫於十一年，又卷一〇英宗前紀及英宗實錄卷一三六均繫於正統十年十二月丙辰。

〔三〕盡俘其衆　此繫於萬曆十年，同卷木邦傳作「萬曆十一年」，彼此互異。

〔四〕宣德六年改隸雲南都司　本書卷四六地理志、宣宗實錄卷六七宣德五年六月壬午條繫於宣德五年。

〔五〕十一年遊擊劉綎破隴川　本書卷二〇神宗本紀繫於十二年。

〔六〕永樂十一年改爲州　本書卷四六地理志及寰宇通志卷一一三、明一統志卷八七繫於永樂十二年。

〔七〕本馬龍他郎甸猛摩地　馬龍，原誤倒作「龍馬」，據本書卷三一四新化傳、寰宇通志卷一一三、讀史方輿紀要卷一一五改正。

〔八〕皆永樂五年設　本書卷四六地理志、太宗實錄卷五六永樂六年四月癸未條繫於永樂六年。

〔九〕改雲遠府爲孟養府　雲遠府，原作「雲南府」，據本書卷四六地理志、太祖實錄卷一四三洪武十五年三月己未條、太宗實錄卷一五洪武三十五年（卽建文四年）十二月丙辰條改。

〔一〇〕正統十三年敕孟養頭目伴送思機發來朝　正統十三年，原脫「正統」年號，只作「十三年」，繫於宣德之下。按宣德共十年，不得有十三年。敕孟養頭目伴送思機發來朝，事在正統十三年二月，見英宗實錄卷一六三正統十三年二月乙丑條，據補「正統」二字。

〔一一〕任發之子思卜發遣使來貢　任發，原作「機發」，據本書卷三一四麓川傳及英宗實錄卷二六五景泰七年四月乙卯條改。

〔一二〕爲倭泥貂黨諸蠻雜居之地　倭泥，原作「倭沙」，據明史稿傳一八九車里傳及明一統志卷八七、讀史方輿紀要卷一一九改。

〔一三〕三年刀招你等遣使奉金縷表文　此「三年」，與上文「三年」重出。按上文「三年遣使諭刀招散」，是三年七月事。此「三年，刀招你等遣使奉金縷表文」，是三年十月事，見太宗實錄卷三六永樂三年七月壬子條、又卷三八永樂三年十月壬午條。此「三年」疑當作「是年」。

明史卷三百十六

列傳第二百四

貴州土司

貴州，古羅施鬼國。漢西南夷牂牁、武陵諸傍郡地。元置八番、順元諸軍民宣慰使司，以羈縻之。明太祖旣克陳友諒，兵威遠振，思南宣慰、思州宣撫率先歸附，卽令以故官世守之，時至正二十五年也。及洪武五年，貴州宣慰靄翠與宋蒙古歹及普定府女總管適爾等先後來歸，皆予以原官世襲。帝方北伐中原，未遑經理南荒。又田仁智等歲修職貢，最恭順，乃以衞指揮僉事顧成築城以守，賦稅聽自輸納，未置郡縣。

永樂十一年，思南、思州相仇殺，始命成以兵五萬執之，送京師。乃分其地爲八府四州，設貴州布政使司，而以長官司七十五分隸焉，屬戶部。置貴州都指揮使，領十八衞，而以長官司七隸焉，屬兵部。府以下參用土官。其土官之朝貢符信屬禮部，承襲屬吏部，領土兵者屬兵部。其後府并爲六，州并爲四，長官司或分或合，釐革不一。

其地西接滇、蜀，東連荆、粤。太祖於平滇詔書言：「靄翠輩不盡服之，雖有雲南不能守也」，則志已在黔，至成祖遂成之。然貴州地皆崇山深箐，鳥道蠶叢，諸蠻種類，嗜淫好殺，畔服不常。靄翠歸附之初，請討其隴居部落。帝曰：「中國之兵，豈外夷報怨之具。」及仁智入朝，帝諭之曰：「天下守土之臣，皆朝廷命吏，人民皆朝廷赤子，汝歸善撫之，使各安其生，則汝可長享富貴。夫禮莫大於敬上，德莫盛於愛下，能敬能愛，人臣之道也。」二十一年，部臣以貴州逋賦請，帝曰：「蠻方僻遠，來納租賦，是能遵聲教矣。逋負之故，必由水旱之災，宜行蠲免。自今定其數以爲常，從寬減焉。」二十九年，清水江之亂既平，守臣以賊首匿宣慰家，宜並罪。帝曰：「蠻人鴟張鼠伏，自其常態，勿復問。」明初御蠻之道，其後世之龜鑑也夫。

貴陽　思南思州附　鎮遠　銅仁　黎平　安順　都匀　平越

石阡　新添金筑安撫司附

貴陽府，舊爲程番長官司。洪武初，置貴州宣慰司，隸四川。永樂十一年改隸貴州。成化十二年置程番府。隆慶三年移程番府爲貴陽府，與宣慰司同城，府轄城北，司轄城南。萬曆時，改爲貴陽軍民府。領安撫司一，曰金筑；領長官司十八，〔一〕曰貴竹，曰廝𤅷，曰木瓜，曰大華，曰程番，曰韋番，曰方番，曰洪番，曰卧龍番，曰金石番，曰小龍番，曰羅番，曰大龍番，曰小程番，曰上馬橋，曰盧番，曰盧山，曰平伐。其貴州宣慰司所領長官司九，〔二〕曰水東，曰中曹，曰青山，曰劄佐，曰龍里，曰白納，曰底寨，曰乖西，曰養龍坑。

自蜀漢時，濟火從諸葛亮南征有功，封羅甸國王。後五十六代爲宋普貴，傳至元阿畫，世有土於水西宣慰司。靄翠，其裔也，後爲安氏。洪武初，同宣慰宋蒙古歹來歸，賜名欽，俱令領原職世襲。及設布政使司，而宣慰司如故。安氏領水西，宋氏領水東。八番降者，皆令世其職。六年詔靄翠位各宣慰之上。靄翠每年貢方物與馬，帝賜錦綺鈔幣有加。十四年，宋欽死，妻劉淑貞隨其子誠入朝，賜米三十石、鈔三百錠、衣三襲。時靄翠亦死，妻奢香代襲。都督馬曄欲盡滅諸羅，代以流官，故以事撻香，激爲兵端。諸羅果怒，欲反。劉淑貞聞止之，爲走愬京師。帝既召問，命淑貞歸，招香，賜以綺鈔。十七年，奢香率所屬來朝，幷訴曄激變狀，且願効力開西鄙，〔三〕世世保境。帝悅，賜香錦綺、珠翠、如意冠、金環、襲衣，而召曄還，罪之。香遂開偏橋、水東，以達烏蒙、烏撒及容山、草塘諸境，立龍場九驛。二十年，香進馬二十三匹，每歲定輸賦三萬石。子安的襲，貢馬謝恩。帝曰：「安的居水西，最爲誠恪。」命禮部厚賞其使。二十五年，的來朝，賜三品服幷襲衣金帶、白金三百兩、鈔五十錠。香復遣其子婦奢助及其部長來貢馬六十六匹，詔賜香銀四百兩，錦綺鈔幣有差。

自是每歲貢獻不絕，報施之隆，亦非他土司所敢望也。二十九年，香死，朝廷遣使祭之，的貢馬謝恩。

正統七年，水西宣慰隴富自陳：「祖父以來，累朝皆賜金帶。臣蒙恩受職，乞如例。」從從之。是時，宋誠之子斌年老，以子昂代，昂死，然代。十四年賜敕隴富母子，嘉其調兵保境之功。隴富頗驕。天順三年，東苗之亂，富不時出兵，聞朝廷有意督之，乃進馬謝罪，賜敕警之。富死，姪觀襲。觀老，子貴榮襲。巡撫陳儀以西堡獅子孔之平，由觀與子貴榮統部衆二萬攻白石崖，四旬而克，家自餽餉，口不言功，特給觀正三品昭勇將軍誥。

初，安氏世居水西，管苗民四十八族，宋氏世居貴州城側，管水東、貴竹等十長官司，皆設治所於城內，銜列左右。而安氏掌印，非有公事不得擅還水西。至是總兵官爲之請，許其以時巡歷所部，趣辦貢賦，聽暫還水西，以印授宣慰宋然代理。貴榮老，請以子佐襲，命賜貴榮父子錦紵。

先是，宋然貪淫，所管陳湖等十二馬頭科害苗民，致激變。而貴榮欲幷然地，誘其衆作亂。於是阿朵等聚衆二萬餘，署立名號，攻陷寨堡，襲據然所居大羊腸，然僅以身免。貴榮遽以狀上，冀令己按治之。會阿朵黨洩其情，官軍進討。貴榮懼，乃自率所部爲助。及賊平，貴榮已死，坐追奪，然坐斬。然奏世受爵土，負國厚恩。但變起於榮，而身陷重辟，乞分釋。因從末減，依土俗納粟贖罪。都御史請以貴筑、平伐七長官司地設立府縣，皆以流官撫理。巡撫覆奏以蠻民不願，遂寢。宋氏亦遂衰，子孫守世官，衣租食稅，聽徵調而已。

時安萬鍾應襲，驕縱不法。漢民張純、土目烏掛等導之游獵，酒酣，輒射人爲戲。又嘗撻其左右，爲所殺。無子，其從弟萬鎰宜襲，鎰以賊未獲辭。烏掛等遂以疏族幼子普者冒萬鍾弟曰萬鈞告襲，承勘官入其賄，遂暫委鍾妻奢播攝事。萬鎰悔不立，而恨烏掛之主其謀也，遂以兵襲烏掛，烏掛亦發兵相仇殺，皆以萬鍾之死爲辭。巡按御史上其狀，以萬鎰宜襲，但與烏掛相誣訐，宜各宥輸贖。而梟殺鍾者，幷戍純等，受其賄者亦罰治，詔如之。

未幾，鎰死，子阿寫幼，命以萬銓借襲。萬銓有助平阿向功，提督尙書伍文定爲之請。萬銓亦自陳其功，乞加參政銜，賜蟒衣，帝命賜以應得之服。後阿寫長，襲職，改名仁。未幾死，子國亨襲。淫虐，乃以事殺萬銓之子信。信兄智與其母別居於安順州，聞之，因告國亨反。巡撫王諍遽請發兵誅國亨，智遂爲總兵安大朝畫策，且約輸兵糧數萬。及師至陸廣河，智糧不至。諍乃令人諭國亨，而止大朝毋進。兵已渡河，爲國亨所敗。國亨懼大誅，遣使哀辭乞降，朝廷未之許。巡撫阮文中至，檄捕諸反者，密使語國亨，亟出諸奸徒，割地以處安智母子，還所費兵糧，朝廷當待汝以不死。於是國亨悉聽命，帝果赦不誅，而命國亨子民襲。國亨事起於隆慶四年，至萬曆五年乃已。

國亨既革任，日遣人至京納賂，爲起復地。十三年，播州宣慰楊應龍以獻大木得賜飛魚服，國亨亦請以大木進，乞還給冠帶誥封如播例。既而木竟不至，乃諉罪於木商。上怒，命奪所賚。國亨請補貢以明不欺，上仍如所請。

萬曆二十六年，國亨子疆臣襲職。會播州楊應龍反，疆臣亦以戕殺安定事爲有司所案。科臣有言其逆節漸萌者，詔不問，許殺賊圖功。疆臣奏稱：「播警方殷，臣心未白。」上復優詔報之。巡撫郭子章許疆臣以應龍平後還播所侵水西烏江地六百里以酬功，於是疆臣兵從沙溪入。有蜚語水西佐賊者，總督李化龍檄詰之，疆臣遂執賊二十餘人，率所部奪落濛關，至大水田，焚桃溪莊。應龍伏誅。

初，應龍之祖以內難走水西，客死。宣慰萬銓挾之，索水烟、天旺地，聽還葬，其地遂爲水西所據。及播州平，分其地爲遵義、平越二府，分隸蜀、黔，以渭河中心爲界。總督王象乾代化龍，命疆臣歸所侵播州地。子章奏言：「侵地始於萬銓，而非疆臣。安氏迫取於楊相喪亂之時，非擅取於應龍蕩平之日。且臣曾許其裂土，今反奪其故地，臣無面目以謝疆臣，願罷去。」象乾疏言：「疆臣征播，殲應龍子惟棟不實，首功可知。至佯敗棄陣，送藥往來，欺君助逆，迹已昭然。令還侵地，不咎既往，已屬國家寬大。若因其挾而予之，彼不爲恩，我且示弱。疆臣既無功，不與之地，正所以全撫臣之信。宜留撫臣罷臣，以爲重臣無能與蕞爾苗嚀沓者之戒。」於是淸疆之議，累年不決。兵部責令兩省巡按御史勘報，而南北言官交章詆象乾貪功起釁。科臣呂邦耀復劾子章納賄縱奸，子章求去益力。象乾執疆臣所遣入京行賄之人與金，以聞於朝。然議者多右疆臣，尙書蕭大亨遂主巡按李時華疏，謂：「征播之役，水西不惟假道，且又助兵。矧失之土司，得之土司，播固輸糧，水亦納賦，不宜以土地之故傷字小之仁，地宜歸疆臣。」於是疆臣增官進秩，其母得賜祭，水西尾大之患，亦於是乎不可制矣。

三十六年，疆臣死，弟堯臣襲。四十一年，烏撒土舍謀逐安効良，堯臣以追印爲名，領兵數萬長驅入滇，直薄霑益州，所過焚掠，備極慘毒。朝廷方以越境擅兵欲加堯臣罪，而堯臣死。子位幼，命其妻奢社輝攝事。社輝，永寧宣撫奢崇明女弟。崇明子寅獷悍，與社輝爭地，相仇恨。而安邦彥者，位之叔父也，素懷異志，陰與崇明合。及崇明反，調兵水西，邦彥遂挾位叛以應之，位幼弱不能制。邦彥更招故宣慰土舍宋萬化爲助，率兵趨畢節，陷之，分兵破安順、平壩、霑益。而萬化亦率苗仲九股陷龍里，遂圍貴陽，自稱羅甸王，時天啓二年二月也。〔四〕

巡撫李㯰方受代，〔五〕聞變，與巡按御史史永安悉力拒守。賊攻不能克，則沿巖制栅，斷城中出入。鎭將張彥芳將兵二萬赴援，隔龍里不得進。貴州總兵楊愈懋、推官郭象儀與賊戰於江門而死。外援既絕，攻益急，城中糧盡，人相食，而拒守不遺餘力。中朝方急遼，不之省。已，以王三善爲巡撫，倉卒調兵食，大會將士，分兵三道進。三日抵龍頭營，屢敗賊兵，遂奪龍里。邦彥聞新撫自將大兵數十萬，懼甚，遂退屯龍洞。前鋒楊明楷率烏羅兵擊死安邦俊，遂乘勝抵貴陽城下，先以五騎傳呼曰：「新撫至矣。」舉城懽呼更生。貴陽被圍十餘月，城中軍民男婦四十萬，至是餓死幾盡，僅餘二百人。〔六〕詳李檁及三善傳中。

貴陽圍既解，邦彥遠遁陸廣河外。三善遣使諭社輝母子縛邦彥以降。大軍至者日益衆，三善欲因糧於敵。又諸軍視賊過易，楊明楷營於三十里外。邦彥復糾諸苗來攻，師敗，明楷爲所執。邦彥勢復張，合衆欲再圍貴陽。三善遣兵三路禦之，破生苗寨二百餘，擒萬化等，焚其積聚數萬。龍里、定番四路並通，諸苗畔者相繼降。邦彥氣奪不敢出，於鴨池、陸廣諸要地掘塹屯兵，爲自守計。時奢崇明爲蜀兵所敗，計窮投水西，與邦彥合。

三年，三善督兵攻大方賊巢，擒土司何中尉等，進營紅崖。連破天台、水脚等七囤，奪其天險。別將亦破賊於羊耳，追至鴨池河，奪其戰象。遂深入至紅鳥岡，諸苗奔潰。三善率兵直入大方，奢社輝、安位焚其巢，竄火灼堡，邦彥奔織金。位遂遣人赴鎭遠，乞降於總督楊述中。許之，令擒崇明父子自贖，一意主撫。而三善責并獻邦彥，當并用剿，議不合。往返間已逾數月，邦彥得益兵爲備。三善糧不繼，焚大方，還貴州，道遇賊，三善爲所害。

邦彥率數萬衆來追，總理魯欽力禦之，大戰數日，大軍無糧，乘夜皆潰，欽自剄。賊燒劫諸堡，苗兵復助逆，貴陽三十里外樵蘇不行，城中復大震。

初，大方東倚播，北倚藺，相爲犄角。後播、藺既平，賊惟恃烏撒爲援，而畢節爲四夷交通處。當三善由貴陽陸廣深入大方百七十里，皆羅鬼巢窟，以失地利而陷。天啓間，朱燮元爲蜀督，建議滇兵出霑益，遏安効良應援，分兵於天生橋、尋甸等處，以絕其走；蜀兵臨畢節，扼其交通之路，而別出龍場巖後，以奪其險；黔兵由普定渡思臘河，徑趨邦彥巢，由陸廣、鴨池擣其虛；粵西兵出泗城，分道策應；然後大軍由遵義鼓行而前。尋以憂去，未及用。總督閔夢得繼之，亦以貴州抵大方路險，賊惟恃畢節一路外通。我兵宜從永寧始，自永寧而普市，而摩泥，〔七〕而赤水，百五十里皆坦途。赤水有城郭可憑而守，宜結營進逼。四十里爲白巖，六十里爲層臺，又六十里爲畢節。畢節至大方不及六十里，賊必併力來禦，須重兵扼之，斷其四走之路。然後遵義、貴陽刻期而進，亦不果用。及是黔事棘，詔起燮元總督貴、雲、川、廣。於是燮元再涖黔，時崇禎元年也。

奢崇明自號大梁王，安邦彥自號四裔大長老，其部衆悉號元帥。悉力趨永寧，先犯赤水。燮元授意守將佯北，誘深入，度賊已抵永寧，分遣別將林兆鼎從三岔入，王國禎從陸廣入，劉養鯤從遵義入。邦彥分兵四應，力不支。羅乾象復以奇兵繞其背，急擊之，賊大驚潰，崇明、邦彥皆授首。邦彥亂七年而誅。爕元乃移檄安位，赦其罪，許歸附。位豎子不能決，其下謀合潰兵來拒。爕元扼其要害，四面迭攻，斬首萬餘級。復得嚮導，輒發窖粟就食，賊益饑。復遣人至大方燒其室廬，位大恐，遂率四十八目出降。爕元奏請許之，報可。而前助邦彥故宣慰宋萬化之子嗣殷亦至是始剿滅。乃以宋氏洪邊十二馬頭地置開州，建城設官。爕元復遣兵平擺金五洞諸叛苗，水西勢益孤。十年，安位死，無嗣，族屬爭立。朝議欲乘其敝郡縣之。爕元奏未可驟，乃傳檄土目，諭以威德，諸苗爭納土獻印。貴陽甫定，而明亦旋亡矣。

思南，卽唐思州。宋宣和中，番部田祐恭內附，世有其地。元改宣慰司。明洪武初，析爲二宣慰，屬湖廣。永樂十一年置思南府，領長官司四：曰水德江，曰蠻夷，曰沿河祐溪，曰朗溪。思州領長官司四：曰都坪峨異溪，曰都素，曰施溪，曰黃道溪。

初，太祖起兵平僞漢，略地湖南。思南宣慰使田仁智遣都事楊琛來歸附，幷納元所授宣慰誥。帝以率先來歸，俾仍爲思南道宣慰使，以三品銀印給之，幷授琛爲宣撫使。思州宣撫使田仁厚亦遣都事林憲、萬戶張思溫來獻鎭遠、古州軍民二府，婺川、功水、常寧等十縣，龍泉、瑞溪、沿河等三十四州。於是命改思州宣撫爲思南鎭西等處宣慰使司，以仁厚爲使，俱歲朝貢不絕。

二年，仁厚死，子弘正襲。帝以思南土官世居荒服，未嘗詣闕，詔令率其部長入朝。九年，仁智入覲，加賜織金文綺，幷諭以敬上愛下保守爵祿之道。仁智辭歸，至九江龍城驛病卒。有司以聞，遣官致祭，幷敕送柩歸思南。時思州田弘正與其弟弘道等來朝，帝命禮部皆優賜。十一年，仁智子大雅襲，奉表謝恩。命思南收集各洞弩手二千人，備征調。十四年，大雅入朝。十八年，思州諸洞蠻作亂，命信國公湯和等討之。時寇出沒不常，聞師至，輒竄山谷間，退則復出剽掠。和等師抵其地，恐蠻人驚潰，乃令軍士於諸洞分屯立柵，與蠻人雜耕，使不復疑。久之，以計擒其魁，餘黨悉定，留兵鎭之。二十年移思南宣慰於鎭遠。大雅來謝恩。思州宣慰弘正死，子琛襲。三十年，大雅母楊氏來朝。

永樂八年，大雅死，子宗鼎襲。初，宗鼎兇暴，與其副使黃禧搆怨，奏訐累年。朝廷以田氏世守其土，又先歸誠，曲與保全，改禧爲辰州知府。未幾，思州宣慰田琛與宗鼎爭沙坑地有怨。禧遂與琛結，圖宗鼎，搆兵。琛自稱天主，禧爲大將，率兵攻思南。宗鼎挈家走，琛殺其弟，發其墳墓，幷戮其母屍。宗鼎訴於朝，屢敕琛、禧赴闕自辨，皆拒命不至，潛使奸人入敎坊司，伺隙爲變。事覺，遣行人蔣廷瓚召之，命鎭遠侯顧成以兵壓其境，執琛、禧械送京師，皆引服。琛妻冉氏尤强悍，遣人招誘臺羅等寨苗普亮爲亂，冀朝廷遣琛還招撫，以免死。帝聞而錮之。

以宗鼎窮蹙來歸，得末減，令復職，還思南。而宗鼎必得報怨，以絕禍根。帝以宗鼎幸免禍，不自懲，乃更逞忿，亦留之。宗鼎出誹言，因發祖母陰事，謂與禧奸，實造禍本。祖母亦發宗鼎縊殺親母瀆亂人倫事。帝命刑部正其罪，諭戶部尚書夏原吉曰：「琛、宗鼎分治思州、思南，皆爲民害。琛不道，已正其辜。宗鼎滅倫，罪不可宥。其思州、思南三十九長官地，可更郡縣，設貴州布政使司總轄之。」命顧成剿臺羅諸寨。成斬苗賊普亮，思州乃平。十二年遂分其地爲八府四州，貴州爲內地，自是始。兩宣慰廢，田氏遂亡。

正統初，蠻夷長官司奏土官衙門婚姻，皆從土俗，乞頒恩命。帝以土司循襲舊俗，因親結婚者，旣累經赦宥不論，繼今悉依朝廷禮法，違者罪之。景泰間，思南府奏府四面皆山，關隘五處，無城可守，乞發附近土軍修築。命巡撫王來經畫之。

鎭遠，故爲豎眼大田溪洞。元初，置鎭遠沿邊溪洞招討使，後改爲鎭遠府。洪武五年改爲州，隸湖廣。永樂十一年仍改府，屬貴州。領長官司二：曰偏橋，曰邛水十五洞。領縣二：曰鎭遠，卽金容金達、楊溪公俄二長官司地；曰施秉，卽施秉長官司地也。
洪武二十年，土官趙士能來朝，貢馬。三十年，鎭遠鬼長箐等處苗民作亂，指揮萬繼、百戶吳彬戰死。都指揮許能率兵會偏橋衞軍擊敗之，衆散走。
永樂初，鎭遠長官何惠言：「每歲修治清浪、焦溪、鎭遠三橋，工費浩大。所部臨溪部民，皆佯、僙、犵、佬，力不勝役，乞令軍民參助。」從之。
宣德初，鎭遠邛水奧洞蠻苗章奴刦掠清浪道中，爲思州都坪峩異溪長官司所獲。其父苗銀總刦取之，聚兵欲攻思州。因令赤溪洞長官楊通諒往撫，銀總伏兵殺諒，又掠埂洞。命總兵官蕭授調辰、沅諸衞兵萬四千人剿之，會於清浪衞，指揮張名討銀總，克奧洞，盡殺其黨，銀總遁。正統三年革鎭遠州，以鎭遠、施秉二長官司隸鎭遠府。十二年，巡按御史虞禎奏：「貴州蠻賊出沒，撫之不從，捕之不得，若非設策，難以控制。臣觀清水江等處，峭壁層崖，僅通一徑出入，彼得恃險爲惡。若將江外山口盡行閉塞，江內山口幷津渡俱設關堡，屯兵守禦，又擇寨長有才幹者爲辦事官，庶毋疏虞。」從之。十四年命振偏橋衞，以被苗寇殺掠，不能自存，有司以請，從之。
天順七年，鎭守湖廣太監郭閔奏：「貴州洪江賊苗蟲蝦等糾合二千餘人，僞稱王侯，攻刦鎭遠虫寨。撫諭不服，請合兵進討。」命總兵官李震、李安等分道入，賊退守平坤寨，官兵追至清水江，獲蟲蝦，幷斬賊首飛天侯、苗老底、額頭等六百四十餘人，幷復黎平之赤溪湳洞，賊平。弘治十年改鎭遠金容金達長官司爲鎭遠州，設流官。時土官何綸父子罪死，〔八〕土人思得流官，守臣以聞，報可。

萬曆末，邛水長官司楊光春貪暴，土目彭必信濟之箕斂。苗不堪，將上訴改設流官。光春與必信遂謀反，言官兵欲剿諸苗，當斂金贖，得金五百餘。都御史何起鳴詗知之，捕光春下獄，瘐死。於是每四戶擇壯兵一人，立四哨，不爲兵者佐糗糧魚鹽，簡土吏何文奎等掌之。必信復醵諸苗金，訴於朝，言巴也、梁止諸寨爲亂，指揮使陶効忠不問，反索土官楊光春金而殺之。改舊例用新法，不便。書上，意自得，歸謁知府王一麟。一麟縛之下獄，檄諸苗，言：「若等十五洞所苦者，以兵餉月米三斗過甚耳。然歲給白蟲舖米，每洞月八斗，他於平溪驛剩餘徵銀兩，皆可足餉。我爲若通之，毋爲必信所誣。」苗皆悅服，乃坐必信罪。時有土舍楊載清者應襲推官，嘗中貴州鄉試，命於本衞加俸級優異之。

天啓五年，巡撫傅宗龍奏：「苗寇披猖，地方受害，乞敕偏沅撫臣移鎭偏橋，勿復回沅，凡思、石、偏、鎭等處俾練兵萬餘人，平時以之剿苗，大征卽統爲督臣後勁，庶苗患寧而西賊之氣亦漸奪矣。」報可。

銅仁，元爲銅人大小江等處軍民長官司。洪武初，改爲銅仁長官司。永樂十一年置銅仁府。萬曆二十六年始改銅仁長官司爲縣治。領長官司五：曰省溪，曰提溪，曰大萬山，曰烏羅，曰平頭著可。烏羅者，本永樂時分置貴州八府之一也，所屬有朗溪長官司、答意長官司、治古長官司，而平頭著可長官司亦隸焉。

宣德五年，烏羅知府嚴律己言：「所屬治古、答意二長官石各野等聚衆出沒銅仁、平頭、瓮橋諸處，誘脅蠻賊石雞娘幷筸子坪長官吳畢郎等共爲亂，招撫不從。緣其地與鎮溪、酉陽諸蠻接境，恐相煽爲亂。請調官土軍分據要地，絕其糧道，且捕且撫。事平之後，宜置衛所巡司以守之。」事聞，命總兵官蕭授及鎮巡諸司議。於是授築二十四堡，環其地守之。兵力分，卒難扞禦。賊四出劫掠，殺淸浪衛鎮撫葉受，勢益獗。七年，巡按御史以聞，且言生苗之地不過三百餘里，乞別遣良將督諸軍殄滅。授言：「殘苗吳不爾等遁入筸子坪，結生苗龍不登等攻劫湖廣五寨及白崖諸寨，爲患滋甚。宜令川、湖、貴州接境諸官軍、土兵分路併力攻剿，庶除邊患。」從之。既降敕諭授，言：「暴師久，恐蹉跌爲蠻羞，或撫或剿，朕觀成功，不從中制。」

八年，授奏言：「臣受命統率諸軍進攻賊巢，破新郎等寨，前後生擒賊首吳不跳等二百一十二人，斬吳不爾、王老虎、龍安軸等五百九十餘級，皆梟以徇，餘黨悉平。還所掠軍民男婦九十八口，悉給所親。獲賊婦女幼弱一千六百餘口，以給從征將士。并械吳不跳等獻京師。帝顧謂侍臣曰：「蠻苗好亂，自取滅亡，然於朕心，不能無惻然也。」授威服南荒，前後凡二十餘年。

正統三年革烏羅府，所屬治古、答意二長官司，亂後殘民無幾，亦并革之，以烏羅、平頭著可隸銅仁，以朗溪隸思南，從巡按御史請也。景泰七年，平頭著可長官司奏其地多爲蠻賊侵害，乞立土城固守，從之。

成化十一年，總兵官李震奏：「烏羅苗人石全州，妄稱元末明氏子孫，僭稱明王，糾衆於執銀等處作亂，鄰洞多應之。因調官軍往剿，石全州已就擒，而諸苗攻劫未已。」命鎮巡官設策撫捕，未幾平。

嘉靖二十二年，平頭苗賊龍桑科作亂，流劫湖廣桂陽間，甚獗。帝以諸苗再叛，責激亂者，而起都御史萬鏜往討之。明年，鏜奏叛苗以次殄滅，惟龍母叟雖降，然其罪大，宜置重典。命安置遼東。未幾，龍子賢復叛。二十六年，湖貴巡按御史奏官軍討賊不力，降旨切責。三十九年，總兵官石邦憲剿之，擒首惡龍老羅等，遂平。

黎平，元潭溪地也。洪武初，仍各長官司。永樂十一年改置黎平、新化二府。宣德十年幷新化入黎平。領長官司十三：曰潭溪，曰八舟，曰洪舟泊里，曰曹滴洞，曰古州，曰西山陽洞，曰湖耳，曰亮寨，曰歐陽，曰新化，曰中林驗洞，曰赤溪湳洞，曰龍里。

初，洪武三年，辰州衞指揮劉宣武率兵招降湖耳、潭溪、新化、萬平江、歐陽諸洞，於是諸洞長官皆來朝，納元所授印敕。帝命皆仍其原官，以轄洞民，隸辰州衞。既改龍里長官司爲龍里衞，又增立五開衞以鎭之，隸思州。二十九年，清水江蠻金牌黃作亂，都司發兵捕之，金牌黃遁去。捕獲其黨五百餘人，械至京，以其脅從，宥死，戍遠衞。既有言金牌黃匿宣慰家者，詔勿問。

三十年，古州洞蠻林寬者，自號小師，聚衆作亂，攻龍里。千戶吳得、鎭撫井孚力戰死之。寬遂犯新化，突至平茶，千戶紀達率壯士擊之。達突陣殺數人，以鎗橫挑一人擲之，流矢中臂，達拔矢復戰。賊驚曰：「是平茶紀蒙邪？」遁去。蠻稱官爲蒙云。已，復熾，命湖廣都指揮使齊讓爲平羌將軍，統兵五萬征之。既以讓逗遛，命楊文代之。又命楚王楨、湘王柏各率護衞兵進討，城銅鼓衞。未幾，讓擒寬等，械入京，誅之。三十一年復平其餘黨，幷俘獲三十岡等處洞蠻二千九百人以歸，遂班師。

永樂五年，寨長韋萬木來朝，自陳所統四十七寨，乞設官。因設西山陽洞長官司，以萬木爲屯長。宣德六年改永從蠻夷長官司爲永從縣，置流官，以土官李瑛絕故也。又割思州新溪等十一寨隸黎平赤溪湳洞長官司。正統四年，計砂苗賊苗金蟲等糾合洪江生苗，僞立統千侯、統萬侯名號，劫掠四出，命都督蕭授調兵剿之。賊首苗總牌等爲都督吳亮所戮，洪江生苗遂詣軍門降。授諭遣之，命千戶尹勝誘執苗金蟲，斬以徇。

景泰五年，巡撫王永壽以苗賊蒙能攻圍龍里、新化、銅鼓諸城，乞調兵剿之。時賊欲取龍里爲巢穴，攻破亮寨、銅鼓、羅團堡諸城，都指揮汪迪爲賊所殺。朝議以南和伯方瑛爲平蠻將軍，統湖廣諸軍討之。蒙能糾賊衆三萬出攻平溪衞，瑛遣指揮鄭泰等以火鎗攻，斃賊三千人，能亦死。而能黨李珍等尙煽惑苗衆，官軍計擒之，克復銅鼓、藕洞，連破鬼板等一百六十餘寨，覃洞、上隆諸苗悉降。〔九〕

天順元年，鎭守太監阮讓言：「東苗爲貴州諸苗之首，負固據險，僭號稱王，逼脅他種，東苗平則諸苗服。臣會同方瑛計議，幷請師期。」於是頒諭四川、湖廣諸宣慰、宣撫會師討賊。〔一〇〕三年，督理軍務都御史白圭以谷種山箐，乃東苗羽翼，宜先剿。因同瑛進靑崖，令總兵李貴進牛皮箐，參將劉玉進谷種，參將李震進鬼山。所向皆捷，克水車壩等一百四十七寨。諸將復合兵靑崖，攻石門山，克擺傷等三十九寨。仍分兵四路，進攻董農、竹蓋、甲底等四百三十七寨。賊首干把猪退守六美山。合兵大進，斬五千餘級，生擒干把猪，送京師伏誅。

先是，痳城人李添保以逋賦逃入苗中，詭稱唐後，聚衆萬餘，僭稱王，建元武烈。署故賊首蒙能子聰爲總兵官，遺之銀印敕書，縱兵剽掠，震動遠近。至是爲李震所敗，餘賊大潰。添保僅以身免，潛入鬼池及絞洞諸寨，復煽諸苗劫攻中林、龍里，亦爲震擒，伏誅。

萬曆二十八年，皮林逆苗吳國佐、石纂太等作亂。國佐本洪州司特洞寨苗，頗知書，嘗入永從學爲生員，素桀黠，皮林諸苗推服之。因娶叛人吳大榮妾，爲黎平府所持，遂反。自稱天皇上將，陽聽撫而陰與播賊通。纂太亦自稱太保，殺百戶黃鐘等百餘人，與國佐合兵圍上黃堡。參將黃沖霄討之，敗績。殺守備張世忠，焚五開，破永從縣，圍中潮所。總兵陳良玭、陳璘合湖、貴兵進討，亦失利，國佐益橫。二十九年命巡撫江鐸會兵分七路進剿，苗據險不出。陳璘潛師奪隘，縱火焚其巢。國佐逃，擒之，纂太亦爲他將誘縛，皆伏誅。

安順，普里部蠻所居。元世祖置普定府，成宗時改普定路，又爲普安路，並屬雲南。洪武初爲普定府，十六年改爲安順州，隸四川。正統三年改屬貴州。萬曆中改安順軍民府，以普安等州屬焉。普安，故軍民府也，初隸雲南，尋廢爲衞。永樂間改爲州，始隸貴州，領長官司二：曰寧谷，曰西堡。

洪武五年，普定府女總管適爾及其弟阿甕來朝，遂命適爾爲知府，許世襲。六年設普定府流官二員。十四年城普定。十五年，普定軍民知府者額來朝，賜米及衣鈔，命諭其部衆，有子弟皆令入國學。十六年，者額遣弟阿昌及八十一砦長阿窩等來朝。二十年詔徵普定、安順等州六長官赴京，命以銀二十萬備糴，遣普定侯陳桓等率諸軍駐普安屯田。明年，越州叛苗阿資率衆寇普安，燒府治，大肆剽掠。征南將軍傅友德擊走之，且詣軍門降，遂改軍民府爲指揮使司。二十三年，西平侯沐英奏普安百夫長密卽叛，殺屯田官軍及驛丞試百戶。調指揮張泰討之於盤江木窖關，官軍失利。更調指揮蔣文統烏撒、畢節、永寧三衞軍勦之，乃遁。二十六年，普定西堡長官司阿德及諸寨長作亂，命貴州都指揮顧成討平之。二十八年，成討平西堡土官阿傍。三十一年，西堡滄浪寨長必莫者聚衆亂，阿革傍等亦糾三千餘人助惡。成皆擊斬之，其地悉平。

永樂元年，故普安安撫者昌之子慈長言：「建文時父任是職，宜襲，吏部罷之。本境地闊民稠，輸糧三千餘石，乞仍前職報効。」命仍予安撫。十三年改普安安撫司爲普安州。十四年，慈長謀占營長地，且强娶民人妻爲妾，殺其夫，閹其子。事聞，命布政司孟驥按狀。

慈長糾兵萬餘圍驥，驥以計擒之，逮至京，死於獄。

天順四年，西堡蠻賊聚衆焚劫，鎭守貴州內官鄭忠、右副總兵李貴請調川雲都司官兵二萬，幷貴州宣慰安隴富兵二萬進剿。至阿果，擒賊首楚得隆等，斬首二百餘級。餘賊奔白石崖，復斬級七百餘，焚其巢而還。十年，安順土知州張承祖與所屬寧谷寨長官顧鐘爭地仇殺。下巡撫究治，命各貢馬贖罪。

成化十四年，貴州總兵吳經奏，西堡獅子孔洞等苗作亂，先調雲南軍八千助防守。聞雲南有警，乞改調沅州、淸浪諸軍應援。十五年，經奏已擒斬賊首阿屯、堅婁等，以捷聞。

弘治十一年，普安州土判官隆暢妻米魯反。〔二〕米魯者，霑益州土知州安民女也，適暢被出，居其父家。暢老，前妻子禮襲，父子不相能。米魯與營長阿保通，因令阿保諷禮迎己，禮與阿保同烝之。暢聞怒，立殺禮，燬阿保寨。阿保挾魯與其子阿鮓等攻暢，暢走雲南。時東寧伯焦俊爲總兵官，與巡撫錢鉞和解之。魯於道中毒暢死，遂與保據寨反。暢妾曰適烏，生二子，別居南安。米魯欲並殺之，築寨圍其城。又別築三寨於普安，而令阿鮓等防守。名所居寨曰承天，自號無敵天王，出入建黃纛，官兵不能制，鎭巡以聞。發十衞及諸土兵萬三千人分道進，責安民殺賊自贖。民乃攻斬阿保父子於查剌寨，米魯亡走。焦俊等責安民獻魯，民陰資魯兵五百襲殺適烏及其二子，據別寨殺掠，又自請襲爲女土官。鎭巡官皆受魯賂，請宥魯。嚴旨切責，必得魯乃已。貴州副使劉福陰索賂於魯，故緩師。賊益熾，官兵敗於阿馬坡，都指揮吳遠被擄，普安幾陷。帝命南京戶部尚書王軾、〔一二〕巡撫陳金、都指揮李政進剿，破二十餘寨。魯竄馬尾籠，官兵圍之，就擒，伏誅。安民自辨，得赦。正德元年，暢族婦適擦襲土判官，赴京朝貢，帝嘉之。或曰適擦亦暢妾云。

西堡阿得、獅子孔阿江二種，皆革僚也。初據滄浪六寨，不供常賦。土官溫愷懼罪自縊，其子廷玉請免賦，不允。往徵，爲其寨長乜呂等所殺。六年，廷玉弟廷瑞訴於守臣，會乜呂死，指揮楊仁撫其衆。巡撫蕭翀請令其輸賦，免用兵，從之。

都勻，元曰都雲。洪武十九年置都勻安撫司。二十九年改爲軍民指揮使司，屬四川。永樂十一年改隸貴州。〔一三〕弘治七年置府，領州二，曰麻哈，曰獨山，卽合江洲陳蒙爛土長官司地。領縣一，曰清平，卽清平長官司地也。領長官司八：屬府者曰都勻，曰平浪，曰邦水，曰平州六洞；〔一四〕屬獨山者曰九名九姓，曰豐寧；屬麻哈者曰樂平，曰平定。

洪武二十二年，都督何福奏討都勻叛苗，斬四千七百餘級，擒獲六千三百九十餘人，收降寨洞一百五十二處。二十三年城都勻衞，命指揮同知董庸守之。二十五年，九名九姓蠻亂，命何福平之。二十八年，豐寧三藍等寨亂，命顧成平之。二十九年，平浪蠻殺土官王應名，都指揮程暹平之。應名妻吳攜九歲子阿童來訴，詔予襲。永樂四年，鎮遠侯顧成招諭合江州十五寨來歸。

宣德元年，平浪賊紀那、阿魯等占副長官地，殺掠葉果諸寨，招諭不聽。詔蕭授平之。七年，陳蒙爛土副長官張勉奏，所司去衞遠，地連古州生苗，與廣西僚洞近，化從寨長韋翁同等煽亂，乞立堡，并請調泗城州士兵一千鎮守，從之。九年，翁同糾下高太刀蠻合廣西賊韋萬良等恣殺掠。指揮陳原討擒萬良等三人，翁同遂聽撫，而落昌、蔡郎等四十寨仍聚衆拒敵。總兵蕭授遣指揮顧勇進討，平之。

成化十四年，陳蒙爛土長官司張鏞奏：「夭壩干賊首齎果侵掠，請於所侵大陳、大步等寨設一司，隸安寧宣撫。」而豐寧長官司楊泰亦奏峰峒陸光翁等聚爛土爲亂。先是，宣慰楊輝平夭壩干後，即灣溪立安寧宣撫司。爛土諸苗惡其逼己，至是果等旣攻陷夭漂，遂圍豐寧。時輝已致仕，子愛承襲，力弗支，求援於川、貴二鎭。各奏聞，命仍起輝，會兵討之。十六年，鏞復奏齎果糾合九姓、豐寧幷荔波賊萬人，攻剽愈亟。帝責諸守臣玩寇。於是巡撫謝昶言：「自天順四年以來，諸苗攻劫舟溪等處，不靖至今。」乃命鎭守太監張成、總兵吳經相機剿撫。二十年，爛土苗賊龍洛道潛號稱王，聲言犯都勻、淸平諸衞。豐寧長官楊泰與土目楊和有隙，誘廣西泗城州農民九千於銕坑等一百餘寨殺掠，於是苗患愈盛。命鎭巡官往援，乃得出。弘治二年，苗賊七千人攻圍楊安堡，都指揮劉英統兵覘之，爲所困。五年命鎭遠侯顧溥率官兵八萬人，巡撫鄧廷瓚提督軍務，〔一五〕太監江德監諸軍，往征之。七年，諸軍分道進剿，令熟苗詐降於賊，誘令入寇，伏兵擒之，直擣其巢，凡破一百十餘寨，以捷聞。於是開置都勻府及獨山、麻哈二州。

正德三年，都勻長官司吳欽與其族吳敏爭襲仇殺，鎭巡以聞，言：「欽之祖賴洪武間立功爲長官，陣亡。子琮幼，弟貴署之。及琮長，仍襲，傳至欽三世。敏不得以貴故妄爭。」詔可之。

嘉靖十五年，平浪叛苗王聰攻奪凱口囤，執參將李佑等。初，王阿向先世爲土官，爲王仲武先人所奪，至阿向，與仲武爭印煽亂。總兵楊仁、巡撫陳克宅平之，斬阿向等，盡逐其黨，以地屬都勻府，改名滅苗鎭。仲武因諸苗失業，陰爲招復，旋科索之。諸苗不勝怨，遂推阿向餘孽王聰、王佑爲主。巡按楊春芳遣李佑等撫諭之，賊質佑等，乞還土田官印，乃釋佑。春芳以聞，詔巡撫調官軍三萬人集囤下。囤故絕險，其要害處置弩樓，疊石爲防。攻之三月不克，復調宣慰安萬銓兵合剿。萬銓力戰破賊，聰等皆伏誅，前後斬首二百六十餘級，降苗寨一百五十餘，男婦二萬餘口。捷聞，敍功賞賚有差。

又有黑苗曰夭漂者，在湖、貴、川、廣界，與者亞鼎足居。萬曆六年，夭漂請內附。都御史遣指揮郭懷恩及長官金篆往問狀，而阻於者亞，乃遠從丹彰問道通夭漂。會苗坪、黨鋃等亦以格於者亞不得通，都御史王緝遣使責者亞部長阿斗。斗願歸附平定，緝謂斗故養善牌部，何故欲屬平定，必有他謀。下吏按驗，果得實，蓋欲往平定借諸蒙兵襲養善，皆內地奸人夭金貴等導之。遂治金貴罪，以者亞仍屬養善，路遂通。於是苗坪、夭漂皆請奉貢賦，比編氓，名其地曰歸化，隸都匀府。凡使命往來，自生齒以上，悉跪拜迎送，夾騶從行，前吹蘆笙，唱蠻歌，呼導而馳。事聞，帝嘉之。七年，者亞、阿斗以反誅，乃罷樂平吏目，增設麻哈州州判一員，令居樂平司，以養鵝、者亞、羊腸諸苗屬之。

初，者亞、阿斗反，答干寨阿其應之。斗誅，阿其屢犯順。十四年，土舍吳楠、王國聘慮阿其叵測禍及己，請以答干、雞賈、甲多諸寨屬蒙詔，立宣威營，歲輸賦。獨阿其不服，引者亞殘苗圍宣威營大譟，曰：「此我地，誰令爾營此？」蒙詔常徵秋稅，阿其度使至，以血釁門，令勿通。居常張傘鼓角，繪龍鳳器，遂與雞賈、甲多、仰枯諸苗擊牛酒爲誓，劫歸化，官兵不敢近。獨山土吏蒙天眷願以兵進剿，乃使人佯言，漢已黜蒙詔，令以宣威營地還阿其，且暮撤兵去矣。阿其乃親馳樂邦牛場詗視，言人人同，遂弛備。天眷驟入，斬阿其，雞賈、甲多皆降。

其屬蒙詔者，自答干、雞賈、甲多外，有塘蛙、當井、斗坡等十七寨。小橋熟苗龍木恰視寨事，年老，子俸襲，頒糧者遂不及恰，恰輒奪俸之有以爲養。俸訴於官，官逮問恰，非罪之也。恰輒鎖漢使，已而逐之曰：「速去，此我家事，再來我當以烏雞諸寨踐漢邊矣。」官以計擒之，死獄中。無何，龍化龍羊山苗引川苗作亂，曰：「漢無故殺苗，苗請報之。」官軍戰不利。既而都司蔡兆吉招諭令降，待以不死，於是諸苗皆散，俸視事如故。

四十三年，平州長官楊進雄兇惡，土人苦之。雄無子，以兄繼祿子珂爲後，既生子治安，而疏珂。珂怨雄，雄乃奪珂財產，幷其父逐之。珂頗得民心，遂爲亂，據唐宿堡，攻雄。雄敗走，屠其家。各上疏訐奏，詔推問。都御史趙鉞以雄不法，逮之獄，檄獨山土酋蒙繼武諭珂歸命，許改土爲流以安之。治安許不便，乃陰許以六洞賂繼武借兵。繼武乃發兵攻珂，復平州，珂走廣西之泗城。繼武遂屯耕六洞地，六洞民不服，復助珂，與繼武相攻。珂復據平州。巡撫吳岳招降其父繼祿，六洞乃安。

平越，古黎峨里。元爲平月長官司。洪武十四年置衞。十七年改爲軍民指揮使司，屬四川。萬曆中，始置府，屬貴州。領州一，曰黃平，卽黃平安撫司地。領縣四：〔一六〕曰平越，

曰湄潭，曰甕安，卽甕水、草塘二長官司地；曰餘慶，卽白泥、餘慶二長官司地。領長官司一，曰揚義。〔一七〕

初，洪武八年，貴州江力、江松、剌回四十餘寨苗把具、播共桶等連結苗、僚二千作亂，平越安撫司乞兵援，命指揮同知胡汝討之。九年，黃平蠻僚都厤堰亂，宣撫司捕之，不克，千戶所以兵討之，亦敗。乃命重慶諸衞合擊，大破之，平其地。十九年，平越衞厤哈苗楊孟等作亂，命傅友德平之。二十二年，察隴、牛場、乾溪苗亂，命其子襲。二十二年，時厤哈長官宋成陣歿，傅友德平之。二十三年命延安侯唐勝宗往黃平、平越、鎭遠、貴州諸處訓練軍士，提督屯田，相機勦寇。

正統末，鎭遠蠻苗金臺僞稱順天王，與播州苗相煽亂，遂圍平越、新添等衞。半年城中糧盡，官兵逃者九千餘人，貴州東路閉。時王驥征麓川，班師過其地，不之顧。景泰元年命保定伯梁珤佩平蠻將軍印督師進勦，大破之，平八十餘寨，擒賊首王阿同等，平越諸衞圍乃解。二年，都御史王來奏，貴州苗韋同烈聚衆於興隆之截洞，復攻平越、淸平等衞。梁珤自沅州發兵由東路，都督方瑛由西路，合兵興隆，擊破之，同烈退保香鑪山。瑛由龍場，都督陳友由萬潮山，都督毛福壽由重安江，攻破黎樹、翁滿等三百餘寨，斬三千餘級，招撫衮水等二百餘寨，合兵香鑪山下。衆縛同烈降，械至京。

五年，副總兵李貴奏，黎從等寨賊首阿挈、王阿傍、苗金虎等僞號苗王，與銅鼓諸賊相應，乞加兵。七年，巡撫蔣琳奏，剿苗賊於平越，斬四百餘級。其阿傍等據車梚寨，仍爲亂於清平、平越地方，殺指揮王杞，據香鑪山，掠偏橋。

正德十一年命巡撫秦金剿之。初，黔、楚之交，羣苗嘯聚，連寨相望。而香鑪山周廻四十里，高數百尋，四面陡絕，其上平衍，向爲叛苗巢穴。阿傍等據之，糾諸寨苗作亂。巡撫鄒文盛、總兵官李昂等分漢、土兵爲五，克其前柵。密遣人援崖先登，殺賊守路者，衆蟻附而上，焚賊巢，擒阿傍，餘賊猶堅守不下。參將洛忠等詭言招撫，自山後擊之，殲焉。遂移師龍頭、黎、蘭等寨，悉破之，賊遂平。

天啓四年，凱里土司楊世慰叛，〔一八〕合安邦彥兵與平茶羣苗來修怨，復窺香鑪山，搖動四衞，梗塞糧運。總督楊述中檄總兵魯欽馳至清平，相機進剿，調副使顏欲章等爲後援。欽督將領攻破巖頭，分遣朗溪司田景祥截平茶賊援。用藥弩及礮殺傷賊衆，賊乘夜遠遁。自是不敢再窺鑪山，四衞得安。

石阡，本思州地。永樂十一年置府，隸貴州，領長官司四：曰石阡，曰苗民，曰葛彰葛商，曰龍泉坪。宣德六年，葛彰葛商長官安民奏：「前以官鈔糴糧儲備，令蠻民守視。溪洞險僻，無所支用，恐歲久腐爛，賠納實難，請以充有司祭祀過使廩給之用。」從之。萬曆中，改龍泉坪爲縣。

新添衞，故麥新地也。宋時克麥新地，乃改爲新添。元置新添葛蠻安撫司。洪武四年置長官司。二十三年改爲衞。二十九年置新添衞軍民指揮使司，領長官司五：曰新添，曰小平伐，曰把平寨，曰丹平，曰丹行。

洪武五年春，新添安撫宋亦憐眞子仁來朝。其秋，平伐、蘆山、山木等砦長來降。七年，平伐、谷霞、谷浪等苗攻劫的敖諸寨，指揮僉事張岱討之。岱攻谷峽、剌向關破之，追至的敖，大破之，擒的令、的若而還，蠻大讋。

永樂二年置丹行、丹平二長官。宣德元年，新添土舍宋志道糾洞蠻肆掠，蕭授討擒之。九年，丹行土舍羅朝煽誘寨長卜長、逃民羅阿記等侵占臥龍番長官龍保地，又攻猱平寨焚劫。時苗民素憚指揮李政，尙書王驥因奏遣政往撫諭。景泰二年，苗賊有在新添行劫，聚於西廬者，官軍破之以聞。成化九年，以旱災免新添衞糧。

萬曆三十四年，貴州巡撫郭子章討平貴州苗，斬獲苗長吳老喬、阿倫、阿皆等十二人，招降男婦甚衆。先是，東西二路苗名曰仲家者，盤踞貴龍、平新之間，爲諸苗渠帥。其在水硍山介於銅仁、思、石者，曰山苗，紅苗之羽翼也。窺黔自平播後財力殫竭，有輕漢心，經年剽掠無虛日。子章奏討之，命相機進兵。子章乃命總兵陳璘、參政洪澄源率官軍五千，益以土兵五千，攻水硍山。監軍布政趙健率宣慰土兵萬人，使遊擊劉岳等督之。及兩路會師，皆九十餘日而克。二寇既平，專命總兵陳璘率漢、土兵五千移營新添，進攻東路苗，不一月復克其六箐，諸苗盡平。

金筑安撫司，洪武四年，故元安撫密定來朝貢馬，詔賜文綺三匹，置金筑長官司，秩正六品，隸四川行省，以密定爲長官，世襲。十四年敕勞密定曰：「西南諸部雖歸附，然暫入貢而已。爾密定首獻馬五百匹，以助征討，其誠可嘉，故遣特使往諭，俟班師之日，重勞爾功。」陞金筑長官司爲安撫司，仍以密定爲安撫使，予世襲。十六年，密定遣使貢方物。十八年，密定遣弟保珠來貢。二十九年以金筑安撫司隸貴州軍民指揮使司。

永樂初年，金筑安撫得垜來朝，賜絨錦文綺。洪熙、宣德改元，皆貢馬。十年，直隸貴州布政司。正統五年，安撫金鏞貢馬。成化、弘治、隆慶時歷朝貢。

萬曆四十年，吏部覆巡撫胡桂芳奏：「金筑安撫土舍金大章乞改土爲流，設官建治，欽定州名，鑄給印信，改州判爲流官。授大章土知州，予四品服色，不許管事。子孫承襲，隸州於貴陽府。」遂改金筑安撫司爲廣順州。

校勘記

〔一〕領長官司十八　本書卷四六地理志稱，貴陽軍民府領長官司十六，未載貴竹、平伐。

〔二〕其貴州宣慰司所領長官司九　本書卷四六地理志稱貴州宣慰司領長官司七，無青山、劄佐。

〔三〕且願効力開西鄙　西鄙，原作「四鄙」，據明史稿傳一九〇貴陽傳改。

〔四〕自稱羅甸王時天啓二年二月也　羅甸王，原作「羅殿王」，據本書卷二四九李橒傳、明史稿傳一九〇貴陽傳改。二年，原作「元年」，據本書卷二二熹宗紀、又李橒傳及熹宗實錄卷一四天啓二年二月癸酉條改。

〔五〕巡撫李橒方受代　李橒，原作「李澐」，據本書卷二四九李橒傳改。下同。

〔六〕城中軍民男婦四十萬至是餓死幾盡僅餘二百人　本書卷二四九李橒傳作「城中戶十萬」「僅存者千餘人」，熹宗實錄卷二四天啓二年十二月己巳條作城中「無慮數萬人」。

〔七〕摩泥　原作「霑泥」，據本書卷二四九朱燮元傳及熹宗實錄卷七四天啓六年十二月戊午條改。

〔八〕時土官何碖父子罪死　何碖，原作「何倫」，據本書卷一八五黃珂傳及孝宗實錄卷一二七弘治十年七月己未條改。

〔九〕覃洞上隆諸苗悉降　上隆，原作「上陸」，據本書卷一六六方瑛傳、明會典卷一一六、讀史方輿紀要卷一一一改。

〔一〇〕於是頒諭四川湖廣諸宣慰宣撫會師討賊　上文係「天順元年」，英宗實錄卷二九三繫此事於天順二年七月己亥。

〔一一〕弘治十一年普安州土判官隆暢妻米魯反　本書卷一五孝宗紀繫於十二年九月壬午，孝宗實錄卷一五一繫於弘治十二年六月癸卯。

〔一二〕帝命南京戶部尙書王軾　戶部，原作「兵部」，據本書卷十五孝宗紀、又卷一七二王軾傳及孝宗實錄卷一七六弘治十四年七月癸亥條改。

〔一三〕永樂十一年改隸貴州　永樂十一年，本書卷四六地理志及明一統志卷八八作「永樂十七年」，寰宇通志卷一一五作洪武「二十三年」，讀史方輿紀要卷一二一作「永樂七年」。

〔一四〕平州六洞　平州，本書卷四六地理志作「平洲」。

〔一五〕巡撫鄧廷瓚提督軍務　鄧廷瓚，原作「鄧廷讚」，據本書卷一七二鄧廷瓚傳及孝宗實錄卷六四弘治五年六月庚子條改。

〔一六〕領縣四　本書卷四六地理志稱領縣三，無平越。

〔一七〕領長官司一曰揚義　本書卷四六地理志稱平越領長官司二，曰凱里，曰楊義。此作「領長官司一」，無凱里，又楊義作「揚義」。按下文平越所屬有凱里，此誤奪，地理志是。又據讀史方輿紀要卷一二一楊義爲土酋楊氏世守地，字以作「楊」爲是。

〔一八〕凱里土司楊世慰叛　楊世慰，本書卷一七〇魯欽傳作「楊世蔚」。

明史卷三百十七

列傳第二百五

廣西土司

廣西瑤、僮居多，盤萬嶺之中，當三江之險，六十三山倚爲巢穴，三十六源踞其腹心，其散布於桂林、柳州、慶遠、平樂諸郡縣者，所在蔓衍。而田州、泗城之屬，尤稱强悍。種類滋繁，莫可枚舉。蠻勢之衆，與滇爲埒。今就其尤著者列於篇。覿其叛服不常，沿革殊致，可以覘中國之德威，知夷情之順逆，爲籌邊者之一助云。

廣西土司一

桂林　柳州　慶遠　平樂　梧州　潯州　南寧

桂林，自秦置郡，漢始安，唐桂州，天寶改建陵，宋靜江府，元靜江路。明初，改桂林府爲廣西布政使司治所，屬內地，不當列於土司。然廣西惟桂林與平樂、潯州、梧州未設土官，而無地無猺、僮。桂林之古田，平樂之府江，潯州之藤峽，梧州之岑溪，皆煩大征而後克，卒不能草薙而獸獮之，設防置戍，世世爲患，是亦不得而略焉。

洪武七年，永、道、桂陽諸州蠻竊發，命金吾右衞指揮同知陸齡率兵討平之。二十二年，富川縣逃吏首賜糾合苗賊盤大孝等爲亂，殺知縣徐元善等，往來劫掠。廣西都指揮韓觀遣千戶廖春等討之，擒殺大孝等二百餘人。觀因言：「靈亭鄉乃猺蠻出入地，雖征剿有年，未盡殄滅，宜以桂林等衞羸餘軍士，置千戶所鎭之。」詔從其請。二十七年，全州灌陽等縣平川諸源猺民，聚衆爲亂。命湖廣、廣西二都司發兵討之，擒殺千四百餘人，諸猺奔竄遁去，置灌陽守禦千戶所。初，灌陽縣隸湖廣，因廣西平川等三十六源猺賊作亂，攻擊縣治，詔寶慶衞指揮孫宗總兵討平之。縣丞李原慶因奏灌陽去湖廣遠，隸廣西近，遂以灌陽隸桂林府千戶所，命廣西都指揮同知陶瑾領兵築城守之。

永樂二年，總兵韓觀奏：「潯、桂、柳三郡蠻寇黃田等累行劫掠，殺擄人畜。已調都指揮朱輝追剿，斬獲頗多。尋蒙遣官齎敕撫安，其黃田等猺皆已向化，悉歸所擄人畜。」帝命觀，蠻復業者善撫恤之。宣德六年，都督山雲奏：「廣西左、右兩江設土官衙門大小四十九處，蠻性無常，讎殺不絕。朝廷每命臣同巡按御史三司官理斷，緣諸處皆瘴鄉，兼有蠱毒，三年之間，遣官往彼，死者凡十七人，事竟不完。今同衆議，凡土官衙門軍務重事，徑詣其處。其餘爭論詞訟，就所近衞理之。」報可。

景泰五年，廣西古丁等洞賊首藍伽、韋萬山等，糾合蠻類，劫掠南寧、上林、武緣諸處。鎭守副總兵陳旺以聞，詔令總督馬昂等勦捕之。

初，桂林、古田僮種甚繁，最强者曰韋，曰閉，曰白，而皆幷於韋。賊首韋朝威據古田，縣官竄會城，遣典史入縣撫諭，烹食之。弘治間，大征，殺副總兵馬俊、參議馬鉉。〔一〕正德初再征，殺通判、知縣、指揮等官。嘉靖初，又征之，殺指揮舒松等。時韋銀豹與其從父朝猛攻陷洛容縣，據古田，分其地爲上、下六里。銀豹出掠，挾下六里人行，而上六里不與焉。四十五年，提督吳桂芳因其閒，遣典史廖元入上六里撫諭之，諸僮復業者二千人，銀豹勢孤請降。久之，復猖獗，嘗挾其五子據鳳皇、連水二寨，襲殺昭平知縣魏文端。更自永福入桂林劫布政司庫，殺署事參政黎民衷，縋城而去，官軍追不及。久之，臨桂、永福各縣兵羣起捕賊，始得賊黨扶嫩、土婆顋等三十餘人於各山寨中。

時首惡未獲，隆慶三年，朝議以廣西專設巡撫，推江西按察使殷正茂爲僉都御史以往。正茂至，奏請勦賊，合土漢兵十萬，集衆議。時八寨助逆，衆議先勦，敕書亦有先平八寨，徐圖古田之語。正茂獨不謂然，先給榜諭八寨，八寨聽命。然後分兵七哨，以總兵俞大猷統之，使副總兵門崇文，參將王世科、黃應甲，都司董龍、魯國賢，遊擊丁山等各領一哨，復分土兵爲二隊，更番淸道，必先淸數里而後行。及至其巢，合營攻之，斬七千四百六十餘級，生擒朝猛，梟於軍，俘獲男女千餘口。銀豹窮蹙，擇肖己者斬首獻，捷聞。既而生縛銀豹幷其子扶枝膠送京師，斬之。古田平。乃幷八寨與龍哈、咘咳爲十寨，立長官司，以黃昌等爲長官及土舍，聽守禦調度。更陞古田縣爲永寧州。已而永寧僮韋狠要與其黨黃銀成有隙，相仇殺，常安巡檢欲窮治之。狠要遂與右江荔浦山灣諸僮稱亂。命指揮徐民瞻將兵捕之，民瞻伏兵執狠要，諸瑤大訌。總制殷正茂、巡撫郭應聘乃檄徵田州、向武、都康諸土兵，屬參將王瑞進剿，斬廖金鑑、廖金盞、韋銀花、韋狠化等。萬曆六年，總制淩雲翼、巡撫吳文華大征河池、咘咳諸瑤，斬首四萬八百餘級，嶺表悉平。

柳州置自唐貞觀中，明初移治于馬平。所屬州二，縣十。內屬千餘年，惟上林縣尙爲土官，而賓、象、融、羅諸瑤蠻蟠結爲寇，城外五里卽賊巢，軍民至無地可田。後屢加征剿，置土巡檢於各峒隘，稍稱寧焉。

洪武二年，中書省臣言：「廣西諸峒雖平，宜遷其人入內地，可無邊患。」帝曰：「溪洞蠻僚雜處，其人不知禮義，順之則服，逆之則變，未可輕動。惟以兵分守要害以鎮服之，俾日漸敎化，數年後，可爲良民，何必遷也。」

永樂七年，柳州道村寨蠻韋布黨等作亂，都指揮周誼率兵討擒之。命斬布黨，梟其首於寨。廣西洞蠻韋父、融州羅城洞蠻潘父蕊各聚衆爲亂，柳州等衞官軍捕斬之。九年，賓州遷江縣、象州武仙縣古逢等洞蠻僚作亂。詔發柳州、南寧、桂林等衞兵討之。十四年，融州瑤民作亂，官軍討平之。十七年，象州土吏覃仁用言，其父景安，故元時常任本州巡檢，有兵僮二百人，今皆爲民，請收集爲軍。帝不許。十九年，融縣蠻賊五百餘人，羣聚剽掠，廣西參政耿文彬率民兵會桂林衞指揮平之。柳州等府上林等縣僮民梁公竦等六千戶，男女三萬三千餘口，及羅城縣土酋韋公、成乾等三百餘戶復業。初，韋公等倡亂，僮民多亡入山谷，與之相結。事聞，遣御史王煜等招撫復業，至是俱至，仍隸籍爲民。

宣德初，蠻寇覃公旺作亂，據思恩縣大、小富龍三十餘峒，固守險阻，以拒官軍。總兵官顧興祖等督兵分道攻之，斬公旺幷其黨千五十餘人。捷至，帝曰：「蠻民亦朕赤子，殺至千數，豈無脅從非辜者。以後宜開示恩信，撫慰而降之，如賈琮戍交州可也。」元年，柳州僮首韋敬曉等歸附。二年，廣西三司奏：「柳慶等府賊首韋萬黃、韋朝傳等聚衆劫殺爲民害。」敕興祖進兵剿平之。

懷遠爲柳州屬邑，在右江上游，旁近靖綏、黎平，諸猺竊據久。隆慶時，大征古田，懷遠知縣馬希武欲乘間築城，召諸猺役之，許犒不與。諸猺遂合繩坡頭、板江諸峒，殺官吏反。總制殷正茂請於朝，遣總兵官李錫、參將王世科統兵進討。官兵至板江，猺賊皆據險死守。正茂知諸猺獨畏永順鉤刀手及狼兵，乃檄三道兵數萬人擊太平、河裏諸村，大破之，連拔數寨，斬賊首榮才富、吳金田等，前後捕斬凡三千餘，俘獲男婦及牛馬無算。事聞，議設兵防，改萬石、宜良、丹陽爲土巡司，屯土兵五百人，且耕且守。

萬曆元年，洛容知縣邵廷臣以養歸，主簿謝漳行縣事。會上元夜，單騎巡檄山中。獞蠻韋朝義率上油、古底諸獞夜半出掠，逐漳，追至城，殺漳，奪縣印去。是夜，指揮朱昌胤、土巡檢韋顯忠共提兵決戰，斬首三十一級，兵校文斌獲朝義，奪還縣印，守巡官以聞。乃命總兵李錫，參將王瑞、〔三〕康仁等剿之，破上油、古底諸寨，斬覃金狼等二千八百三十餘級，俘二百二十餘人，牛馬器械稱是。後殘獞黃朝貴復合融縣猺號萬人，聲言欲入富福鎭。王世科復引兵擊之，斬五十餘人。始洛容在萬山中，城小無雉堞，縣官皆寓府城，知縣余涵請遷城於白龍巖，不果，至是謝漳遂及於難。

又韋王朋者，馬平獞也。初平馬平時，因建營堡，使土舍韋志隆提兵屯其地。王朋視堡兵如仇，常率東歐、大產諸蠻要挾營堡。兵備周浩使千總往撫，遂殺千總，劫村落，總兵王尚父剿平之。

慶遠，秦象郡，漢交阯、日南二郡界，後淪於蠻。唐始置粵州，天寶初，改龍水郡，屬嶺南道，乾符中，更宜州。宋陞慶遠軍節度，咸淳初，改慶遠府。元爲慶元路。

洪武元年仍改慶遠府。時征南將軍楊文旣平廣西，二年，行省臣言：「慶遠府地接八番溪洞，所轄南丹、宜山等處，宋、元皆用其土酋安撫使統之。天兵下廣西，安撫使莫天護首來款附，宜如宋、元制，錄用以統其民，則蠻情易服，守兵可減。」帝從之，詔改慶遠府爲慶遠南丹軍民安撫司，置安撫使、同知、副使、經歷、知事各一員，以天護爲同知，王毅爲副使。

三年，行省臣言：「慶遠故府也，今爲安撫司，其地皆深山曠野，其民皆安撫莫天護之族。天護素庸弱，宗族强者，動肆跋扈，至殺河池縣丞蓋讓，與諸蠻相煽爲亂，此豈可姑息以貽禍將來。乞罷安撫司，仍設府置衞，以守其地。」報可。乃命莫天護赴京。七年，賜廣西土官莫金文綺六匹，置南丹州，隸慶遠府，以莫金爲知州。八年，那地縣土官羅貌來朝，以貌知縣事。

二十八年，都指揮韓觀率兵捕獲宜山等縣蠻寇二千八百餘人，斬僞大王韋召，僞萬戶趙成秀、韋公旺等，傳首京師。時嶺南盛暑，官軍多病瘴，帝命觀班師。南丹土官莫金叛，帝命征南將軍楊文，龍州平後，移師討南丹、奉議等處。龍州趙宗壽來朝謝罪，貢方物。大軍進征奉議，調參將劉眞分道攻南丹，破之，執莫金併俘其衆。後遣寶慶衞指揮孫宗等分兵擊巴蘭等寨，蠻僚懼，焚寨遁去，官兵追捕斬之，蠻地悉定。詔置南丹、奉議、慶遠三衞，以官軍守之。

二十九年，廣西布政司言：「新設南丹等三衞及富川千戶所，歲用軍餉二十餘萬石，有司所徵，不足以給。」帝命俱置屯田，給耕種。尋遣中使至桂林等府市牛給南丹、奉議諸衞軍士。都指揮姜旺、童勝率兵抵思恩縣鎭寧等村洞，殺獲叛蠻三千餘人，降一千一百餘戶，得故宋銅印一來上。

永樂二年，慶遠府言：「忻城、宜山二縣洞蠻陳公宣等出沒爲寇，請剿捕。」帝命都指揮朱輝親往撫諭，公宣等相率歸附，凡千三十五戶。荔波縣民覃眞保上言：「縣自洪武至今，人民安業，惟八十二洞瑤民未隸編籍。今聞朝廷加恩撫綏，咸願爲民，無由自達，乞遣使招撫。」乃命右軍都督府移文都督韓觀遣人撫諭，其願爲民者，量給賜賚，復其徭役三年。

宣德五年，總兵官山雲討慶遠蠻寇，斬首七千四百，平之。九年，雲奏：「思恩縣蠻賊覃公呰等累年作亂，今委都指揮彭義等率兵勦捕，斬賊首梁公成、潘通天等梟之，仍督官軍搜捕餘黨。」帝賜敕慰勞。又奏：「慶遠、鬱林等州縣蠻寇出沒，必宜勦除，而兵力不足。」帝命廣東都司調附近衞所精銳士卒千五百人，委都指揮一員，赴廣西，聽雲調用。十年，南丹土官莫禎來朝，貢馬，賜綵幣。

正統四年，莫禎奏：「本府所轄東蘭等三州，土官所治，歷年以來，地方寧靖。宜山等六縣，流官所治，溪峒諸蠻，不時出沒。原其所自，皆因流官能撫字附近良民，而溪峒諸蠻恃險爲惡者，不能鈐制其出沒。每調軍勦捕，各縣居民與諸蠻結納者，又先漏洩軍情，致賊潛遁。及聞招撫，詐爲向順，仍肆劫掠，是以兵連禍結無寧歲。臣竊不忍良民受害，願授臣本州土官知府，流官總理府事，而臣專備蠻賊，務擒捕殄絕積年爲害者。其餘則編伍造册，使聽調用。據巖險者，拘集平地，使無所恃。擇有名望者立爲頭目，加意撫恤，督勵生理。各村寨皆置社學，使漸風化。三五十里設一堡，使土兵守備，凡有寇亂，即率衆勦殺。如賊不除，地方不靖，乞究臣誑罔之罪。」帝覽其奏，即敕總兵官柳溥曰：「以蠻攻蠻，古有成說。今莫禎所奏，意甚可嘉，彼果能効力，省我邊費，朝廷豈惜一官，爾其酌之。」

弘治九年，總督鄧廷瓚言：「廣西猺、獞數多，土民數少，兼各衞軍士十亡八九，凡有征調，全倚土兵。乞令東蘭土知州韋祖鋐子一人，領土兵數千於古田、蘭麻等處撥田耕守，候平古田，改設長官司以授之。」廷議以古田密邇省治，其間土地多良民世業，若以祖鋐子爲土官，恐數年之後，良民田稅皆非我有。欲設長官司，祇宜於土民中選補。廷瓚又言：「慶遠府天河縣舊十八里，後漸爲獞賊所據，止餘殘民八里，請分設一長官司治之。」部議增設永安長官司，授土人韋萬妙等爲正、副長官，幷流官吏目一員。是年，裁忻城縣流官，留土官知縣掌縣事，亦從廷瓚奏也。

十二年，韋祖鋐率兵五千助思恩岑濬攻田州，殺掠男女八百餘人，驅之溺水死者無算。副總兵歐磐詣田州，兵乃解。

嘉靖二十七年，那地州土官羅廷鳳聽調有勞，命襲替，免赴京。四十二年錄平瑤功，授東蘭州、那地州土官職。

慶遠領州四。河池，弘治中以縣陞州，改流官。其東蘭、那地、南丹皆土官。縣五，忻城土官。又長官司二，曰永安，永順。〔三〕

東蘭州，在府城西南四百二十里。宋時有韋君朝者，居文蘭峒爲蠻長，傳子宴鬧。崇寧五年內附，因置蘭州，以宴鬧知州事，俾世其官。元改爲東蘭州，韋氏世襲如故。洪武十二年，土官韋富撓遣家人韋錢保詣闕，上元所授印，貢方物。錢保匿富撓名，以己名上，因以錢保知東蘭州。既而錢保徵斂暴急，民不堪命，擁富撓作亂。廣西都司討平之，執錢保正其罪，仍以其地歸韋氏。

那地州，在府城西南二百四十里。宋熙寧初，土人羅世念來降，授世職。崇寧五年，諸蠻納土，遂置地、那二州，以羅氏世知地州。大觀中，析地州置孚州。元仍爲地、那二州。洪武元年，土官羅黃貌歸附，詔幷那入地，爲那地州，予印，授黃貌世襲土知州，以流官吏目佐之。

南丹州，宋開寶初，土官莫洪皛內附。元豐三年置南丹州，管轄諸蠻，歷世承襲。元至正末，莫國麒納土，命爲慶遠南丹谿洞安撫使。明洪武初，安撫使莫天護歸附。七年置州，授莫金知州，世襲，佐以流官吏目。金以叛誅，廢州置衞。後因其地多瘴，遷之賓州。既而蠻民作亂，復置土官知州，以金子莫祿爲之。

忻城，宋慶曆間置縣，隸宜州。元以土官莫保爲八仙屯千戶。洪武初，設流官知縣，罷管兵官，籍其屯兵爲民，莫氏遂徙居忻城界。宣、正後，猺、僮狂悖，知縣蘇寬不任職。猺老韋公泰等舉莫保之孫誠敬爲土官，寬爲請於上官，具奏，得世襲知縣。由是邑有二令，權不相統，流官握空印，僦居府城而已。弘治間，總督鄧廷瓚奏革流官，土人韋保爲內官，陰主之，始獨任土官。

永順司、永安司，舊爲宜山縣。正統六年，因蠻民弗靖，有司莫能控禦，耆民黃祖記與思恩土官岑瑛交結，欲割地歸之思恩，因謀於知縣朱斌備。時瑛方雄兩江，大將多右之，斌備亦欲藉以自固，遂爲具奏，以地改屬思恩。土民不服，韋萬秀以復地爲名，因而倡亂。成化二十二年，覃召管等復亂，屢征不靖。弘治元年委官撫之，衆願取前地，別立長官司。都御史鄧廷瓚爲奏，置永順、永安二司，各設長官一，副長官一，以鄧文茂等四人爲之，皆宜山洛口、洛東諸里人也。自是宜山東南棄一百八十四村地，宜山西南棄一百二十四村地。議者以忻城自唐、宋內屬已二百餘年，一旦舉而棄之於蠻，爲失策云。

平樂，初爲縣，元大德中改平樂府，明因之。洪武二十一年，廣西都指揮使言：「平樂府富川縣靈亭山、破紙山等洞猺二千餘人，占耕內地，嘯聚劫奪，居民被擾，恭城、賀縣及湖廣道州、永明等縣之民亦被害。比調衞兵收捕，卽逃匿巖谷，兵退復肆跳梁。臣等欲於秋成時，統所部會永、道諸軍，列屯賊境，扼其要路，收其所種穀粟。彼無糧食，勢必自窮，乘機擒戮，可絕後患。」從之。二十九年遷富川縣於富川千戶所。時富川千戶所新立於矮石城，〔四〕典史言：「縣治無城，恐蠻寇竊發，無以守禦，宜遷城內爲便。」從之。

弘治九年，總督鄧廷瓚言：「平樂府之昭平堡介在梧州、平樂間，〔五〕猺、獞率出爲患，乞令上林土知縣黃瓊、歸德土知州黃通各選子弟一人，領土兵各千人，往駐其地。仍築城垣，設長官司署領，撥平樂縣仙回峒閒田與之耕種。其冠帶千夫長龍彪改授昭平巡檢，造哨船三十，使往來府江巡哨，流官停選。」廷議以昭平堡係內地，若增土官，恐貽後患。況府江一帶，近已設按察司副使一員，整飭兵備，土官不必差遣，止令每歲各出土兵一千聽調。詔從其議。

府江有兩岸三洞諸獞，皆屬荔浦，延袤千餘里，中間巢峒盤絡，爲猺、獞窟穴。江上諸賊倚爲黨援，日與府江酋長楊公滿等掠荔浦、平樂及峰門、南源，執永安知州楊惟執，殺指揮胡翰、〔六〕千戶周濂、土舍岑文及兵民無算。而遷江之北三，來賓之北五，皆右江獞，亦時與東歐、西里及三都、五都諸賊相倚附，馬多人勁，俗號爲剗馬賊。常陳兵走嶺東，掠三水、淸遠諸縣，還入南寧、平南、武宣、來賓、藤、貴，劫府庫。已而劫來賓所千戶黃元舉，殺土吏黃勝及其子四人，兵七十餘人，又殺明經諸生王朝經、周松、李茂、姜集等，白晝劫殺，道絕行人。

隆慶六年，巡撫郭應聘、總督殷正茂請討。詔總兵官李錫督軍進剿，幷調東蘭、龍英、泗城、南丹、歸順諸土兵，而以土吏韋文明等統之，攻古西、巖口、笋山、古造及兩峰、黃洞等寨，斬獲賊渠，餘黨竄入仙回、古帶諸山，搜捕殆盡。乃移檄北三、北五，趣其歸降。峒老韋法眞同被擄來賓、遷江民蒙演等詣軍前乞降，許之，乃定善後六策以聞。初，荔浦之峰門、南源，修仁之麗壁，永安之古眉諸巡司，爲諸僮所奪。至是議改土巡檢，推擇有才武者，給冠帶管事，三載稱職，始世襲。

萬曆六年，北山蠻譚公柄挾毒弩，肆傷行旅，每一出十百爲羣。自殺黃勝後，復聚黨以三千人出仚鳳山、龜龞塘，與河塘韋宋武傍江結寨。時義寧、永寧、永福諸僮羣起，相殺掠，道路不通。會咘咳寨藍公潺執土吏黃如金，奪其司。巡撫吳文華檄守巡道吳善、陳俊徵永順白山兵及狼兵剿之，平橫山、咘咳諸巢。諸瑤請還侵地及所擄生口，願輸賦爲良民，遂班師。

右江十寨，隆慶中，總督殷正茂擊破古田，卽以檄趣八寨歸降，得貸死。於是寨老樊公縣、韋公良等踵軍門上謁，自言十寨共一百二十八村，環村而居者二千一百二十餘家，皆請受賦。右江兵備鄭一龍、參將王世科，謂十寨既請爲氓，當以十家爲率，賦米一石。村立一甲長，寨立一峒老，爲徵賦計。而以思古、周安、落紅、古卯、龍哈立一州，屬向武土官黃九疇；羅墨、古鉢、古憑、都北、咘咳立一州，屬那地土官黃暘；〔七〕皆爲土知州。已，移思恩守備於周安堡，而布政使以爲不便，總制乃議立八寨爲長官司，以兵八千人屬黃暘爲長官，黃昌、韋富皆給冠帶爲土舍，亦各引兵二百守焉。

久之，十寨復聚黨作亂，據民田產，白晝入都市剽掠，甚至攻城劫庫，戕官民。總制劉堯誨、巡撫張任急統兵進剿，斬首一萬六千九百有奇，獲器仗三千二百，牛馬二百三十九。帝乃陞賞諸土吏功，復分八寨爲三鎮，各建一城，而以東蘭州韋應鯤、韋顯能及田州黃馮克爲土巡檢，留兵一千人戍之。於三里增建二堡，自楊渡水爲界，墾田屯種，給南丹衞，通道慶遠、賓州，使思恩、三里聯絡不絕，於是右江十寨復安輯輸賦。

三十二年，桂林、平樂瑤、僮據險肆亂，殺知縣張士毅，焚劫無虛月。總督應檟檄總兵官顧寰督兵進剿，擒斬四百八十四，俘獲男女三百四十，牛馬器械甚衆。守臣以捷聞，並上僉事茅坤、參將王寵、都指揮鍾坤秀、參政張謙、百戶吳通等功狀，各陞賚有差。

平樂界桂、梧，西北近楚，清湘、九嶷，鬱相繆結。東南入梧，溪洞林箐，多爲瑤人盤據。

自數經大征後，刊山通道，展爲周行，而又增置樓船，繕修校壘，居民行旅皆帖席，猺、僮亦駸駸馴習於文治云。

梧州，漢之蒼梧郡也。元至元中，改置梧州路。洪武元年，征南將軍廖永忠、參政朱亮祖等旣平廣東，〔八〕引兵至梧州境。元達魯花赤拜住率官吏父老迎降，亮祖駐兵藤州。於是潯、貴等州縣以次降附。二年併南流縣於鬱林州，普寧縣於容州，幷藤州皆隸梧州府。四年置梧州守禦千戶所。二十三年置容縣守禦千戶所。

廣西全省惟蒼梧一道無土司，猺患亦稀。萬曆初，岑溪有潘積善者，僭號平天王，與六十三山、六山、七山諸猺、僮據山爲寇，居民請勦。會大兵征羅旁不暇及，總制淩雲翼檄以禍福，積善願歸降輸賦，乃貸其死，且以其子入學。議者謂七山爲蒼、藤信地，六山爲容縣、北流中衝，北科爲六十三山咽喉，懷集爲賀縣諸村出入之所。因立五大營，營六百人，合得三千人，設參將及屯堡三十治焉。而懷集猺賊，在正德中已雄據十五寨，環二百餘里，爲州縣患。官軍屢討之，歸降，然盤互如故，往往相結諸峒蠻劫掠，殺百戶朱裳及把總羅定朝，村民畏之，東西走匿。都御史吳善檄總兵戚繼光徵兵於羅定、泗城、都康諸土司，分五道，命參將戴應麟等擊金雞、松柏諸寨，斬渠魁，撫四百餘人。

時鬱林猺亦桀驁，數糾諸生猺破諸村寨，入寇興業縣。兵巡道副使王原相告於總制，調兵擊破之，諸猺悉平。

潯州，江曰潯江，東城門曰潯陽，郡名取焉。洪武八年，潯州大藤峽猺賊竊發，柳州衞官軍擒捕之。二十年，知府沈信言：「府境接連柳、象、梧、藤等州，山谿險峻，猺賊出沒不常。近者廣西布政司參議楊敬恭爲大亨、老鼠、羅碌山生猺所殺，官軍討之，賊登巖攀樹，捷如猿狖，追襲不及。若久駐兵，則瘴癘時發，兵多疾疫，又難進取，兵退復出爲患。臣以爲桂平、平南二縣，舊附猺民，皆便習弓弩，慣歷險阻。若選其少壯千餘人，免其差徭，給以軍器衣裝，俾各團村寨置烽火，與官兵相爲聲援，協同捕逐，可以殲之。」帝以蠻夷梗化，夙昔固然，但當謹其防禦，使不爲患。如爲寇不已，則發兵討之，何必團寨。

永樂三年，總兵韓觀奏桂平縣蠻民爲亂，請發兵勦捕。帝命姑撫之，勿用兵。宣德四年，總兵山雲討潯、柳二州寇，並誅從寇二千四百八十人，梟首境上。七年，雲奏斬獲桂平等縣蠻寇覃公專等首級數。帝顧左右曰：「蠻寇害我良民，譬之蟊賊害稼，不可不去。然殺之過多，亦所不忍。雖彼自取滅亡，朕自以天地之心爲心也。」九年，雲奏潯州等處蠻寇劫掠良民，指揮田眞率兵於大藤峽等處，前後斬首九十六級，歸所掠男婦二百三人。

正統元年，兵部尚書王驥奏：「桂平大藤峽等處蠻寇，攻劫鄉村。因調廣東官軍二千人，今已逾年，軍器衣裝損壞，宜如貴州諸軍例，予踐更。」從之。二年，山雲奏：「潯州府平南等縣耆民言：『大藤峽等山，猺寇不時出沒，劫掠居民，阻絕行旅。近山荒田，爲賊占耕，而左、右兩江，人多食少，其狼兵素勇，爲賊所憚。若選委頭目，屯種近山荒田，斷賊出沒之路，不過數年，賊徒坐困，地方寧靖矣。』臣已會同巡按諸司計議，量撥田州等府族目土兵，分界耕守，卽委土官都指揮黃竑領之。遇賊出沒，協同勦殺。」從之。七年，猺賊藍受貳等恃所居大藤峽山險，糾集大信等山山老、山丁數百人，遞年殺掠。千戶滿智等誘殺十人，〔九〕帝命梟之，家口給賜有功之家。十一年，大藤峽蠻賊流劫鄉村，侵犯諸縣，巡按萬節以聞。景泰七年，大藤峽賊糾合荔浦等處賊，劫掠縣治，殺擄居民，命總兵柳溥等勦之。

天順五年，鎭守廣東中官阮隨奏：「大藤峽猺賊出沒兩廣，爲惡累年，邇來愈甚。雖常會兵勦捕，緣地里遼遠，且兩廣軍馬不相統屬，未易成功，宜大舉擣其巢穴，庶絕民患。」六年，乃命都督僉事顏彪佩征夷將軍印，〔一〇〕調南京、江西及直隸九江等衞官軍一萬隸之。彪奏：「臣率軍進勦大藤，攻破七百二十一寨，斬首三千二百七十一級，復所掠男婦五百餘口。」帝敕獎之。

七年，大藤峽賊夜入梧州城。時總兵官泰寧侯陳涇駐兵城中，會太監朱祥、巡按吳璘、副使周𤇍、僉事董應軫、參議陸禎、都指揮杜衡、土官都指揮岑瑛等議調兵。夜半，賊駕梯上城，涇等不覺，遂入府治，劫庫放囚，殺死軍民無算，大掠城中，執副使周𤇍爲質，殺訓導任璩。涇等倉卒無計，惟擁兵自衞，隨軍器械幷備賞銀物，皆爲賊有。布政使宋欽時致仕家居，挺身出，以大義諭賊，爲所害。黎明，賊聲言官軍若動，則殺周副使。涇等乃遣人與賊講解，晡時，縱之出城。賊既出，乃縱𤇍還。時官軍數千，賊僅七百而已。都指揮邢斌奏至，帝曰：「梧州蕞爾小城，總兵、鎭、巡、三司俱擁重兵駐城中，乃爲小賊所蔑視，況遇大敵乎！爾兵部其卽議處行。」

八年，國子監生封登奏：「潯州夾江諸山，峆岈巉業，峽中有大藤如斗，延亙兩崖，勢如徒杠，蠻衆蟻渡，號大藤峽，最險惡，地亦最高。登藤峽巓，數百里皆歷歷目前，軍旅之聚散往來，可顧盼盡，諸蠻倚爲奧區。桂平大宣鄉崇姜里爲前庭，象州東鄉、武宣北鄉爲後戶，藤縣五屯障其左，貴縣龍山據其右，若兩臂然。峽北巖峒以百計，仙人關、九層崖極險峻，峽以南有牛腸、大岵諸村，皆緣江立寨。藤峽、府江之間爲力山，力山之險倍於藤峽。又南則爲府江，其中多冥巖奥谷，絕壁層崖，十步九折，失足隕身。中產猺人，藍、胡、侯、槃四姓爲渠魁。力山又有僮人，善傅毒藥弩矢，中人無不立斃，四姓瑶亦憚之。自景泰以來，嘯聚至萬人，隳城殺吏。而修仁、荔浦、平樂、力山諸瑶應之，其勢益張。渠長侯大狗嘗懸千金購，莫能得。鬱林、博白、新會、信宜、興安、馬平、來賓亦煽動，所至丘墟，爲民害。乞選良將，多調官軍、狼兵急滅賊。」報聞。

成化元年，編修丘濬條上兩廣用兵機宜。兵部尚書王竑奏言：「峽賊稱亂日久，皆由守臣以招撫爲功，致釀大患，非大創不止。」因薦浙江參政韓雍有文武才。命以雍爲僉都御史，都督同知趙輔爲征夷將軍，〔二〕和勇爲遊擊將軍，率師討之。時大藤峽賊三千餘陷平南縣，〔三〕殺典史周誠，擄其妻子，并劫縣印。又入藤縣城，掠官庫，劫縣印，鎮守總兵歐信以聞。於是總兵官趙輔率軍至，奏言：「大藤巒賊以修仁、荔浦爲羽翼，今大軍壓境，宜先剿之。」乃合諸軍十六萬人，分五道進，先破修仁，窮追至力山，生擒千二百餘人，斬首七千三百餘級。

二年，趙輔、韓雍等奏：「元年十一月，師次潯州，謀深入以覆其巢。遂調總兵官歐信等分兵五哨，取道山北以進。臣及指揮白全分兵八哨，直抵潯州，以擣山南。復令參將孫震分兵二哨，從水路入。別遣指揮潘鐸等以兵分守諸山隘口，刻期十二月朔日，水陸並進，腹背交攻。賊知師至，先移妻子錢米入桂州横石塘等處藏匿。乃於山南各寨，立栅自固，用木石鏢鎗藥弩，憑險拒守。官軍用團牌、扒山虎等器，魚貫而進。士殊死戰，一日之間，攻破山南、石門、林峒、沙田、古營諸巢，縱火焚其積聚，賊皆奔潰。復督兵追躡，剷山開路，直抵橫石塘及九層樓等山。賊已據險立栅數重，復用木石、鎗弩拒守。臣等多設疑兵，誘賊拋擲木石幾盡，別遣壯士於賊所不備處，高山絕頂，舉礮爲號。諸軍緣木攀蘿，蟻附而上，四面夾攻，連日鏖戰，賊不能支。破賊寨三百二十四所，斬首三千二百七級，生擒七百八十二人，獲賊婦女二千七百一十八人，戰溺死者不可勝計。已將大藤峽改爲斷藤峽，刻石紀之，以昭天討。」捷聞，帝降敕褒諭，仍敕輔計議長策，永絕後患。

未幾，雍奏斷藤峽殘賊侯鄭昂等七百餘人，夜入潯州府城，焚軍營城樓，奪百戶所印三顆，殺掠男婦數十人。旋爲參將孫震、指揮張英率軍擊斬賊魁，餘黨仍奔入巢。既雍又奏：「諸瑤之性，憚見官吏，攝以流官，終難靖亂。請改設武宣縣東鄉等巡檢司，以土人李昇等爲副巡檢；設武靖州於峽內，以上隆州知州岑鐸知州事，土人覃仲英世襲土官吏目。」然府江東西兩岸，大、小桐江，洛口與斷藤峽、朦朧、三黃等處，村巢接壤，路道崎嶇，聚衆劫掠，終不能除。

正德十一年，總督陳金復督調兩廣官軍士兵，分爲六大哨，按察使宗璽，布政使吳廷舉，副總兵房閏，鎮守太監傅倫，參將牛桓，都指揮魯宗貫、王瑛將之，〔一三〕水陸並進，斬七千五百六十餘級。金謂諸蠻利魚鹽耳，乃與約，商船入峽者，計船大小，給之魚鹽。蠻就水濱受去，如榷稅然，不得爲梗。蠻初獲利聽約，道頗通。金以此法可久，易峽名永通。諸蠻緣此無忌，大肆掠奪，稍不愜，卽殺之。因循猖獗，江路爲斷。

時總督王守仁定田州還，兩江父老遮道言峽賊阻害狀。守仁上疏請討，報可。守仁率湖南兵至南寧，約日會兵。寇聞湖兵且至，皆逃匿。守仁故爲散遣諸兵狀，寇弛不爲備，乃令官軍突進，連破油碓、石壁、大皮等寨，賊奔斷藤峽，復追擊破之。賊奔渡橫石江，溺死六百餘人，俘斬甚衆，賊潰散。遂移兵仙臺、花相、白竹、古陶、羅鳳諸處，賊不支，奔入永安力山，官軍次第破之，擒斬三千餘，俘獲無算。八寨平，兩江悉定。守仁遂以土官岑猛子邦佐爲武靖知州，使靖遺孽。

邦佐不能輯衆，且貪得賊賄，峽北賊復獗。有侯勝海者爲首，指揮潘翰臣誘殺之，勝海弟公丁聚衆譟城下。僉事鄔閱、參議孫繼祖言於都御史潘旦，請討之。參將沈希儀以爲宜需春江漲，順流下，乃可破賊，不聽。閱與繼祖以千人往擊，賊遁，斬一尫寇還。漫言賊退，請置堡。堡成，閱令土目黃貴、韋香以三百人往戍。初，貴、香利勝海田盧，故說翰臣殺海，至是往戍，遂奪勝海田盧。於是諸瑤俱恚，邦佐又陰黨之，公丁遂嘯聚二千餘人，乘夜陷堡城，殺戍兵二百人，貴、香走免。巡按以聞，乃罷閱與繼祖，旦亦代去，命侍郎蔡經督兵討之。會朝議欲征安南，事遂已。公丁等益橫，時出殺掠。

久之，經乃會安遠侯柳珣決計發兵，以兵事屬副使翁萬達。萬達廉得百戶許雄通賊狀，詰之。雄懼，請自効。萬達佯庇公丁，捕繫訐訟公丁者數人。公丁果遣人自列，萬達佯許之，又令雄假稱貸爲賄，公丁喜，益信雄。會萬達巡他郡，以事屬參議田汝成。汝成召雄中飭之，雄紿公丁詣汝成自列，言寇堡事由他猺，汝成亦慰遣之。乃密授意城中居民被賊害者家，出毆公丁，一市皆譁，遊檄幷逮公丁入繫獄。遣雄諭其黨曰：「寇堡事公丁委罪諸猺，果否？」諸猺遂言事自公丁，聽論坐，不敢黨。乃檻致公丁於軍門，磔之。汝成因言於經，謂首惡既誅，宜乘勢進兵討賊。乃以副總兵張經、都指揮高乾分將左右二軍，萬達及副使梁廷振監之，副使蕭晩紀功，參政林士元及汝成督餉。

嘉靖十八年二月，兩軍齊發：左軍三萬五千人，分六道，攻紫荊、石門、梅嶺、木昂、藤沖、大坑等巢；右軍萬六千人，分四道，攻碧灘、羅淥上、中、下洞等巢。南北夾擊，賊大窘，遂擁衆奔林峒而東。王良輔邀擊之，中斷，復西奔。諸軍合擊，大破之，斬首千二百級，追至羅運山，〔四〕又斬百餘級。平南縣有小田、羅應、古陶、古思諸猺亦據險勿靖。萬達等移兵剿之，招降賊黨二百餘人，江南胡姓諸猺歸順者亦千餘人，藤峽復平。

隆慶三年，右江諸猺、獞復亂，巡撫郭應聘請給餉剿除。給事中梁問孟以賊黨衆，不可盡滅，宜令守臣熟計。兵部言：「府江自正德十二年都御史陳金征討之後，且六十年。而右江北三、北五等巢，素未懲創，生齒日繁，遂肆猖獗。頃者大征古田，各巢咸畏威斂戢，獨府江、右江恃險爲亂，若復縱之，非惟無以固八寨懷遠之招，亦恐以啓古田攜貳之漸，剿之便。但兵在萬全，宜即以科臣所慮，備行提督殷正茂及巡撫郭應聘等便宜行之。」應聘遂檄總兵官李錫等將兵往討，以捷聞。

南寧，唐之邕州也。元，邕州路。泰定中，改南寧路。洪武二年命潭州衞指揮同知丘廣爲總兵官，寶慶衞指揮僉事胡海、廣西衞指揮僉事左君弼副之，率兵討左江上思州蠻賊黃龍冠等。龍冠一名英傑，時聚衆萬餘，寇鬱林州。知州趙鑑、同知王彬集民丁拒守，賊圍半月不下。海北等衞官軍來援，賊夜遁，追至上思州境，破之，賊走還，仍結聚不解。事聞，故命廣等討之。廣等兵至上思州，賊拒戰，擊敗之，擒從賊黃權等。英傑走十萬山，官軍追及，斬之，上思州平。

三年，置南寧、柳州二衞。時廣西省臣言：「廣西地接雲南、交阯，所治皆溪洞苗蠻，性狠戾多畔。府衞兵遠在靖江數百里外，卒有警，難相援，乞立衞置兵以鎭。」又言：「廣海俗素獷戾，動相讐殺，蓋緣郡縣無兵以馭之。近盜寇鬱林，同知集民兵拒守，潯州經歷徐成祖亦以民兵千餘敗賊，是土兵未始不可用。乞令邊境郡縣輯民丁之壯者，置衣甲器械，籍之有司，有事則捕賊，無事則務農。」詔從之。遂置衞，益兵守禦，賞王彬、徐成祖等有功者。

五年，宣化盜起，劫掠南寧府，詔發廣西官軍討平之。初，南寧衞指揮僉事左君弼蒐民之無籍者爲軍，又縱所部入山伐木，民多擾，遂相搆爲盜。至是討平，命大都督府按君弼罪。

南寧故稱邕管，牂牁峙其西北，交阯踞其西南，三十六洞錯壤而居，延袤幾千里，橫山、永平尤要害。歷唐及宋，建牙置帥，與桂州等。又郡地夷曠，可宿數萬師。成化時，征田州及經略安南，舉弨節玆土。後因瑤蠻不靖，往往仗狼兵，急則藉爲前驅，緩則檄爲守禦。諸瑤乃稍稍驕恣，不可盡繩以法。議邕事者謂宜開重鎭，以復邕州督府之舊云。

南寧領州四。〔一五〕曰新寧，曰橫州，爲流官。曰上思州，曰下雷州，爲土官。縣三，曰宣化，曰隆化，曰永淳。

歸德州，宋熙寧中置。元屬田州路。洪武二年，土官黃隍城歸附，授知州，以流官吏目佐之。

果化州，宋始置。元屬田州路。洪武二年，土官趙榮歸附，授世襲知州，以流官吏目佐之。

之。洪熙元年，果化州土官趙英遣族人趙誠等貢馬及方物。弘治間，州與歸德皆爲田州所侵削，因改隸於南寧。

上思州，唐始置。元屬思明路。洪武初，土官黃中榮內附，授知州，子孫畔服不常。弘治十八年改流官，屬南寧府。正德六年，土目黃鏐聚衆攻城，都御史林廷選捕之，下獄。已，越獄復叛，官軍禦之，詐降，攻破州城，復捕獲之，伏誅。嘉靖元年，都御史張嵿言：「上思州本土官，後改流，遂致土人稱亂。宜仍其舊，擇土吏之良者任之。」議以爲然，仍以土官襲。

下雷州，宋置。明初，印失，廢爲峒，在湖潤寨，屬鎭安府。峒長許永通奉調有功，給冠帶。傳世烈、國仁繼襲峒事。嘉靖十四年獲舊印。國仁及子宗蔭屢立戰功。四十三年改屬南寧府。萬曆十八年以地逼交南，奏陞爲州，頒印，授宗蔭子應珪爲土判官，流官吏目佐之。

校勘記

〔一〕參議馬鉉　馬鉉，原作「馬鉉」，據本書卷十五孝宗紀、又卷一八三閔珪傳、又卷二二二殷正茂傳及孝宗實錄卷六一弘治五年三月辛卯條改。

〔二〕參將王瑞　王瑞，本書卷二一二李錫傳作「王端」。

〔三〕又長官司二曰永安永順　本書卷四五地理志謂領永順、永定、永安三長官司。

〔四〕時富川千戶所新立於矮石城　矮石城，本書卷四五地理志及讀史方輿紀要卷一〇七俱作「靏石山」。

〔五〕平樂府之昭平堡介在梧州平樂間　昭平堡，原作「昭仁堡」，據本傳下文及本書卷四五地理志、孝宗實錄卷一一六弘治九年八月壬寅條改。

〔六〕殺指揮胡翰　胡翰，本書卷二二一郭應聘傳作「胡潮」，萬曆武功錄頁三四七府江右江諸僮列傳作「胡瀚」。

〔七〕屬那地土官黃暘　那地，明史稿傳一九一平樂傳及萬曆武功錄頁三六八十寨諸僮列傳俱作「那馬」。

〔八〕參政朱亮祖等既平廣東　參政，原作「參將」，據本書卷一三二朱亮祖傳、明史稿傳一九一平樂傳及太祖實錄卷二八洪武元年五月戊戌條改。

〔九〕千戶滿智等誘殺十人　英宗實錄卷八九正統七年二月丙午條作「千戶潘智誘執其十人」。

〔一〇〕乃命都督僉事顏彪佩征夷將軍印　征夷將軍，原作「征蠻將軍」，據本書卷十二英宗後紀及英宗實錄卷三二五天順五年二月丙申條改。

〔一一〕都督同知趙輔爲征夷將軍　征夷將軍，原作「征蠻將軍」，據本書卷十三憲宗紀、又卷一五五趙輔傳及憲宗實錄卷一三成化元年正月甲子條改。

〔一二〕時大藤峽賊三千餘陷平南縣　平南，原誤倒作「南平」，據本書卷四五地理志改。

〔一三〕都指揮魯宗貫王瑛將之　王瑛，明史稿傳一九一及武宗實錄卷一五五正德十二年十一月丙戌條俱作「王英」。

〔一四〕追至羅運山　羅運山，原作「羅連山」，據本書卷二〇五張經傳、炎徼紀聞卷二、行邊紀聞頁三九改。

〔一五〕南寧領州四　本書卷四五地理志作領州七，橫州、新寧州、上思州、歸德州、果化州、忠州、下雷州。

明史卷三百十八

列傳第二百六

廣西土司二

太平　思明　思恩　鎭安　田州　恩城　上隆　都康

太平，漢屬交阯，號麗江。唐爲羈縻州，隸邕州都督府。宋平嶺南，於左、右二江溪峒立五寨。其一曰太平，與古萬、遷隆、永平、橫山四寨各領州、縣、峒，屬邕州建武軍節度。元仍爲五寨。後廢，乃置太平路於麗江。

洪武元年，征南將軍廖永忠下廣西，左江太平土官黃英衍等遣使齎印詣平章楊璟降。璟還自廣海，帝問黃、岑二氏所轄情形。璟言：「蠻僚頑獷，散則爲民，聚則爲盜，難以文治，當臨之以兵，彼始畏服。」帝曰：「蠻瑤性習雖殊，然其好生惡死之心，未嘗不同。若撫之以安靖，待之以誠，諭之以理，彼豈有不從化者哉。」遣中書照磨蘭以權齎詔，往諭左、右兩江溪峒官民曰：「朕惟武功以定天下，文德以化遠人，此古先哲王威德並施，遐邇咸服者也。眷茲兩江，地邊南徼，風俗質樸。自唐、宋以來，黃、岑二氏代居其間，世亂則保境土，世治則修職貢，良由其審時知幾，故能若此。頃者，朕命將南征，八閩克靖，兩廣平定。爾等不煩師旅，奉印來歸，嚮慕之誠，良足嘉尚。今特遣使往諭，爾其克慎乃心，益懋厥職，宣布朕意，以安居民。」以權至廣西衞，鎭撫彭宗、萬戶劉維善以兵護送。將抵兩江，適來賓洞蠻寇掠楊家寨居民。以權謂彭宗等曰：「奉詔遠來，欲以安民，今見賊不擊，何以庇民？」乃督宗等擊之。賊敗走，遂安輯其地，兩江之民由是懾服。二年，黃英衍遣使奉表貢馬，乃改爲太平府。以英衍爲知府，世襲。

宣德元年，崇善縣土知縣趙暹謀廣地界，遂招納亡叛，攻左州，執故土官，奪其印，殺其母，大肆擄掠，占據村洞四十餘所。造火器，建旗幟，僭稱王，署僞官，流劫州縣。事聞，帝命總兵官顧興祖會廣西三司剿捕。興祖等招之，不服，遣千戶胡廣率兵進。暹扼寨拒守，廣進圍之，紿出所奪各州印，撫諭脅從官民，使復職業。暹計窮，從間道遁。伏兵邀擊，及其黨皆就擒。

時左州土官黃榮亦奏：「蠻人李圓英劫掠居民，僞稱官爵，乞發兵剿捕。」帝謂兵部曰：「蠻民愚獷，或挾私讐忿爭戕殺，來告者必欲深致其罪，未可遽信。其令鎭遠侯幷廣西三司勘實，先遣人招撫，如叛逆果彰，發兵未晚也。」

二年斬南寧百戶許善。初，善知趙暹謀逆，與之交通。及總兵官遣善追暹，又受暹馬十四、銀百兩，故延緩之，冀幸免。事覺，下御史，鞫問得實，斬之，餘黨皆伏誅。

太平領州縣以十數。明初，皆以世職授土官，而設流官佐之。

太平州，舊名緺陽，爲西原、農峒地。唐爲波州，宋隸太平寨，元隸太平路。洪武元年，土官李以忠歸附，授世襲知州，設流官吏目佐之。

鎭遠州，舊名古隴，宋置，隸邕州。元隸太平路。洪武初，土官趙勝昌歸附，授世襲知州，設流官吏目佐之。

茗盈州，宋置，隸邕州。元隸太平路。洪武初，土官李鐵釘歸附，授世襲知州，設流官吏目佐之。

安平州，舊名安山，亦西原、農峒地。唐置波州，宋析爲安平州，元隸太平路。洪武初，土官李郭佑歸附，授世襲知州，設流官吏目佐之。

思同州，舊名永寧，爲西原地，唐置，隸邕州。宋隸太平寨。洪武元年，土官黃克嗣歸附，授世襲知州，設流官吏目佐之，屬太平府。萬曆二十八年，省入永康州。

養利州，元屬太平路。洪武初，土官趙日泰歸附，授知州，以次傳襲。宣德間，稍侵其鄰境，肆殺掠。萬曆三年討平之，改流官。

萬承州，舊名萬陽。唐置萬承、萬形二州。宋省萬形，隸太平寨。元隸太平路。洪武初，土官許郭安歸附，授世襲知州，設流官吏目佐之。永樂間，郭安從征交阯，死於軍，子永誠襲。

全茗州，舊名連岡，爲西原地，宋置，隸邕州。元隸太平路。洪武初，土官李添慶歸附，授世襲知州，設流官吏目佐之。

結安州，舊名營周，亦西原、農峒地。宋置結安峒，隸太平寨。元改州，屬太平路。洪武元年，土官張仕榮歸附，授世襲知州，設流官吏目佐之。

龍英州，舊名英山，宋爲峒。元改州，屬太平路。洪武元年，土官李世賢歸附，授世襲知州，割上懷地益其境，設流官吏目佐之。

結倫州，舊名邦兜，〔一〕亦西原、農峒地。宋置結安峒，〔二〕隸太平寨。元改州，屬太平路。洪武二年，峒長馮萬傑歸附，授世襲知州，設流官吏目佐之。

都結州，元屬太平路，土官農姓。洪武初內附，授世襲知州，設流官吏目佐之。

上下凍州，舊名凍江。宋置凍州。元分上、下凍二州，尋合爲一，屬龍州萬戶府。洪武元年，土官趙貼從歸附，授世襲知州，設流官吏目佐之，屬太平府。貼從死，子福瑀襲。永樂四年從征交阯，死於軍。

思城州，亦西原、農峒地，唐置州。宋分爲上、下思城二州，隸太平寨。元至正間，幷爲一，屬太平路。洪武元年，土官趙雄傑歸附，授世襲知州，設流官吏目佐之。

永康州，宋置縣，隸遷隆寨。元隸太平路，土官楊姓。成化八年，其裔孫楊雄傑糾合峒賊二千餘人，入宣化縣刦掠，且僞署官職。總兵官趙輔捕誅之，因改流官。萬曆二十八年升爲州。

左州，舊名左陽，唐置，隸邕州。宋隸古萬寨。元屬太平路。洪武初，土官黃勝爵歸附，授世襲知州。再傳，子孫爭襲，相仇殺。成化十三年改流官。

羅陽縣，舊名福利，陀陵縣，舊名駱陀，皆宋置。元隸太平。洪武初，土官黃宣、黃富歸附，並授世襲知縣，設流官典史佐之。

思明，唐置州，隸邕州。宋隸太平寨。元改思明路。洪武初，改爲府。二年，土官黃忽都遣使貢馬及方物。詔以忽都爲思明府知府，世襲。十五年，忽都復遣其弟祿政奉表來貢，詔賜鈔錠。

二十三年，忽都子黃廣平遣思州知州黃志銘率屬部，偕十五州土官李圓泰等來朝。明年，廣平以服闋，遣知州黃忠奉表貢馬及方物。詔廣平襲職，賜冠帶襲衣，及文綺十匹、鈔百錠。二十五年，憑祥洞巡檢高祥奏，思明州知州門三貴謀殺思明府知府黃廣平，廣平覺而殺之，乃以病死聞於朝，所言不實。詔逮廣平鞫之。既至，帝謂刑部曰：「蠻寇相殺，性習固然，獨廣平不以實言，故繩以法。今姑宥之，使其改過。」命給道里費遣還，是後朝貢如例。

二十九年，土官黃廣成遣使入貢，因奏言：「本府自故元改思明路軍民總管所，轄左江一路州縣峒寨，東至上思州，南至銅柱。元兵征交阯，去銅柱百里，設永平寨軍民萬戶府，置兵戍守，命交人供其軍餉。元季擾亂，交人以兵攻破永平寨，遂越銅柱二百餘里，侵奪思明屬地丘溫、如嶅、慶遠、淵、脫等五縣，逼民附之，以是五縣歲賦皆土官代輸。前者本府失理於朝，遂致交人侵迫益甚。及告禮部，任尚書立站於洞登，洞登實思明地，而交阯乃稱屬銅柱界。臣嘗具奏，蒙朝廷遣刑部尚書楊靖覈其事，建武志尚可考。乞敕安南，俾還舊封，庶疆域復正，歲賦不虛。」帝令戶部錄所奏，遣行人陳誠、呂讓往諭安南。三十年，誠、讓至安南，諭其王陳日焜，令還思明地。議論往復，久而不決。以譯者言不達意，復爲書曉之。

安南終辯論不已，出黃金二錠、白金四錠及沉檀等香以賄，誠却之。安南復咨戶部，無還地意。廷臣議其抗命當誅，帝曰：「蠻人怙頑不悛，終必取禍，姑待之。」

永樂二年，憑祥巡檢李昇言，其地瀕安南，百姓樂業，生齒日繁，請改爲縣，以便撫輯，從之。以昇爲知縣，設流官典史一員。三年，昇以新設縣治來朝，貢馬及方物謝恩。廣成奏安南侵奪其祿州、西平州永平寨地，請遣使諭還，從之。九年，免思明稅糧，以廣成言去秋雨水傷稼也。

宣德元年，思明賀天壽節奉表踰期，禮部請罪之。帝以遠蠻旣至，毋問。土官知府黃𤧶奏憑祥歲凶民饑，命發龍州官倉糧振之。正統七年，𤧶遣使入貢。九年，貢解毒藥味，賜鈔錦。

景泰三年，𤧶致仕，以子鈞襲。𤧶庶兄都指揮玹欲殺鈞，代以己子。玹守備潯州，託言徵兵思明府，令其子糾衆結營於府三十里外，馳至府，襲殺𤧶一家，支解𤧶及鈞，甕葬後圃，仍歸原寨。明日，乃入城，詐發哀，遣人報玹捕賊，以掩其迹。方殺𤧶時，𤧶僕福童得免，走憲司訴其事，且以徵兵檄爲證。郡人亦言殺𤧶一家者，玹父子也。副總兵武毅以聞，將逮治之。玹自度禍及，乃謀迎合朝廷意，遣千戶袁洪奏永固國本事，請易儲。奏入，帝曰：「此天下國家重事，多官其會議以聞。」玹爲此舉，衆皆驚愕，謂必有受其賂而教之者，或疑侍郎江淵云。事成，玹得釋罪，且進秩。英宗復辟，玹聞自殺。帝命發棺戮其屍，其子震亦爲都督韓雍捕誅。

成化十八年，土知府黃道奏所轄思明州土官孫黃義爲族人黃紹所殺，乞發兵捕剿。帝命兩廣守臣區處以聞。

弘治十年，況村賊黃紹侵占思明、上石、下石三州，復謀殺知府黃道父子。道妻趙氏累訴於朝，且謂屢經委官勘問，俱被賂免，乞發兵誅之。十一年，紹集衆數千人焚劫鄉村，據三州，屢撫不下，總鎮請發兵捕剿。

嘉靖四十一年，以剿平瑤、僮功，命土官知州男黃承祖暫襲本職。

隆慶四年，忠州土官黃賢相等據南寧府屬四都地作亂，永康典史李材計誘其黨，縛賢相以降。

萬曆十六年，思明州土官黃拱聖謀奪襲，殺其母兄拱極等五人。而思明知府黃承祖乘亂掠村寨，爲之援。按臣請以拱聖及諸凶正法，思明州改屬流府，革承祖冠帶，立功自贖，而追其所掠；更令族人黃恩護拱極妻許氏撫遺孤世延，待其長官之。

三十三年，總督戴燿奏：〔三〕「思明叛目已擒，土官黃應雷縱僕起釁，棄印而逃，斷難復官。黃應宿爭地，殺戮六哨成仇，且係義子，不應襲職。黃應聘係承祖幼子，人心推戴，似應承襲知府，以存黃氏宗祀。但年甫七歲，暫令流官同知署府事，待至十五歲，交印接管。應雷既廢，不宜同城，應降爲土舍，其後永襲土舍，給田養贍，制其出入。應宿仍管故業，俱屬思明府節制。於府治設教授一員，量給廩生六名，其寄附太平府者，悉歸本學，嗣後續增其祭祀廩餼之用，則地方可安，文教可興。」詔悉從之。

崇禎十一年，總督張鏡心疏報土官殺職官思明州黃日章、黃德志等，鼓衆叛逆。帝令速擒首惡以靖地方。論者以黃竑神奸，身逭大盭，世濟其兇，傳及四世，猶併思明州而有之，王綱隳矣。然骨肉相屠，至是四見，蓋天道云。

思明州，東抵思明府，西抵交阯界，南抵西平州，北抵龍英州。土官黃姓，與思明府同族。洪武初，黃君壽歸附，授世襲知州，屬思明府，後爲黃竑所幷。萬曆十六年，黃拱聖之亂，改屬太平。

上石西州，宋屬永平寨，〔四〕元屬思明路。明初屬思明府，至萬曆三十八年改屬太平府。州吏土官趙氏、何氏、黃氏凡三姓，皆絕，始改流官。

下石西州，宋分石西州置，元屬思明路。洪武二年，土官閉賢歸附。授世襲知州，設流官吏目佐之。

忠州，宋置，隸邕州。元屬思明路。洪武初，土官黃威慶率子中謹歸附，授威慶江州知州，中謹忠州知州，皆世襲，設流官同知吏目佐之。其隣地有四峒者，界於南寧、思明、忠江之間，思明、忠州屢肆侵奪。副使翁萬達議改峒名四都，隸之南寧，地方稍定。隆慶三年冬，思明府土官黃承祖奏取四都地，忠州土官黃賢相爭之，遂擅立總管諸名目，分兵數千戍守，因縱令剽掠，爲禍甚烈。僉事譚惟鼎調永康典史李材以計擒賢相，斃之於獄。議改流官，不果，遂改隸州於南寧，仍以州印予賢相子有瀚，俾襲職。

憑祥，宋爲憑祥洞，屬永平寨，元屬思明路。洪武十八年，土蠻李昇歸附。置憑祥鎭，授昇巡檢，屬思明府。永樂二年置縣，以昇爲知縣。

成化八年升爲州，以昇孫廣寧爲知州，直隸布政司。廣寧有十子，廣寧死，諸子爭立不決，凡三四年，乃以孫珠襲知州職。嘉靖十年，珠死，族弟珍、珏爭立，珍挈印走況村，珏攝州事。十四年，州目李清、趙琪等謀納珍，許思明府黃朝以州屬之。朝遂以兵納珍於憑祥，珏奔磐柳。既珍悔屬思明，與朝隙，朝乃以外婦所生子時芳，詭云廣寧孫，以兵千人納之。時珍淫縱，爲部民所怨，於是廣寧季子寰以尊屬謀廢立。十七年，寰遂殺珍而附於安南，莫登庸藉爲嚮導。總督蔡經屬副使翁萬達擒之，〔五〕論死。於是珏與時芳復爭立，時芳倚思明勢，州民皆右之。萬達黜珏而論時芳死，更立李佛嗣珍爲知州，憑祥遂定。

思恩，漢屬交阯。唐爲思恩州，屬邕，乃澄州止戈縣地。宋開寶間，廢澄州，以止戈、賀水、無虞三縣省入上林。治平間，以上林之止戈入武緣，隸邕。元屬田州路。歷代羈縻而已。

明洪武二十二年，田州府知府岑堅遣其子思恩州知州永昌貢方物。二十八年，歸德州土官黃碧言，思恩州知州岑永昌既匿五縣民，不供賦稅，仍用故元印章。帝以不奉朝命，命左都督楊文相機討之，既以荒遠不問。永樂初，改屬布政司，時居民僅八百戶。

永昌死，子瑛襲。宣德二年，瑛遣弟𣿬貢馬。正統三年進瑛職爲知府，仍掌州事。瑛有謀略，善治兵，從征蠻寇，屢有功，故有是命。因與知府岑紹交惡，各具奏，下總兵官及三司議。於是安遠侯柳溥等請陞思恩爲府，俾瑛、紹各守疆土，以杜侵爭，從之。六年，瑛受屬挾詐事覺，帝以土蠻宥不問，令法司移文戒之。瑛以府治僻隘，橋利堡正當猺寇出沒之所，且有城垣公廨，乞徙置，許之。以思恩府爲思恩軍民府。十二年設儒學，置教授一員，訓導四員，俱從瑛請也。

景泰四年，總兵官陳旺奏：「思恩土兵調赴桂林哨守者，離本府遼遠，不便耕種，稅糧宜暫免。」從之。六月，以瑛親率本部狼兵韋陳威等赴城操練，協助軍威，敕授奉議大夫，賜綵緞，韋陳威等俱給冠帶。五年從瑛請建廟學，造祭祀樂器。又以瑛征剿瑤寇功，免土軍今年應輸田糧之半，進瑛從二品散官。瑛屢領兵隨征，以子鐄代爲知府。鐄招集無賴，肆爲不法。瑛舉發其事，請於總兵，回府治之。鐄聞其父將至，自縊死。事聞，嘉其能割愛効忠，降敕慰諭。又以柳溥奏，免思恩調用土軍千五百人、秋糧二千三百餘石。

天順元年，戶部奏：「思恩存留廣西操練軍一千五百人，有誤種田納糧。乞分爲三班，留五百人操練，免其糧七百七十餘石。放回千人耕種，徵其糧千五百四十餘石，俟寧靖日放回全徵。」從之。

三年，鎭守中官朱祥奏請量遷瑛都司軍職。帝以瑛歷練老成，累有軍功，改授都指揮同知，仍聽總兵官鎭守調用，以其子鐩爲知府。

成化元年遣兵科給事中王秉彝齎敕奬諭瑛父子，幷賜銀幣。二年命給瑛父母妻誥命，從總兵趙輔請也。十四年，瑛卒。瑛自襲父職，頻年領兵於外，多所斬獲。歷陞知府、參政、都指揮使。年且八十，尚在軍中。旣卒，鐩以誥請，帝念其勞，特賜之。

十六年，田州府土目黃明作亂，知府岑溥避入思恩，鐩會鎭守等官討平之。巡撫朱英請奬鐩功。鐩死，子濬襲。

弘治十二年，田州土官岑溥爲子猇所殺，猇亦死。次子猛幼，頭目黃驥、李蠻搆難，督府命濬調衆護猛。驥厚賂濬，幷獻其女，且約分地與濬。濬以兵屬驥，送猛至田州。不得入，猛遂久留濬所。及總鎭諸官擕濬，乃出猛襲知府。濬從索故分地，不得，怒，約泗城、東蘭二州攻劫田州，殺掠萬計，城郭爲墟。濬兵二萬據舊田州，劫龍州印，納故知府趙源妻岑氏。及總兵官詣田州勘治，黃驥懼，匿濬所。先是，濬築石城於丹良莊，屯兵千餘人，截江道以括商利，官命毀之，不聽。會官軍自田州還，乘便毀其城。濬兵來拒，殺官軍二十餘人。官軍敗之，俘其目兵九人。總鎭及巡按等官請治濬罪，而參政武淸納濬賂，曲護之。濬從弟業少從中官京師，仕爲大理寺副三司。總鎭請敕業往諭，兵部以濬稔惡，非業所能諭責，宜敕鎭巡召濬至軍門，諭以朝廷威德，罪其首惡，反侵地，納所劫印，幷官私財物，乃可赦。總督鄧廷瓚奏：「濬屢撫不服，請調官軍土兵分哨逐捕按問。如集兵拒敵，相機勦殺，幷將田州土官岑猛一幷區處，以靖邊疆。」十六年，總督潘蕃奏：「濬僭叛，當用兵誅勦。今濬從弟岑業以山東布政司參議在內閣制敕房辦事，禁密之地，恐有泄漏。」吏部擬改調，而業亦奏乞養去。十七年，濬掠上林、武緣等縣，死者不可勝計。又攻破田州，猛僅以身免，掠其家屬五十人。總鎭以聞，兵部請調三廣兵勦之。

十八年，總督潘蕃、太監韋經、總兵毛銳調集兩廣、湖廣官軍土兵十萬八千餘人，分六哨。副總兵毛倫、右參政王璘由慶遠，右參將王震、左參將王臣及湖廣都指揮官纓由柳州，左參將楊玉、僉事丁隆由武緣，都指揮金堂、副使姜綰由上林，都指揮何清、參議詹璽由丹良，都指揮李銘、泗城州土舍岑接由工堯，各取道共抵巢寨。賊分兵阻險拒敵，官軍奮勇直前，援崖而進。濬勢蹙，遯入舊城，諸軍圍攻之。濬死，城中人獻其首，思恩遂平。前後斬捕四千七百九十級，俘男女八百人，得思恩府印二，向武州印一。自進兵及班師僅踰月。捷聞，帝以蕃等有功，璽書勞之。兵部議濬既伏誅，不宜再錄其後，改設流官，擇其可者。以雲南知府張鳳陞廣西右參政，掌思恩府事，賜敕。

正德七年增設鳳化縣治。

時初設流官，諸蠻未服，相繼作亂。嘉靖四年，都御史盛應期遣官軍平之。六年，土目王受與田州盧蘇謀煽亂，勢復熾。新建伯王守仁受命至，一意招撫，而檄受等破八寨賊，因列思恩地爲九土巡檢司，管以頭目，授王受白山司巡檢，得比於世官。又以思恩舊治瘴霧昏塞，宜更之爽塏。於是擇地荒田建新郡，割武緣止戈二里益之；又議割上林三里，而移鳳化縣治於其處。蓋寓犬牙相錯之意。巡撫林富謂遷郡及割止戈里應如守仁議，至以三里當設衛，而幷鳳化縣裁之，遂令府治益孤。其後九司頭目日恣，所轄蠻民不堪，知府陳璜曲加綏戢。目把劉觀、盧回以復土爲名，鼓衆作亂。副使翁萬達因有事安南，計擒盧回殺之，招回從亂者三十餘人。最後東蘭岑瑄詐稱岑濬子起雲，謀復土官，爲九司頭目所縛。萬曆七年，督撫吳文華謂九司日以驕黠，編氓甚少，緩急難恃，奏割南寧武緣縣屬思恩，自是思恩稱巨鎭云。

思恩府土巡檢九司，皆嘉靖七年設，曰興隆，曰那馬，曰白山，曰定羅，曰舊城，曰下旺，曰安定，曰都陽，曰古零。

鎭安，宋時於鎭安峒建右江軍民宣撫司，元改鎭安路。

明洪武元年，鎭安歸附。以舊治僻遠，移建廢凍州，改爲府。授土官岑添保知府，朝貢如例。二十七年，添保上言：「往者征南將軍傅友德令郡民歲輸米三千石，運雲南普安衞。鎭安僻處溪洞，南接交阯，孤立一方，且無所屬。州縣人民鮮少，舟車不通，陸行二十五日始到普安。道遠而險，一夫負米三斗，給食餘所存無幾，往往以耕牛及他物至其地易米輸納。而普安荒遠，米不易得，民甚病之。又歲輸本衞米四百石，尤極艱難。舊以白金一兩，折納一石。今願依前例，以蘇民困。」從之。

永樂中，向武知州黃世鐵侵奪鎭安高寨等地，朝廷遣兵討平之，以其地屬鎭安。

成化八年，知府岑永壽姪宗紹糾集土兵，攻破府治，殺傷嫡母，流劫鄉村，有司撫諭不服，都指揮岑瑛擒斬之。

嘉靖十四年，田州盧蘇作亂，糾歸順州土官岑瓛攻毀鎮安府，目兵遇害者以萬計。按臣會守約以聞，帝命守臣治之。〔六〕時蘇倡亂，田州無主，鎮安府土官男岑眞寶以兵納岑邦佐於田州。歸順州岑瓛，蘇壻也，及向武州黃仲金皆與眞寶隙，乘眞寶入田州，蘇遣瓛及仲金襲破鎮安。眞寶聞亂，走還。蘇會目兵追圍之武陵寨，瓛等遂發眞寶父母墓，焚其骸，分兵占據諸洞寨。眞寶訴之軍門，督諭瓛等不退。久之乃解，官軍歸眞寶，於是瓛與眞寶互相訐。巡按御史言，土蠻自相讐，非有所侵犯，從末減。於是蘇、瓛、仲金各降罰有差，眞寶亦革冠帶，許立功自贖。二十二年以瑤、僮作亂，防禦需人，免眞寶諸土官來朝。

鎮安所屬有上映洞、湖潤寨。巡檢皆土人，世官。

田州，古百粵地。漢屬交阯郡。唐隸邕州都督府。宋始置田州，屬邕州橫山寨。元改置田州路軍民總管府。明興，改田州府，省來安府入焉。後改田州，領縣一，曰上林。

洪武元年，大兵下廣西，右江田州府土官岑伯顏遣使齎印詣平章楊璟降。二年，伯顏遣使奉表貢馬及方物，詔以伯顏爲田州知府，世襲，自是朝貢如制。六年，田州溪峒蠻賊竊發，伯顏討平之。伯顏請振安州、順龍州、侯州、陽縣、羅博州、龍威寨人民，詔有司各給牛米，仍蠲其稅二年。

十六年，伯顏死，子堅襲。十七年，都指揮使耿良奏：「田州知府岑堅、泗州知州岑善忠率其土兵，討捕猺寇，多樹功績。臣欲令選取壯丁各五千人，立二衞，以善忠之子振，堅之子永通爲千戶，統衆守禦，且耕且戰，此古人以蠻攻蠻之術也。」詔行其言。二十年，堅遣子思恩知州永昌朝貢，如例給賜。

永樂元年，堅死，子永通襲。永通，上隆州知州也，州以瓊代，而已襲父職。正統八年，賜知府岑紹誥命，并封贈其父母妻。

天順元年，田州頭目呂趙僞稱敵國大將軍，張旗幟，鳴鉦鼓，率衆劫掠南丹州，又據向武州。武進伯朱瑛以聞，兵部請命瑛及土官岑瑛剿捕。三年，巡撫葉盛奏：「田州叛目呂趙勢愈獗，殺知府岑鑑，占據地方，僞稱太平王，圖謀岑氏宗族，冒襲知府職事。」帝命總兵速討。四年，巡按御史吳禎奏：「奉敕剿捕反賊呂趙，選調官軍士兵，攻破功饒、婪鳳二關，直擣府城。呂趙攜妻子，挾知州岑鐸等宵遁。官軍追至雲南富州，奪回鐸等及其子若壻，斬首四十九級，賊衆悉降。趙以數騎走鎮安府，追及之，斬趙及其子四人，從賊十八人，獲其妻孥及僞太平王木印、無敵將軍銅印，幷鳳旗盔甲等物。復委知府岑鏞仍掌府事，撫安人民。」田州平，帝遣使齎敕獎諭禎等，幷敕鏞謹守法度，保全宗族。

成化元年，遣兵科給事中王秉彝齎敕諭鏞，幷賜銀幣，以兵部言其所部土官狼兵，屢調勦有勞，且有事於大藤峽也。二年，總兵官趙輔奏鏞從征有功，請給誥命，旌其父母幷妻，從之。五年，復以輔言，予鏞官誥。

十六年，田州頭目黃明聚衆爲亂，知府岑溥走避思恩。總督朱英調參將馬義率軍捕明，明敗走，爲恩城知州岑欽所執，幷族屬誅之。已，溥復與欽交惡。欽攻奪田州，逐溥，殺五十餘家。時泗城州岑應方恃兵強，復黨欽，殺擄人民二萬六千餘，與欽分割田州而據其地。

弘治三年，總制遣官護溥之子猇入田，爲欽所遏，居潯州。按察使陶魯率官軍次南寧，欽拒敵，敗走。而應復援之入城，陳兵以備。巡撫秦紘請合貴州、湖廣及兩廣兵勦之，欽勢蹙，乞兵於應，遂匿應所，總鎭官因檄應捕欽。欽從應飮，殺應父子於坐，收其兵以拒官軍。已而應弟岑接伴以兵送欽至田州界，亦殺其父子以報。事聞，廷議仍命溥還田州。九年，總督鄧廷瓚言溥前以罪革職，比隨征有功，乞復其冠帶，領土兵赴梧州聽調，從之。

十二年，溥爲子猇所弒，猇亦自殺。次子猛方四歲，溥母岑氏及頭目黃驥護之，赴制府告襲。歸至南寧，頭目李蠻來迎。驥慮蠻奪己權，殺其使。蠻率兵至舊田州，驥懼，誣蠻將爲變，乞以兵納，乃調思恩岑濬率兵衞猛。濬受驥賂，納其女，挾猛，約分其六甲地。比至田州，蠻拒不納，驥復以猛奔思恩，幽之。事覺，廷瓚檄副總兵歐磐等攝濬，久乃出猛，置於會城。得奏，命猛襲知府。驥、濬怒其事之不由己出也，要泗城岑接、東蘭韋祖鋐各起兵攻蠻。接兵二萬先入田州，殺掠男女八百餘人，驅之溺水死者無算，括府庫，放兵大掠，城郭爲墟。濬兵二萬攻舊田州，據之，殺掠男女五千三百餘人，蠻逃去。副總兵歐磐、參政武清等詣田州府勘治，遣兵送猛還府。驥懼罪，匿濬家，有司請治濬罪。

初，蠻之迎猛也，無他念，及猛在外，蠻守土以待其歸。驥爭權首亂，濬、接、祖鋐黨惡，以致茲變。清受濬賂，曲右之，且誣蠻占據府治，阻兵弄權，事竟不直。於是廷瓚言思恩岑濬罪惡，正在逐捕，而田州岑猛亦宜乘此區畫，降府爲州，毋基異日尾大之患，從之。

十八年，廷議以思、田既平，宜設流官；岑猛世濟兇惡，致陷府治，宜降授千戶，而遴選才望者假以方面職銜，守田州，仍賜敕以重其權。帝然之，於是以平樂知府謝湖爲右參政，掌府事。

時岑猛已降福建平海衞千戶，遷延不行。及湖至，復陳兵自衞，令祖母岑氏奏乞於廣西極邊率部下立功，以便祭養，詔總鎭官詳議以聞。總督陳金奏：「猛據舊巢，要求府佐，不赴平海衞。參政謝湖不卽赴任，爲猛所拒，納餽遺而徇其要求，宜逮問。」時猛遣人重賂劉瑾，得旨，留猛而褫湖，幷及前撫潘蕃、劉大夏，猛竟得以同知攝府事。猛撫輯遺民，兵復振，稍復侵旁郡自廣。嘗言督撫有調發，願立功，冀復舊職。會江西盜起，都御史陳金檄猛從征，猛所至剽掠。然以賊平故論功，遷指揮同知。非猛初意，頗怨望。

正德十五年，猛奏：「田州土兵每征調，輒許戶留一二丁耕種，以供常稅。其久勞於外者，乞量振給，免其輸稅。」從之。

嘉靖二年，猛率兵攻泗城，拔六寨，遂克州治。岑接告急於軍門，言猛無故興兵攻寨。猛言接非岑氏後，據其祖業，欲得所侵地。時方有上思州之役，徵兵皆不至，總督張嵿以狀聞。四年，提督盛應期、巡按謝汝儀議大征猛，條征調事宜，詔報可。而應期以他事去，詔以都御史姚鏌代，命懸金購猛。然鏌知猛無反心，猛方奏辯，鏌亦欲緩師。而巡按謝汝儀與鏌郤，乃誣鏌之子涞納猛萬金，廉得涞書獻之。鏌惶恐，乃再疏請征。於是部趣鏌剋期進，鏌偕總兵官朱麒發兵八萬，〔七〕以都指揮沈希儀、張經等統之，分道並入。猛聞大兵至，令其下毋交兵，裂帛書冤狀，陳軍門乞憐察。鏌不聽，督兵益急，沈希儀斬猛長子邦彥於工堯隘。〔八〕猛懼，謀出奔，而歸順州知州岑璋，猛婦翁也，其女失愛，璋欲藉此報猛，乃甘言誘猛走歸順，鴆殺之，斬首以獻。

六年，鏌以田州平，告捷京師，乃請改田州爲流官，幷陳善後七事，詔俱從之。鏌留參議汪必東、僉事申惠、參將張經以兵萬人鎭其地，知府王熊兆署府事。會必東、惠皆移疾他駐，惟經、熊兆在府，兵勢分，防守稍懈。於是逆黨盧蘇、王受等乃爲僞印，誑言猛在，且借交阯兵二十萬，以圖興復。蠻民信之，聚衆薄府城。經出擊，兵少不敵，欲引還，而城中陰爲內應，呼譟四出，官軍腹背受攻，力戰不支，突圍渡江走，賊逼其後，爭舟溺死者甚衆。賊沿江置闌索，伏藥弩，夾岸並起。官軍且戰且行，抵向武，失士卒三四百人。賊遂入據府城，燒倉粟以萬計。御史石金上其事，頗委罪前撫盛應期生事召釁，而給事中鄭自璧因請仍檄湖廣永順、保靖兵倂力勦賊。帝以四方兵數萬方歸休，豈可復調，命再計機宜以聞。

時盧蘇等雖據府叛，佯聽撫，遣人迎署府事王熊兆。而其黨王受等糾衆萬餘，攻據思恩城，執知府吳期英、守備指揮門祖蔭等。已而釋期英等，亦投牒上官，願聽招撫。都御史姚鏌以兵未集，姑受之以緩其謀。遣諜者檄東蘭、歸順、鎭安、泗城、向武諸土官，各勤兵自效，且責失事守巡參將等官立功自贖。復疏調湖廣永、保土兵，江西汀、贛畲兵，俱會於南寧，倂力進勦。帝以蠻亂日久，鎭巡官受命大征，未及殄絕，輒奏捷散兵，使餘孽復滋，罪不容逭。姑赦前過，益圖新功。乃起原任兵部尚書新建伯王守仁總督軍務，同鏌討之。

時受旣入思恩，封府庫，以賊兵守之，而自攻武緣。守巡官鄒輗等率兵至思恩，思恩千夫長韋貴、徐伍等遣壯士由間道入城爲內應，夜引官兵奪門，殺賊二十餘人，收府印及庫物，護送期英於賓州，因招撫城中未下者。時受攻武緣甚急，參將張經堅壁拒守。鎭守頭目許用與戰，斬其渠帥一人。賊見援兵大集，乃遁去。鎭以聞。

帝以田州、思恩賊鋒雖挫，首惡未擒，仍令守仁亟督兵勦撫。守仁威名素重，及督軍務，調兵數萬人至，諸蠻心懾。守仁至南寧，道中見受等勢盛，度亦未可卒滅，上疏極陳用兵利害。兵部議以守仁所見未確，復陳五事，令守仁詳計其宜，於是守仁又疏云：

臣奉命於去年十二月至廣西平南縣，與巡按御史石金及藩臬諸將領等會議。思、田禍結兩省，已踰二年。今日必欲窮兵盡勦，則有十患。若罷兵行撫，則有十善。臣與諸臣，攄心極論，今日之局，撫之爲是。

臣抵南寧，遂下令盡撤調集防守之兵。數日內解歸者數萬，惟湖兵數千，道阻遠，不易卽歸，仍使分留南寧，解甲休養，待間而動。而盧蘇、王受先遣其頭目黃富等訴告，願得歸境投生，乞宥一死。臣等諭以朝廷威德，令齎飛牌，歸巢曉諭，期以速降無死。蘇、受等得牌，皆羅拜踴躍，歡聲雷動。

尋率衆至南寧城下，分屯四營。蘇、受等囚首自縛，與頭目數百人赴軍門請命。臣等復諭之曰：「朝廷旣赦爾罪，爾等擁衆負固，騷動一方。若不示罰，何以雪憤？」於是下蘇、受於軍門，各杖一百，乃解其縛。又諭之曰：「今日宥爾死者，朝廷好生之德；必杖爾者，人臣執法之義。」衆皆叩首悅服，願殺賊立功。臣隨至其營，撫定其衆七萬餘人，復委布政使林富等安插，於二月二十六日悉命歸業。是皆皇上至孝達順之德，神武不殺之威，未期月而蠻民率服，不折一矢，不傷一人；而全活數萬生靈，卽古舞干之化，奚以加焉。

疏聞，帝嘉之，遣行人齎敕奬賚。於是守仁復疏言：

思、田久搆禍，荼毒兩省，已踰二年。兵力盡於哨守，民脂竭於轉輸，官吏疲於奔走。地方鮠磃，如破壞之舟，漂泊風浪，覆溺在目，不待智者而知之矣。必欲窮兵雪憤，以殲一隅，無論不克，縱使克之，患且不測。況田州外捍交阯，內屏各郡，深山絕谷，瑤、僚盤據。使盡誅其人，異日雖欲改土爲流，誰爲編戶？非惟自撤其藩籬，而拓土開疆以資鄰敵，非計之得也。

今岑氏世効邊功，猛獨詿誤觸法，雖未伏誅，聞已病死。臣謂治田州非岑氏不可，請降田州府爲田州，而官其子，以存岑氏之後。查猛有二子，長邦佐，自幼出繼爲武靖州知州。武靖當瑤賊之衝，邦佐才足制馭，宜仍舊職。而今所建州，請以猛幼子邦相授吏目，署州事，俟後遞陞爲知州，以承岑氏之祀。設土巡檢諸司，即以盧蘇、王受等九人爲之，以殺其勢。添設田寧府，統以流官知府，以總其權。從之。惟以守仁所奏岑猛子，與撫按所報異，令再覆。

於是守仁言：「臣初議立岑氏後，該府土目及耆老俱言岑猛本有四子：長邦佐，妻張氏出；次邦彥，妾林氏出；次邦輔，外婢所生；次邦相，妾韋氏出。猛嬖溺林氏而張失愛，故邦佐自幼出繼武靖。邦彥既死，邦佐得武靖民心，更代亦難其人。欲立邦輔，土目謂外婢所生，名實不正。惟邦相係猛正派，質貌厚重，堪繼岑氏。故當時直謂猛子存者二人，亦所以正名愼始，杜後日之爭也。」疏上，如議行。

八年，守仁於思、田旣議設流官，又議移南丹衞於八寨，改思恩府城於荒田，改設鳳化縣治於三里，添設流官縣於思龍，增築五鎭城堡於五屯。及侍郎林富繼之，又言：「田州界居南寧、泗城，交通雲、貴、交阯，爲備非一，不宜改設流官。南丹衞設在賓州，旣不足以遙制八寨，遷八寨又不得以還護賓州。爲今日計，獨上林之三里，守仁所議設縣者，可遷南丹衞於此。夫設縣則割賓州之地以益思恩，是顧彼而失此也。遷衞則扼八寨之吭以還護賓州，是一舉而兩得也。然不宜屬田州，而仍屬南寧爲便。」其議與守仁頗有異同，詔從富言。

初，邦相兄邦彥有子芝，依大母林氏、瓦氏居，官給養田。其後邦相惡蘇專擅，密與頭目盧玉等謀誅蘇及芝。蘇知之，會邦相又侵削二氏原食莊田，二氏遂與蘇合謀，以芝奔梧州，赴軍門告襲，蘇又爲芝疏請。尋令人刺邦相，邦相覺，殺行刺者。而蘇遂伏兵殺盧玉等，以兵圍邦相宅，誘邦相出，乘夜與瓦氏縊殺之。巡按御史曾守約以聞，帝命守臣亟爲勘處。〔九〕蘇之殺邦相也，歸順、鎭安、泗城、向武諸土官羣起搆難，互相訐奏。當事者謂以岑芝承襲未定，田州無主，致令隣封覬覦，當給劄付令芝管事。蘇又請早給芝冠帶，以撫田州，而自悔罪，願裹糧立功，及追補累年所逋糧賦。巡按御史諸演疏聞，部議以土蠻自相讐殺，當從末減，皆令立功，方准贖罪復官。

三十二年，芝死，子大壽方四歲。土人莫葦冒岑姓，及土官岑施，相煽搆亂，提督郎櫃奏令思恩守備張啓元暫駐田州鎭之，報可。三十四年，田州土官婦瓦氏以狼兵應調至蘇州剿倭，隸於總兵俞大猷麾下。以殺賊多，詔賞瓦氏及其孫男岑大壽、大祿銀幣，餘令軍門獎賞。四十二年以平廣西瑤、僮功，准岑大祿實受知州職。

泰昌元年，總督許弘綱奏：「田州土官岑懋仁肆惡起釁，竊占上林，納叛人黃德隆等，〔一〇〕糾衆破城，擅殺土官黃德勳，擄其妻女印信，乞正其罪。」詔令岑懋仁速獻印，執送諸犯，聽按臣分別正法，違則進剿。天啓二年，巡撫何士晉請免懋仁逮問，各率土兵援剿，有功優敍，從之。

田州世岑氏，改流者再，而終不果。盧蘇再叛弑主，終逸於罰，論者以爲失刑云。

上林在田州東，宋置，隸橫山寨。元屬田州路。洪武二年，土官黃嵩歸附，授世襲知縣，流官典史佐之。

恩城州，唐置，宋、元仍舊。明初因之，隸廣西布政司，朝貢如例。成化十九年，知州岑欽，田州土官岑溥叔也，相讐殺。溥敗，欽入田州，焚府治，大肆殺掠。溥愬於制府，下三司官鞫理。弘治三年，欽復入田州，與泗城土官岑應分據其地。巡撫秦紘請調兵勦之。〔一〕兵部言兵不可輕動，惟令守臣諭令應縛欽自贖。五年，欽走岑應所借兵，總鎭檄應捕之，欽遂殺應父子。已而應弟接佯以兵送欽，亦殺欽父子。有司以恩城宜裁革，從之，州遂廢。

上隆州，宋置，隸橫山寨。元屬田州路，明因之。後改隸布政司。洪武十九年，上隆知州岑永通遣從子岑安來貢，賜綺帛鈔錠。洪熙元年，土官知州岑瓊母陳氏來朝，貢馬，賜鈔幣。宣德四年以陳氏爲知州。時瓊已卒，無子，土人訴於朝，願得陳氏襲職，故有是命。

都康州，宋置，隸橫山寨。元屬田州路。洪武間，爲蠻僚所據。三十二年復置，隸布政司。土官馮姓。其界東南抵龍英，西至鎮安，北至向武。

校勘記

〔一〕舊名邦兜　邦兜，讀史方輿紀要卷一一〇作「那兜」。

〔二〕宋置結安峒　結安峒，原脱「結」字，據上文及寰宇通志卷一一〇、明一統志卷八五改。

〔三〕總督戴耀奏　戴耀，神宗實録卷四〇五萬曆三十三年正月壬辰條、國榷卷八〇頁四九三六作「戴燿」。

〔四〕宋屬永平寨　永平寨，原作「承平寨」，據寰宇通志卷一一〇、明一統志卷八五改。

〔五〕總督蔡經屬副使翁萬達擒之　蔡經，本書卷一九八翁萬達傳作「張經」。按卷二〇五張經傳稱，「初冒蔡姓，久之乃復」，是張經亦稱「蔡經」。

〔六〕按臣曾守約以聞帝命守臣治之　守臣，原作「新建伯王守仁」。按田州盧蘇反抗事，前後二次。首次在嘉靖六年，御史石金以聞，命新建伯王守仁鎮壓之，見下文田州傳及世宗實録卷七四嘉靖六年三月乙未條。第二次即本傳所述，見世宗實録卷一八二嘉靖十四年十二月丁未條。此條稱「巡按御史曾守約以聞」，「命守臣亟爲議處」。傳文將二事混作一事，故有此誤。且王守仁卒於嘉靖七年，安得預卒後事。今改正。

〔七〕鏌偕總兵官朱麒發兵八萬　朱麒，原作「朱麟」，據本書卷二〇〇姚鏌傳、世宗實錄卷五一嘉靖四年五月甲戌條、行邊紀聞改。

〔八〕沈希儀斬猛長子邦彥於工堯隘　工堯隘，原作「工堯隧」，據本書卷三一九歸順州傳、行邊紀聞改。

〔九〕帝命守臣亟爲勘處　守臣，原作「守仁」，據世宗實録卷一八二嘉靖十四年十二月丁未條改。

〔一〇〕納叛人黄德隆等　黄德隆，原作「黄得隆」，據本書卷二四二陳邦瞻傳、光宗實録泰昌元年九月甲午條改。

〔一一〕巡撫秦紘請調兵剿之　秦紘，原作「秦竑」，據本書卷一七八秦紘傳改。

明史卷三百十九

列傳第二百七

廣西土司三

泗城　利州　龍州　歸順　向武　奉議　江州　思陵　廣東瓊州府附

泗城州，宋置，隸橫山寨。元屬田州路。其界東抵東蘭，西抵上林長官司，南抵田州，北抵永寧州。

洪武五年，征南副將軍周德興克泗城州，土官岑善忠歸附，授世襲知州。十三年，善忠子振作亂，寇利州，廣西都司討平之。十四年，善忠來貢方物。二十六年，振遣人貢馬及方物，詔賜以鈔錠。

宣德元年，女土官盧氏遣族人岑臺貢馬及銀器等物，賜賚有差。八年，致仕女土官盧氏奏，襲職土官岑豹率土兵千五百餘人謀害己，又棄毀故土官岑瑄塑像，所爲不孝，難俾襲職。豹叔利州知州顏亦奏豹興兵謀殺盧氏，州民被害。都督山雲奏：「豹實故土官瑄姪，人所信服，應襲職。盧氏，瑄妻，豹伯母，初借襲，今致仕，宜量撥田土以贍終身。仍請敕豹無肆侵擾。」兵部請從雲奏。帝命行人章聰、侯璡齎敕，諭雲會三司巡按究豹與盧氏是非，從公判決。

正統元年，豹遣人入貢。二年，豹攻利州，〔一〕掠其叔顏妻子財物。朝廷官至撫諭，負固不服，增兵拒守。雲以聞，乞發兵勦之。帝敕雲曰：「蠻夷梗化，罪固難容，然興師動衆，事亦不易，其更遣人諭之。」五年，顏奏豹侵占及掠擄罪。頭目黃祖亦奏豹殺其弟，籍其家。瑄女亦奏豹占奪田地人民，囚其母盧氏。帝復遣行人朱昇、黃恕齎敕諭之，并敕廣西、貴州總兵官親詣其地，令速還所侵掠，如不服，相機擒捕。六年，總兵官柳溥奏：〔二〕「行人恕、昇同廣西三司委官諭豹退還原占利州地，豹時面從，及回，占如故。今顏欲以利州、利甲等莊易泗城、古那等甲，開設利州衙門，宜從其請，發附近官軍送顏赴彼撫治蠻民。倘豹仍拒逆，則率兵勦捕。」從之。八年，豹遣人奉貢，賜綵幣。十年，豹復奏顏占據其地，帝令速予議處，不可因循，貽邊方害。

成化元年，豹聚衆四萬，攻劫上林長官司，殺土官岑志威，據其境土。兵部言：「豹强獷如此，宜調兵擒捕，明正典刑。」從之。未幾，豹死。

弘治三年，土官知州岑應復據上林長官司及貴州鎮寧等處一十八城。時恩城土官岑欽攻奪田州府，逐知府岑溥。應與欽黨，旣復相讐，兩家父子交相讐殺。事聞，兵部奏：「欽連年搆禍，而應黨之，復據上林長官司，流毒不少，今天厭禍，假手相殘，實地方之幸。應所占鄰壤及土官印信數多，亦宜勘斷，以除禍本，幷令應弟接退還侵地及印信，乃許承襲。泗城地廣兵多，宜選頭目，量授職銜，分轄以殺其勢。」詔下總鎭官區處。接遣人朝正，賜綵叚鈔錠。

十年，總督鄧廷瓚奏：「接往年隨征都勻、府江等處有功，乞略其祖父罪，令承襲世職，以圖報効。」廷臣議：「刼印侵地，雖係接祖父罪，然再四撫諭，接不肯歸之於官，遽使襲職，則志益驕，非馭土官法。」

十二年，田州土目黃驥作亂，要接爲聲援，殺掠男婦，刼燒倉庫民廬，又刼府學及橫山驛印記，遂據興仁。十四年，貴州賊婦米魯作亂，提督王軾請調接領土兵二萬營於砦布河，因敕接自備兩月餉，剋期赴調。

十八年，泗城土官族人岑九仙奏：「自始祖岑彭以來，世襲土官。至豹子應罹欽之禍，子孫滅亡殆盡。其弟接，衆推護印，累著勞勩，乞令襲職，俾掌轄蠻衆。」兵部尚書劉大夏等議：「豹乃叛臣餘孽，子應復自取滅亡。今接者，人皆傳稱爲粱接，非應親枝，又不知岑九仙是何逋逃，冒爲奏擾。臣大夏先在兩廣，見岑氏譜。岑之始祖木納罕於元至正年間，與田州知府之祖伯顏，一時受官。今九仙妄援漢岑彭世次，塵瀆聖聽，請治其罪。其岑接應襲與否，前已令鎮巡官勘奏，岑九仙雖蠻人難以深究，亦當摘發以破其奸。」從之。

正德十二年，泗城及程縣各遣官族來貢。後期，賞減半。泗城貢厚，仍全給之。嘉靖二年，田州岑猛率兵攻泗城，拔六寨，進薄州城，克之。接告急軍門，言猛無故攻寨。猛言接非岑氏後，據其祖業，欲得所侵地。詔下勘處。

十六年，田州盧蘇作亂。泗城土舍岑施以兵納岑邦佐。兵敗，弗克納。二十七年詔土舍施襲替，免赴京，以嘗聽調有勞也。隆慶二年，泗城蠻黃豹、黃豸等據貴州程番府麻嚮、大華等司，時出擄掠，官軍剿之，豹等遁去。

萬曆二年，泗城土官岑承勳等貢馬及香爐等物。四十一年，土官岑雲漢貢方物。初，雲漢乃紹勳嫡嗣，紹勳寵庶孽雷漢，頭目黃瑪等從中煽禍，以至焚劫稱兵。雲漢紿母出印，扶弟以奔，撫按以聞。廷議請釋紹勳罪以存大倫，杖雷漢、黃瑪等以息囂孽，雲漢從寬削銜，戴罪管事。詔可。天啓二年，巡撫何士晉請復雲漢知州職，量加都司職銜，令率土兵援黔。從之。

泗城延袤頗廣，兵力亦勁，與慶遠諸州互相雄長。其流惡自豹而應而接，且三世。領縣一，曰程縣；長官司二，曰安隆，曰上林。

程縣在泗城州之東北，舊號程丑莊。明初歸附，隸泗城州。洪武二十一年改爲縣，編戶一里。後改屬慶遠府，尋復隸泗城州，設流官知縣。正統間，爲岑豹所逼，棄官遁去，典史攝印，旋亦罹害。豹遂奪其印，據縣治。事聞，屢遣官諭之，歷岑應、岑接凡七十餘年不服。嘉靖二年，接爲諸土官攻殺，督府遣官按問，得縣印，貯於官，後僅存荒土。泗城、南丹、那地俱欲得之，時治兵相攻云。

安隆長官司，東抵泗城，西抵雲南，南抵上林長官司，北抵貴州宣慰司，元泗城州地也。洪武元年，泗城州土官岑善忠以次子子得領安隆峒。三十年，子得來朝，貢馬。設治所。永樂元年設安隆長官司，以子得爲長官，撫其衆。十二年貢馬，賜鈔幣，予世襲。

上林長官司，東北俱抵泗城界，西抵安隆長官司，南抵雲南。宋、元號上林峒，屬泗城州，明興因焉。永樂初置長官司，以泗城州土官岑善忠三子子成爲長官，撫其民。永樂四年，子成遣子保貢方物，賜鈔幣，自是貢賜不絕。成化元年，泗城岑豹攻劫上林，殺長官志威，滅其族，劫印，占其境土。兵部移文議豹罪，仍以地與印給上林。弘治三年，上林長官司遣頭目入貢，禮部以過期至，給半賞。既而泗城岑應復奪據上林長官司，然正、嘉、隆、萬間朝貢猶時至。

利州，漢屬交阯，號阪麗莊。宋建利州，隸橫山寨，元因焉。土官亦岑姓，洪武初歸附。授知州，以流官吏目佐之，直隸布政司。宣德二年，利州知州岑顏遣頭目羅響貢馬。正統元年，泗城岑豹侵據利州地，幷掠顏妻子財物。總兵官山雲以聞，帝敕鎭、巡官撫諭之。四年，顏遣族人岑忻貢銀器方物。五年，顏奏：「本州地二十五甲，被豹興兵攻占，毋覃被囚，妻財被掠，累奉敕撫諭，猖獗不服。」帝遣行人黃恕、朱昇敕諭豹，事具前傳。七年，豹復與顏相仇殺，帝敕總兵官吳亮宣布恩威，令各罷兵，而豹終殺顏及其子得，奪州印去，遂以流官判州事。數十年間，屢經諸司勘奏，移檄督追，歷岑應、岑接二世如故。

嘉靖二年歸併泗城。

龍州，古百粵地。漢屬交阯。宋置龍州，隸太平寨。元大德中，陞州爲萬戶府。洪武二年，龍州土官趙帖堅遣使奉表，貢方物。詔以帖堅爲龍州知州，世襲。八年改隸廣西布政司。〔三〕時帖堅言：「地臨交阯，所守關隘二十七處，有警須申報太平，達總司，比報下，已涉旬月，恐誤事機，乞依奉議、泗城二州，隸廣西便。」從之。十六年，帖堅以孝慈皇后喪，上慰表，貢馬及方物，賜綺帛鈔錠有差。

二十一年，帖堅病，無子，以其從子宗壽代署州事。帖堅卒，宗壽襲。鄭國公常茂以罪謫居龍州。〔四〕帖堅妻黃氏有二女，一爲太平州土官李圓泰妻，茂納其一爲妾。時宗壽雖襲職，帖堅妻猶持土官印，與茂、圓泰專擅州事，數陵逼宗壽。會茂以病卒，其閽者趙觀海等亦肆侮宗壽。宗壽乃與把事等以計取土官印，上奏，言茂已死，并械觀海等至京。於是帖堅妻惶懼，使人告宗壽擄掠，又與圓泰謀劫茂妾幷其奴婢往太平州，又盡掠趙氏祖父官誥諸物，又欲併取龍州之地。乃自至京，告宗壽實從子，不應襲，宗壽亦上章言狀。帝乃詔宗壽勿問，下吏議帖堅妻與圓泰罪，既而以遠蠻俱釋之。

久之，復有人告茂匿龍州未死，前宗壽所言皆妄。遂詔右軍都督府榜諭宗壽及龍州官民，言：「昔鄭國公常茂有罪，上以開平王之功，不忍遽置於法，安置龍州。土官趙帖堅故，其妻與茂結爲婚姻，誘合諸蠻，肆爲不道。帖堅姪宗壽襲職，與黃氏互相告訐，言茂已死。上以功臣子，猶加憐憫，釋二人告訐罪。今有人言茂實未死，宗壽等知狀。已遣散騎舍人諭宗壽捕茂，延玩使者久不復命，其意莫測。特命榜諭爾宗壽等知之，如茂果存，則送至京師以贖罪，如茂果死，宗壽亦宜親率大小頭目至京，具陳其由。」廣西布政司言宗壽屢詔赴京，拒命不出，又言南丹、奉議等蠻梗化。帝復命致仕兵部尚書唐鐸往諭宗壽，訖不從命。詔發湖廣、江西所屬衞所馬步官軍六萬餘，各齎三月糧，期以秋初俱赴廣西。命都督楊文佩征南將軍印，爲總兵官，都指揮韓觀爲左將軍，都督僉事宋晟爲右將軍，劉眞爲參將，率京衞馬步軍三萬人至廣西，會討龍州及奉議、南丹、向武等州叛蠻。師行，帝撰文遣使祭嶽鎭海瀆，復遣禮部尚書任亨泰、監察御史嚴震直使安南，諭以討龍州趙宗壽之故，令陳日焜愼守邊境，毋助逆，勿納叛。遣人諭文調南寧衞兵千人，江陰侯吳高領之，柳州衞兵千人，安陸侯吳傑領之，皆令其建功自贖。又詔文等，如兵至龍州，宗壽親來見，具陳茂已死之由，則宥其罪。若詐遣人來，則進兵討之。既，鐸還京，言宗壽伏罪來朝，乞罷兵勿征。詔文移兵於奉議，仍命鐸至軍參軍事。宗壽偕耆民農里等六十九人來朝謝罪，貢方物。

宗壽死，子景升襲。景升死，無嗣，以叔仁政襲。仁政再傳爲趙源，源死無子。思恩土官岑濬率兵攻田州回，劫龍州，奪其印，納故知府源妻岑氏。詔下鎭巡官剿賊，而議立爲源後者。以源庶兄浦有二子，相居長當立。相弟楷不能無望，則謀於岑氏，以僕韋隊子璋詭云遺腹。岑氏恃兄子猛方兵雄，楷遂奏言，璋實源子，當立，爲相所篡。事下督府勘，未決。

璋賂鎭守太監傅倫舍人，詭稱有詔，檄猛調二萬兵，納璋入龍州。左江大震，相挈印奔況村。都御史楊旦討璋，猛殺之，相乃歸。相二子，長燧，次寶。相枝拇，寶亦枝拇，相絕愛之，曰：「肖我當立。」猛乃以寶去，髡爲奴。

嘉靖元年，相死，州人立燧。楷弑之，州人立其族弟燰。時王守仁提督兩廣，幕客岑伯高用事，楷賂伯高，言燰非趙氏裔，當立者楷也。遣上思州知州黃熊兆覈之。熊兆黨伯高，言楷當立，以州印畀楷。楷遂殺燰，龍州大亂。州目黃安等潛往田州購寶。寶時爲奴楊布家十三年矣，安等行百金購得之。言之督府，都御史林富謂楷勢已張，毋持之急，乃令楷攝職，俟寶長讓之。楷復時時謀殺寶。富諭楷，令以印還寶，寶謝以五千金，益以腴田三十一村。楷計寶弱易與，不如邀厚利而徐圖之，遂聽命。楷復求韋璋之子應育之，令往來寶所。寶妻黃氏，思明府土官黃朝女也，貳於寶而與應通。應乃厚結州目，又數遣人與向武州締好，乞兵爲衞。寶日荒悍，刑狡男子王良爲閹。楷知良恨寶，激使內應，良許之。楷以千人夜至寶寢門呼良，良開門納楷兵，執寶寢所，斬之，以他盜聞。應以兵千人據州，并結朝自援。

都御史蔡經屬副使翁萬達謀之。萬達謂楷狙詐，未可速圖。韋應巽懦寡慮，可旦夕擒，斷其中堅，然後可次第獲，督撫善之。萬達行部至太平，使人以他事召朝，諭之計，諭應當死，言楷才勇，正須藉爲龍州當一面耳。時諸言楷事者，故不爲理，州人大譁。萬達愈厚楷，楷信之，遂統精兵千人詣萬達言狀，幷以三十一村地獻。萬達召楷及州目鄧瑀等入見，伏壯士劫之，曰：「汝罪大，宜自爲計。誠死，尚可爲爾子留一官。」楷自分無生理，乃手書諭其黨曰：「業已如此，亂無益也，可善輔我子以存趙。」萬達卽杖楷，斃之，以楷書諭其州人。時楷子匡時，生四年矣，立之，一州悉定。乃以十三村還龍州，十八村隸崇善縣，於是龍州趙氏仍得襲。

歸順州，舊爲峒，隸鎭安府。永樂間，鎭安知府岑志綱分其第二子岑永綱領峒事，傳子瑛，屢率兵報効。弘治九年，總督鄧廷瓚言：「鎭安府之歸順峒，舊爲州治，洪武初裁革。今其峒主岑瑛每効勞於官，乞設州治，授以土官知州。凡出兵令備土兵五千，仍歲領士兵二千赴梧州聽調。」詔從之，增設流官吏目一員。瑛死，子璋襲。復從璋奏，以本州改隸布政司。

璋多智略。田州岑猛以不法獲譴，都御史姚鏌將舉兵討之。璋，猛婦翁也。鏌慮璋黨猛，召都指揮沈希儀謀。希儀雅知璋女失寵，恨猛，又知部下千戶趙臣雅善璋。希儀因使趙臣語璋圖猛，璋受命。時猛子邦彥守工堯隘，璋詐遣兵千人助邦彥，言：「天兵至，以姻黨故，且與爾同禍。今發精兵來，幸努力堅守。」邦彥欣納之。璋遣人報希儀曰：「謹以千人內應矣。」時田州兵殊死拒戰，諸將莫利當隘者，希儀獨引兵當之。約戰三合，歸順兵大呼曰：「敗矣！」田州兵驚潰，希儀麾兵乘之，斬首數千級，邦彥死焉。猛聞敗，欲自經。而璋先已築別館，使人請猛。時猛倉皇不知所出，遂挈印從璋，使走歸順。璋詭爲猛草奏，促猛出印實封之。璋旣知猛印所在，乃鴆殺猛，斬其首，幷府印函之，間道馳軍門。爲讒言所阻，竟不論功。

璋死，次子瓛襲。嘉靖四年，提督盛應期以瓛先助猛逆攻泗城，許自新，出兵討賊自贖。從之。十四年，田州盧蘇叛，糾瓛攻鎭安府。瓛破鎭安，幷發岑眞寶父母墳墓。事聞，革冠帶，許立功贖。瓛後從征交阯，卒於軍。子代襲，萬曆間以貢馬違限，給半賞。

向武州，宋置，隸橫山寨。元隸田州路。其界東北抵田州，西抵鎭安，南抵鎭遠。洪武二年七月，土官黃世鐵遣使貢馬及方物〔五〕。詔以世鐵爲向武州知州，許世襲。二十一年，廣西布政司言向武州叛蠻梗化。時都督楊文佩征南將軍印，討龍州、奉議等處，復奉命移師向武。文調右副將軍韓觀分兵進討都康、向武、富勞諸州縣，斬世鐵。以兵部尙書唐鐸言，置向武州守禦千戶所。

永樂二年，土官知州黃彧遣頭目羅以得貢馬，賜鈔幣。宣德四年，故土官知州黃謙昌子宗蔭貢馬，賜鈔。

嘉靖四年，田州岑猛叛，向武土官以兵助猛。提督盛應期議大征，檄向武出兵討賊，以功贖罪。

十六年，田州盧蘇叛，鎭安土官岑眞寶以兵納岑邦佐，蘇求助於向武。時土官黃仲金怨眞寶，遂與合兵，破鎭安。事聞，革仲金冠帶。二十七年，以仲金聽調有勞，詔許承襲原職，免赴京。四十二年，又以剿平瑤寇功，加仲金四品服。

向武領縣一，曰富勞，元置。洪武間，爲蠻僚所據。建文時復置，仍隸向武州。永樂初，省武林入焉。土官亦黃氏世襲。

奉議州，宋置。初屬靜江軍，後屬廣西經略安撫司。元屬廣西兩江道宣慰司。洪武初，土官黃志威舊爲田州府總管，來歸附。二年詔授其子世鐵爲向武州知州，世襲。三年，志威入朝貢。六年招撫奉議等州百十七處人民，皆款服。帝嘉志威功，命以安州、侯州、陽縣屬之。七年以志威爲奉議州知州兼守禦，直隸廣西行省。二十六年，奉議州知州黃嗣隆遣人貢馬及方物，賜以鈔錠。

二十八年，廣西布政司言，奉議、南丹等處蠻人梗化。時都督楊文討龍州，伏罪，帝命移兵奉議剿賊，遣使諭文等：「近聞奉議、兩江溪峒等處，林木陰翳，蛇虺遺毒草莽中，雨過，流毒溪澗，飲之令人死。師入其地，行營駐劄，勿飲山溪水泉，恐餘毒傷人。宜鑿井以飲，爾等其慎察之。」文發廣西都司及護衞官軍二萬人，調田州、泗城等土兵三萬八千九百人從征。師至奉議州，蠻寇聞官軍至，悉竄入山林，據險自固。文督諸將分兵捕之，復調參將劉眞等領兵分道攻南丹叛寇。初，文等駐師奉議州之東南，分兵追捕賊黨，且遣人招降其脅從者。賊皆焚廬舍，走山谷，憑險阻立柵自固。文督將士屢攻破之，賊衆潰散。左副將軍韓觀等遂分兵追討都康、向武、富勞、上林諸州縣，破其更吾、蓮花、大藤峽等寨，斬向武土官黃世鐵幷其黨萬八千三百餘人，招降蠻民復業者六百四十八戶，徙置象州武山縣，蠻寇遂平。時兵部尚書致仕唐鐸參議軍事，以朝廷嘗命征剿畢日，置衞守之。乃會諸將相度形勢，置奉議等衞幷向武、河池、懷集、武仙、賀縣等處守禦千戶所，設官軍鎭守。詔從其言。

宣德二年，署州事土官黃宗蔭遣頭目貢馬。〔六〕正統五年，宗蔭科斂劫殺，甚且欲戕其母。母避之，殺母侍者以洩怒，爲母所告。僉事鄧義奏其事，帝敕總兵官柳溥及三司按驗以聞。

嘉靖四年，田州岑猛叛，奉議土官嘗助猛攻泗城州。至是提督盛應期言，許其自新，令出兵討賊，以功贖罪。後土官知州死，皆以土判官掌州事。論者以奉議彈丸地，三面交迫田州，獨南界鎭安，其勢甚蹙。明初置衞，銓官如宋、元故事，蓋欲中斷田、鎭，以伐其謀云。

江州界，東抵忠州，西抵龍州，南抵思明，北抵太平府。其州宋置，隸古萬寨。元屬思明路。

明初，土官黃威慶歸附。授世襲知州，設流官吏目以佐之，直隸布政司。嘉靖四十二年，以平瑤、僮功，准江州土官子黃恩暫署本職。

領縣一，曰羅白。洪武初，土官梁敬賓歸附，授世襲知縣。敬賓死，子復昌襲。永樂間，從征交阯被陷，子福里襲。

思陵州，宋置，屬永平寨。元屬思明路。洪武初，省入思明府。二十一年復置思陵州。二十七年，土官韋延壽貢馬及方物。宣德四年，護印土官韋昌來朝，貢馬，賜鈔幣。正統間，貢賜如制。其界東至忠州，西北至思明，南至交阯。

瓊州，居環海中。漢武帝平南粵，始置珠崖、儋耳二郡。歷晉、隋、唐、宋叛服不一，事具前史。元改置瓊州路，屬海北海南道宣慰司。天曆初，改乾寧軍民安撫司。洪武元年，征南將軍廖永忠平廣東，改乾寧安撫司爲瓊州府，以崖州吉陽軍、儋州萬安軍俱爲州，南建州爲定安縣隸焉。〔七〕

六年，儋州宜倫縣民陳昆六等作亂，攻陷州城。廣東指揮使司奏言：「近儋州山賊亂，已調兵剿。其儋、萬二州，山深地曠，宜設兵衞鎭之。」詔置儋、萬二州守禦千戶所。七年，儋州黎人符均勝等作亂，海南衞指揮張仁率兵討平之。又海南羅屯等洞黎人作亂，千戶周旺等討平之。澄邁縣賊王官舍亂，典史彭禎領民兵捕斬之。十五年，萬、崖二州民陳鼎叔等作亂，陷陵水縣，爲海南衞官軍擊敗，追至藤橋，斬鼎叔等三百餘人，餘黨悉平。十七年，儋州宜倫縣黎民唐那虎等亂，海南衞指揮張信發兵討之。那虎及其黨鄭銀等敗遁，信追擒之，送京師。知州魏世吉受賄，縱銀去。帝謂兵部曰：「知州不能捕賊，及官軍捕至而反縱之乎？」命遣力士卽其州杖世吉，責捕所縱者。

永樂三年，廣東都司言：「瓊州所屬七縣八洞生黎八千五百人，崖州抱有等十八村一千餘戶，俱已向化，惟羅活諸洞生黎尙未歸附。」帝命遣通判劉銘齎敕撫諭之。御史汪俊民言：「瓊州周圍皆海，中有大、小五指，黎母等山，皆生熟黎人所居。比歲軍民有逃入黎洞者，甚且引誘生黎，侵擾居民。朝廷屢使招諭，黎性頑狠，未見信從。又山水峻惡，風氣亦異，罹其瘴毒，鮮能全活。近訪宜倫縣熟黎峒首王賢祐，嘗奉命招諭黎民，歸化者多。請仍詔賢祐，量授以官，俾招諭未服，戒約諸峒，無納逋逃。其熟黎則令隨產納稅，悉免差徭；其生黎歸化者，免稅三年；峒首則量所招民數多寡授以職。如此庶幾黎人順服。」從之。遣知縣潘隆本齎敕撫諭。

四年，瓊州屬縣生黎峒首羅顯、許志廣、陳忠等三十三人來朝。初以生黎多未向化，遣銘招撫。至是向化者萬餘戶，顯等從銘來朝，且乞以銘撫其衆。帝遂授銘瓊州知府，專職撫黎，仍授顯等知縣、縣丞、巡檢等官，賜冠帶鈔幣，遣還。自是諸黎感悅，相繼來歸。瓊山、臨高諸縣生黎峒首王罰、鍾異、王琳等來朝，命爲主簿、巡檢。六年，銘復率土黎峒首王賢祐、王惠、王存禮等來朝，貢馬。命賢祐爲儋州同知，惠、存禮爲萬寧縣主簿。八年，文昌縣斬脚寨黎首周振生等來歸，賜以鈔幣，俾仍往招諸峒。九年，臨高縣典史王寄扶奉命招至生黎二千餘戶，而以峒首王乃等來朝。命寄扶爲縣主簿，幷賜王乃等鈔。十一年，瓊山縣東洋都民周孔洙招諭包黎等村黎人王觀巧等二百三十戶，願附籍爲民。從之。臨高民黃茂奉命招撫深峒、那呆等二十四峒生黎，率黎首王聚、符喜等來朝貢馬，黎民來歸者戶四百有奇。通計前後所撫諸黎共千六百七十處，戶三萬有奇，蓋皆本廟算云。

十四年，王賢祐率生黎峒首王撒、黎佛金等來朝貢，帝嘉納之。命禮部曰：「黎人遠處海南，慕義來歸，若朝貢頻繁，非存撫意。自今生黎土官峒首俱三年一貢，著爲令。」十六年，感恩土知縣樓吉祿率峒首貢馬。十九年，寧遠土縣丞邢京率峒首羅淋朝貢。時崖州民以私忿相戰鬭，衞將利漁所欲，發兵勦之。瓊州知州王伯貞執不可，曰：「彼自相仇殺耳，非有寇城邑殺良民之惡，不足煩官軍。」衞將不從，伯貞乃遣寧遠縣丞黃童按視。果仇殺，逮治數人，黎人遂安。

宣德元年，樂會土主簿王存禮等遣黎首黎寧及萬州黎民張初等來貢，帝謂尙書胡濙曰：「黎人居海島，不識禮儀，叛服不常，昔專設官撫綏，今來朝，當加賚之。」九月，澄邁縣黎王觀珠、瓊山縣黎王觀政等聚衆殺瓊山土知縣許志廣，流劫鄉村，殺掠人畜，命廣東三司勘實討之。二年，指揮王瑀等追捕黎賊，兵至金鷄嶺，賊率衆拒敵，敗之，生擒賊首王觀政及從賊二百六十二人，斬首二百六十七級，餘衆潰，奔走入山，招撫復業黎八百一十二戶，以捷聞，械送觀政等至京。帝謂尚書蹇義曰：「蠻性雖難馴，然至爲變，必有激。宜嚴戒撫黎諸官，寬以馭之，若生事激變，國有常刑。」

正統九年，崖州守禦千戶陳政聞黎賊出沒，偕副千戶洪瑜領軍搜捕賊，乃圍熟黎村，黎首出見，政等輒殺之。又令軍旗孫得等十五人焚其廬舍，殺其妻孥數人，擄其財物。各黎激變，政及官軍百人，皆爲所殺。巡按御史趙忠以聞，坐瑜激變律斬。

景泰三年敕萬州判官王琥曰：「以爾祖父能招撫黎人，特授土官。爾能繼承父志，亦既有年。茲特降敕付爾，撫諭該管村峒黎人，各安生業，不得倣傚別峒生黎所爲。其官軍亦不得擅入村峒，擾害激變。」

天順五年敕兩廣巡撫葉盛，以海南賊五百餘占據城池，可馳至瓊，相機撫捕，勿使滋蔓。

弘治二年，崖州故土官陳迪孫、冠帶舍人陳崇祐朝貢。以其能撫黎人之逋逃復業者，厚賜之。

十五年，黎賊符南蛇反，鎭兵討之，不下。戶部主事馮顒奏：「府治在大海南。有五指山峒，黎人雜居。外有三州、十縣、一衞、十一所。永樂間，置土官州縣以統之，黎民安堵如故。成化間，黎人作亂，三度征討。將領貪功，殺戮無辜。迨弘治間，知府張桓、余濬貪殘苛斂，大失黎心，釀成今日南蛇之禍。臣本土人，頗知事勢，乞仍考原設應襲土官子舍，使各集土兵，可得數萬，聽鎮巡官節制。有能擒首惡符南蛇者，復其祖職。以蠻攻蠻，不數月可奏績矣。」詔從之。

嘉靖十九年，總督蔡經以崖、萬二州黎岐叛亂，攻逼城邑，請設參將一員，駐劄瓊州分守。

二十八年，崖州賊首那燕等聚衆四千人爲亂，詔發兩廣官軍九千剿之。給事鄭廷鵠言：瓊州諸黎盤居山峒，而州縣反環其外。其地彼高而我下，其土彼膏腴而我鹹鹵，其勢彼聚而我散。故自開郡來千六百餘年，無歲不遭黎害，然無如今日甚矣。今日黎患，非九千兵可辦，必添調狼土官兵，兼召募打手，集數萬衆，一鼓而四面攻之，然後可克。

嘗考剿除黎患，其大舉有二。元至元辛卯，曾空其穴，勒石五指山。其時雖建屯田府，立定安、會同二縣，惜其經略未盡，故所得旋失。嘉靖庚子，又嘗大渡師徒，攻毀巢岡，無處不至。於是議者謂德霞地勢平衍，擬建城立邑，招新民耕守。業已舉行，中道而廢，旋爲賊資，以至復有今日。謹條三事：

一，崖黎三面郡縣，惟東面連郎溫、嶺脚二峒岐賊，〔八〕實當萬州陵水之衝。崖賊被攻，必借二峒東訌以分我兵勢。〔九〕計須先分奇兵攻二峒，而以大兵徑擣崖賊。彼此自救不暇，莫能相顧，則殲滅可期。傳聞賊首那燕已入凡陽構集岐賊。此必多方誤我，且訛言搖惑，以堅諸部助逆之心。宜開示慰安，以解狐疑之黨。

一，隋、唐郡縣，輿圖可考，今多陷入黎中。蕩平後悉宜恢復，并以德霞、千家、羅活等膏腴之地盡還州縣，設立屯田，且耕且守。仍由羅活、磨斬開路，以達定安，〔一〇〕由德霞沿溪水以達昌化。道路四達，井邑相望，非徒懾奸銷萌，而王路益開拓矣。

一，軍威既振，宜建參將府於德霞，各州縣許以便宜行事，以鎮安人心。其新附之民中有異志者，或遷之海北地方屯田，或編入附近衞所戎籍，如漢徙潛山蠻故事。又擇仁明慈惠之長，久任而安輯之，則瓊人受萬世利矣。

疏下兵部議，詔悉允行。

二十九年，總兵官陳圭、總督歐陽必進等督兵進勦，斬賊五千三百八十級，俘一千四十九人，奪牛羊器械倍之，招撫三百七十六人。捷聞，帝嘉其功，賜圭、必進祿米廕襲有差。

萬曆十四年，長田峒黎出掠，兵備道遣兵執戮之。草子坡諸黎召衆來報復，戰於長沙營，斬黎首百餘級，於是黃村、田尾諸峒黎皆出降。

瓊州黎人，居五指山中者爲生黎，不與州人交。其外爲熟黎，雜耕州地。原姓黎，後多姓王及符。熟黎之產，半爲湖廣、福建奸民亡命，及南、恩、藤、梧、高、化之征夫利其土，占居之，各稱酋首。成化間，副使涂棐設計犁掃，漸就編差。弘治間，符南蛇之亂，連郡震驚，其小醜侵突，無時而息云。

校勘記

〔一〕二年豹攻利州　二年，同卷利州傳作正統元年。按英宗實錄卷二六繫此於正統二年正月庚戌，並有英宗敕命，則「二年」應是奏報到京之年。

〔二〕六年總兵官柳溥奏　六年，原作「正德六年」。按柳溥此奏在正統六年五月丁巳，見英宗實錄卷七九，「正德」顯係「正統」之誤。上文已見「正統元年」，此處不應複述「正統」，據删。

〔三〕八年改隸廣西布政司　八年，本書卷四五地理志龍州條及明一統志卷八五俱作「九年」。

〔四〕鄭國公常茂以罪謫居龍州　龍州，原作「壽州」，據下文及卷三太祖紀、卷一二五常遇春傳附常茂傳，太祖實錄卷一八五洪武二十年九月丁酉條改。

〔五〕土官黃世鐵遣使貢馬及方物　黃世鐵，原作「黃士鐵」，據下文及明史稿傳一九三向武州傳、太祖實錄卷四二洪武二年七月丁未條改。

〔六〕土官黃宗蔭遣頭目貢馬　黃宗蔭，原作「黃宗允」，據上文及明史稿傳一九三奉議州傳、英宗實錄卷六四正統五年二月癸巳條改。下同。

〔七〕南建州爲定安縣隸焉　定安縣，原作「安定縣」，據本書卷四五地理志瓊州府條、明一統志卷八二瓊州府條、世宗實錄卷三五一嘉靖二十八年八月庚申條改。太祖實錄卷三一洪武元年十月丁酉條亦誤倒作「安定」。

〔八〕惟東面連郎溫嶺脚二峒岐賊　原作「惟東南連郎溫脚二峒岐賊」，「東面」誤「東南」，「溫」下脱「嶺」字，據世宗實錄卷三五一嘉靖二十八年八月庚申條、國榷卷五九頁三七三八、讀史方輿紀要卷一〇五陵水縣獨秀山條改補。「郎溫」，國榷作「瑯瑥」。

〔九〕必借二峒東訌以分我兵勢　東訌，原作「東江」，據世宗實錄卷三五一嘉靖二十八年八月庚申條改。

〔一〇〕以達定安　定安，原作「安定」，據世宗實錄卷三五一嘉靖二十八年八月庚申條改。

明史卷三百二十

列傳第二百八

外國一

朝鮮

朝鮮，箕子所封國也。漢以前曰朝鮮。始爲燕人衞滿所據，漢武帝平之，置眞番、臨屯、樂浪、玄菟四郡。漢末，有扶餘人高氏據其地，改國號曰高麗，又曰高句麗，居平壤，卽樂浪也。已，爲唐所破，東徙。後唐時，王建代高氏，兼併新羅、百濟地，徙居松岳，曰東京，而以平壤爲西京。其國北鄰契丹，西則女直，南曰日本。元至元中，西京內屬，置東寧路總管府，盡慈嶺爲界。

明興，王高麗者王顓。太祖卽位之元年遣使賜璽書。二年送還其國流人。顓表賀，貢方物，且請封。帝遣符璽郎偰斯齎詔及金印誥文封顓爲高麗國王，賜曆及錦綺。其秋，顓遣總部尙書成惟得、千牛衞大將軍金甲兩上表謝，〔一〕幷賀天壽節，因請祭服制度，帝命工部製賜之。惟得等辭歸，帝從容問：「王居國何爲？城郭修乎？兵甲利乎？宮室壯乎？」頓首言：「東海波臣，惟知崇信釋氏，他未遑也。」遂以書諭之曰：「古者王公設險，未嘗去兵。民以食爲天，而國必有出政令之所。今有人民而無城郭，人將何依？武備不修，則威弛；地不耕，則民艱於食；且有居室，無聽事，無以示尊嚴。此數者朕甚不取。夫國之大事，在祀與戎。苟闕斯二者，而徒事佛求福，梁武之事，可爲明鑑。王國北接契丹、女直，而南接倭，備禦之道，王其念之。」因賜之六經、四書、通鑑。自是貢獻數至，元旦及聖節皆遣使朝賀，歲以爲常。

三年正月命使往祀其國之山川。是歲頒科舉詔於高麗，顓表謝，貢方物，幷納元所授金印。中書省言：「高麗貢使多齎私物入貨，宜征稅；又多攜中國物出境，禁之便。」俱不許。五年表請遣子弟入太學，帝曰：「入學固美事，但涉海遠，不欲者勿强。」貢使洪師範、鄭夢周等一百五十餘人來京，失風溺死者三十九人，師範與焉。帝憫之，遣元樞密使延安答里往諭入貢毋數。而顓復遣其門下贊成事姜仁裕來貢馬，其賀正旦使金湑等已先至，帝悉遣還。謂中書省臣曰：「高麗貢獻繁數，旣困敝其民，而涉海復虞覆溺。宜遵古諸侯之禮，三年一聘。貢物惟所產，毋過侈。其明諭朕意。」

六年，顓遣甲兩等貢馬五十四，道亡其二，甲兩以聞。及進，以私馬足之。帝惡其不誠，却之。七年遣監門護軍周誼、鄭庇等來貢，表請每歲一貢，貢道從陸，由定遼，毋涉海，其貢物稱「送太府監」。中書省言：「元時有太府監，本朝未嘗有，言涉不誠。」帝命却其貢。是歲顓爲權相李仁人所弒。〔三〕顓無子，以寵臣辛旽之子禑爲子，於是仁人立禑。

八年，禑遣判宗簿事崔原來告哀，且言前有貢使金義殺朝使蔡斌，今嗣王禑已誅義，籍其家。帝疑其詐，拘原而遣使往祭弔。十年，使來請故王顓謚號，帝曰：「顓被殺已久，今始請謚，將假吾朝命，鎮撫其民，且掩其弒逆之跡，不可許。前所留使者，其遣之。」於是釋原歸。其夏，復遣周誼貢馬及方物，却不受。冬，又遣使賀明年正旦。帝曰：「高麗王顓被弒，奸臣竊命，春秋之義，亂臣必誅，夫又何言。第前後使者皆稱嗣王所遣，中書宜遣人往問嗣王如何，政令安在。若政令如前，嗣王不爲羈囚，則當依前王言，歲貢馬千匹，明年貢金百斤、銀萬兩、良馬百、細布萬，仍悉送還所拘遼東民，方見王位眞而政令行，朕無惑已。否則弒君之賊，必討無赦。」

十一年四月，禑復命誼來貢。十二年敕遼東守將潘敬、葉旺等謹飭邊備。其冬，禑遣李茂芳等來貢，以不如約却之。十三年，遼東送高麗使誼至京師，帝敕敬等曰：「高麗弒君，又殺朝使，前堅請入貢又不如期，今遣誼來，以虛文飾詐，他日必爲邊患。自今來者，其絕勿通。」因留諠於京師。十六年來貢，却之，命禮部責其朝貢過期、陪臣侮慢之罪；誠欲聽約者，當以前五歲違約不貢之物幷至。十七年六月，禑遣司僕正崔涓、禮儀判書金進宜貢馬二千匹。且言金非地所產，願以馬代輸，餘皆如約。遼東守將唐勝宗爲之請，帝許之。然請顓諡號，襲王爵，未允也。

十八年正月，貢使至。帝諭禮臣曰：「高麗屢請約束，朕數不允，而其請不已，故索歲貢以試其誠僞，非以此爲富也。今既聽命，宜損其貢數，令三年一朝，貢馬五十匹。至二十一年正旦乃貢。」七月，禑上表請襲爵，幷請故王諡。命封禑爲高麗國王，賜故王顓諡恭愍。

十九年二月遣使貢布萬匹、馬千匹。九月，表賀，貢方物。其後貢獻輒踰常額，且未嘗至三年也。冬，詔遣指揮僉事高家奴以綺布市馬於高麗。二十年三月，高家奴還，陳高麗表辭馬直，帝敕如數償之。先是，元末遼、瀋兵起，民避亂，轉徙高麗。至是因市馬，帝令就索之，遂以遼、瀋流民三百餘口來歸。十二月命戶部咨高麗王：「鐵嶺北，東西之地，舊屬開元者，遼東統之。鐵嶺之南，舊屬高麗者，本國統之。各正疆境，毋侵越。」

二十一年四月，禑表言，鐵嶺之地實其世守，乞仍舊便。帝曰：「高麗舊以鴨綠江爲界，今飾辭鐵嶺，詐僞昭然。其以朕言諭之，俾安分，毋生釁端。」

八月，高麗千戶陳景來降，言：「是年四月，禑欲寇遼東，使都軍相崔瑩、李成桂繕兵西京。成桂使陳景屯艾州，以糧不繼退師。王怒，殺成桂之子。成桂還兵攻破王城，囚王及瑩。」景懼及，故降。帝敕遼東嚴守備，仍遣人偵之。十月，禑請遜位於其子昌。帝曰：「前聞其王被囚，此必成桂之謀，姑俟之以觀變。」

二十二年，權國事昌奏乞入朝，帝不許。是歲，成桂廢昌，而立定昌國院君瑤。二十三年正月遣使來告。二十四年三月詔市馬高麗。八月，權國事瑤進所市馬千五百匹。帝曰：「三韓君臣悖亂，二紀於茲。今王瑤嗣立，乃王氏苗裔，宜遣使勞之。」十二月，瑤遣其子奭朝賀明年正旦。奭未歸而成桂自立，遂有其國，瑤出居原州。王氏自五代傳國數百年，至是絕。

二十五年九月，高麗知密直司事趙胖等持國都評議司奏言：「本國自恭愍王薨，無嗣，權臣李仁人以辛旽子禑主國事，昏暴好殺，至欲興師犯邊，大將李成桂以爲不可而回軍。禑負罪惶懼，遜位於子昌。國人弗順，啓請恭愍王妃安氏擇宗親瑤權國事。已及四年，昏戾信讒，戕害勳舊，子奭癡騃不慧，國人謂瑤不足主社稷。今以安氏命，退瑤於私第。王氏子姓無可當輿望者，中外人心咸繫成桂。臣等與國人耆老共推主國事，惟聖主俞允。」帝以高麗僻處東隅，非中國所治，令禮部移諭：「果能順天道，合人心，不啓邊釁，使命往來，實爾國之福，我又何誅。」冬，成桂聞皇太子薨，遣使表慰，幷請更國號。帝命仍古號曰朝鮮。

二十六年二月遣使進馬九千八百餘匹，命運紵絲綿布一萬九千七百餘匹酬之。六月表謝，貢馬及方物，幷上前恭愍王金印，請更己名曰旦。從之。是月，遼東都指揮使司奏，朝鮮國招引女直五百餘人，潛渡鴨綠江，欲入寇。乃遣使敕諭，示以禍福。旦得敕，惶懼陳謝，上貢，幷械送逋逃軍民三百八十餘人至遼東。

二十七年，旦遣子入貢。二十八年遣使柳珣賀明年正旦。帝以表文語慢，詰責之。珣言表文乃門下評理鄭道傳所撰，遂命逮道傳，釋珣歸。二十九年送撰表人鄭總等三人至，云表實總等所撰，道傳病不能行。帝以總等亂邦搆釁，留不遣。三十年冬，復以表涉譏訕，拘其使。建文初，旦表陳年老，以子芳遠襲位。許之。

成祖立，遣官頒卽位詔。永樂元年正月，芳遠遣使朝貢。四月復遣陪臣李貴齡入貢，奏芳遠父有疾，需龍腦、沉香、蘇合、香油諸物，賚布求市。帝命太醫院賜之，還其布。芳遠表謝，因請冕服書籍。帝嘉其能慕中國禮，賜金印、誥命、冕服、九章、圭玉、珮玉，妃珠翠七翟冠、霞帔、金墜，及經籍綵幣表裏。自後貢獻，歲輒四五至焉。

二年十二月詔立芳遠子禔爲世子，從其請也。五年十二月，貢馬三千匹至遼東，命戶部運絹布萬五千匹償之。六年，世子禔來朝，賜織金文綺。及歸，帝親製詩賜之。時朝鮮納女後宮，立爲妃嬪者四人。其秋，遣陪臣鄭擢來告其父旦之喪。命官弔祭，賜謚康獻。

十六年奏世子禔不肖，第三子祹孝弟力學，國人所屬，請立爲嗣，詔聽王所擇。因上表謝，幷陳己年老，請以祹理國事。命光祿少卿韓確、鴻臚丞劉泉封祹爲朝鮮國王。時帝已遷北都，朝鮮益近，而事大之禮益恭，朝廷亦待以加禮，他國不敢望也。

二十年，芳遠卒，賜謚恭定。二十一年七月，祹請立嫡子珦爲世子，從之。先是，敕祹貢馬萬匹，至是如數至，賜白金綺絹。

宣德二年三月遣中官賜白金紵紗，別敕進馬五千匹，資邊用。九月如數至。四年賜祹書：「珍禽異獸，非朕所貴，其勿獻。」後又敕祹：「金玉之器，非爾國所產，宜止之，土物效誠而已。」八年，祹奏遣子弟詣太學或遼東學，帝不許，賜五經、四書、性理、通鑑綱目諸書。

正統元年三月放朝鮮婦女金黑等五十三人還其國。金黑等自宣德初至京師，至是遣中官送回。三年八月賜祹遠游冠、絳紗袍、玉佩、赤舄。先是，建州長童倉避居朝鮮界，已復還建州。朝鮮言：「昔以窮歸臣，臣遇之善。今負恩還建州李滿住所，慮其同謀擾邊。」建州長言，所部爲朝鮮追殺，阻留一百七十餘家。五年詔祹還之。七年五月諭祹曰：「鴨綠江一帶東寧等衞，密邇王境，中多細人逃至王國，或被國人誘脅去者，無問漢人、女直，至卽解京。」初，瓦剌密令女直諸部誘朝鮮，使背中國。祹拒之，白其事於朝。帝嘉其忠，敕獎之，幷賜綵幣。九年春，倭寇犯邊，祹命將擒獲五十餘人，械送京師。十年又獲餘黨來獻。帝連敕獎諭，賜賚加等。十三年冬，命使調發朝鮮及野人女直兵會遼東，征北寇。時英宗北狩，郕王即位，遣官頒詔於其國。

景泰元年貢馬五百匹。奏稱奉敕辦馬二三萬匹，比因鄰寇搆釁，馬畜踣斃，一時未能。詔曰：「寇今少息。馬已至者，償其直。未至者，止勿貢。」是年夏，裪卒，賜弔祭，謚莊憲，封子珦爲國王。會遼東奏報開原、瀋陽有寇入境，掠人畜，係建州、海西、野人女直頭目李滿住等爲嚮導，因諭珦相爲掎角截殺之。其秋，續貢馬千五百餘匹。賜冕服，幷償其直。冬又賜珦及妃權氏誥命，封其子弘暐爲世子。二年冬，以建州頭目潛與朝鮮通，戒珦絕其使。

三年秋，珦卒，來告哀。遣中官往弔祭，賜謚恭順，命子弘暐嗣立。弘暐立三年，以年幼且嬰夙疾，請以叔瑈權國事。七年上表遜位，乃封瑈爲國王。瑈請立子暲爲世子，從之。

天順三年，邊將奏，有建州三衞都督私與朝鮮結，恐爲中國患。因敕瑈毋作不靖，貽後悔。瑈疏辨，復諭曰：「宣德、正統年間，以王國與彼互相侵掠，敕解怨息兵，初不令交通給賞授官也。彼既受朝廷官職，王又加之，是與朝廷抗也。王素秉禮義，何爾文過飾非？後宜絕私交，以全令譽。」四年復諭瑈曰：「王奏毛憐衞都督郎卜兒哈通謀煽亂，已置之法。夫法止可行於國中，豈得加於鄰境。郎卜兒哈有罪，宜奏朝廷區處。今輒行殺害，何怪其子阿比車之思復讐也。聞阿比車之母尚在，宜急送遼東都司，令阿比車領回，以解讐怨。」五年，建州衞野人至義州殺掠，瑈奏乞朝命還所掠。兵部議：「朝鮮先嘗誘殺郎卜兒哈，繼又誘致都指揮兀克，縱兵掠其家屬。今野人實係復讐，宜諭朝鮮，寇盜之來皆自取，惟守分安法，庶弭邊釁。」從之。

成化元年冬，陪臣李門炯來朝，卒於道。命給棺賜祭，并賜綵幣慰其家。時朝鮮頻貢異物，三年春，敕諭瑈修常貢，勿事珍奇。是時朝廷用兵征建州，敕瑈助兵進剿。瑈遣中樞府知事康純統衆萬餘渡鴨綠、潑猪二江，攻破九獮府諸寨，斬獲多。

四年正月遣官來獻俘。詔從厚賚，敕奬諭之。是年，瑈卒，賜諡惠莊。遣太監鄭同、崔安封世子晄爲王，給妃韓氏誥命。既行，巡按遼東御史侯英奏曰：「遼東連年被寇，瘡痍未起，今復禾稼不登，軍民乏食。太監鄭同等隨從人員所過驛騷。臣考先年曾於翰林院中，選有學行文望者出使。今同、安俱朝鮮人，墳墓宗族皆在，見其國王，不免屈節，殊褻中國體。乞寢成命，或翰林，或給事中及行人內推選一員，往使爲便。」帝曰：「英所言良是。自後賞賚遣內臣，其册封正副使，選廷臣有學行者。」

六年，晄病篤，以所生子幼，命其兄故世子暲之子娎權國事，遣陪臣以聞。及卒，賜諡襄悼，命娎嗣位，娎妻韓氏封王妃。十年追贈娎父世子暲爲國王，諡懷簡，母韓氏爲王妃，從所請也。

十一年四月，娎奏建州野人糾聚毛憐等衞侵擾邊境不已，乞朝命戒飭。十二年十月，娎爲繼妻尹氏請封，賜誥命冠服。時禁外國互市兵器，娎奏：「小邦北連野人，南鄰倭島，五兵之用，不可缺一。而弓材所需牛角，仰於上國。高皇帝時嘗賜火藥、火礮，今望特許收買弓角，不與外番同禁。」兵部議歲市弓角五十，後以不足於用，請無限額，詔許倍市。

十五年十月命娎出兵夾擊建州女直。娎遂遣右贊成魚有沼率兵至滿浦江，以氷泮後期。復遣左議政尹弼商、節度使金嶠等渡江進剿。十六年春遣陪臣來獻捷，帝命內官齎敕獎其能繼先烈，賜金幣，領兵官賞賚如例。後使還，遣其臣許熙伴送。熙歸至開州，建州騎二千邀之，掠其從卒三十餘人，馬二百三十餘匹，他所亡物稱是。奏聞，英國公張懋、吏部尚書尹旻等以遼東連年用兵，未可輕動，宜以此意諭娎。敕遼東守臣整飭邊備，更令譯者窮究所掠，期在必得，仍賜熙白金綵幣慰安之。

十七年，娎奏繼妃尹氏失德，廢置，乞更封副室尹氏。從之。十九年四月封娎長子㦕爲世子。

弘治七年十二月，娎卒，賜諡康靖。明年四月，封㦕爲國王，妻愼氏爲王妃。十二年，㦕奏：「本國人屢有違禁匿海島，誘引軍民，漸至滋蔓。乞許本國自行搜刷。其係上國地方，請敕官追捕。」時遼東守臣亦奏如㦕言，報可。十五年冬，封㦕長子𩕳爲世子。

正德二年，㦕以世子顗夭亡，哀慟成疾，奏請以國事付其弟懌，其國人復奏請封懌。禮部議命懌權理國事，俟㦕卒乃封。既，陪臣盧公弼等以朝貢至京，復請封懌，廷議不允。十二月，㦕母妃奏懌長且賢，堪付重寄。於是禮部奏：「㦕以痼疾辭位，懌以親弟承托，接受既明，友愛不失。通國臣民舉無異詞，宜順其請。」上乃允懌嗣位，遣中官敕封，幷賜其妃尹氏誥命。

初，成桂之自立也，與宰相李仁人本異族。永樂間，降祭海嶽祝文，稱成桂爲仁人子，而祖訓亦載仁人子成桂更名旦。後成桂子芳遠奏辨，太宗許令改正。至是修大明會典，仍列祖訓於朝鮮國。貢使市以歸，懌上疏備陳世系，辨先世無弑逆事，乞改正。禮部議：「會典詳載本朝制度，事涉外國，疑似之際，在所略。況成桂得國出皇祖命，其不繫仁人後，太宗詔可徵，宜從其請。」詔曰：「可。」

十五年冬，命內官封懌子峼爲世子，賜懌金帛珠玉，令括取異物及童男女以進。十六年，世宗卽位，禮官言：「天子初踐祚，宜正中國之體，絕外裔狎侮之端。請諭懌非朝廷意，召內臣還，毋有所索取。」帝從之。

嘉靖二年八月，以俘獲倭夷來獻，幷送還中國被掠八人。賜白金錦紵。

八年八月，陪臣柳溥上言：「國祖李旦係本國全州人。二十八世祖瀚仕新羅爲司空。新羅亡，六世孫兢休入高麗。十三世孫安社仕元爲南京千戶所達魯花赤。元季兵興，安曾孫子春與男成桂避地東遷。至正辛丑，當恭愍王之十年，有紅巾賊入境，成桂擊賊有功，授武班職事，時尙未知名。恭愍無嗣，陰蓄寵臣辛旽之子禑爲子，晚爲嬖臣洪倫、內豎崔萬生所弒。權臣李仁人誅倫、萬生而立禑，擢成桂爲門下侍中。禑遣成桂侵遼東，成桂不從，返兵。禑懼，遜位於子昌。昌以僞姓見黜，復立王氏裔定昌君瑤，竄仁人於外。瑤復不道，國人戴成桂，請於高皇帝，立爲王，更名旦，瞻瑤別邸，終其身，實未嘗爲弒。前永樂、正德間屢經奏請，俱蒙兪允，而迄未改正。今遇重修會典，乞賜昭雪。」詔送史館編纂。

十八年二月，睿宗祔太廟，配享明堂禮成，懌表賀。帝特御奉天門引見，賜宴禮部。

二十三年冬，懌卒。二十四年正月來訃，賜諡恭僖。詔立其子皓。皓未踰年卒，賜諡榮靖。九月，皓弟權國事峘遣使謝祭諡，幷請襲封，詔許之。

二十五年，峘遣使送下海番人六百餘至邊，賜金幣。二十六年正月，峘咨稱：「福建人從無泛海至本國者，因往日本市易，爲風所漂，前後共獲千人以上，皆挾軍器貨物，致中國火礮亦爲倭有，恐起兵端。」詔：「頃年沿海奸民犯禁，福建尤甚，往往爲外國所獲，有傷國體。海道官員令巡按御史察參。仍賜王銀幣，以旌其忠。」

三十一年冬，以洪武、永樂間所賜樂器敝壞，奏求律管，更乞遣樂官赴京校習，許之。

三十五年五月有倭船四自浙、直敗還，漂入朝鮮境。峘遣兵擊殲之，得中國被俘及助逆者三十餘人來獻，因賀冬至節，帝賜璽書褒諭。三十八年十一月奏：「今年五月，有倭寇駕船二十五隻來抵海岸，臣命將李鐸等剿殺殆盡，獲中國民陳春等三百餘人，內招通倭嚮導陳得等十六人，俱獻闕下。」復降敕奬勵，厚賚銀幣，幷賜鐸等有差。

四十二年九月，峘復上書辨先世非李仁人後，今修會典雖蒙釐正，乞著始祖旦、父子春之名，帝令附錄會典。

隆慶元年六月遣官頒卽位詔。時帝將幸太學，來使乞留觀禮，許之。是年冬，峘卒，賜諡恭憲，命其姪昖襲封。

萬曆元年正月上穆宗尊諡、兩宮徽號禮成，昖表賀，獻方物馬匹。時昖屢請賜皇明會典，爲其先康獻王旦雪冤。十六年正月，會典成，適貢使愈泓在京，請給前書，以終前命。許之。十七年十一月，陪臣奇苓等入賀冬至，奏稱本年六月，大琉球國船遭風至海岸，所有男婦合解京，給文放歸。從之。

十九年十一月奏，倭酋關白平秀吉聲言明年三月來犯，詔兵部申飭海防。平秀吉者，薩摩州人，初隨倭關白信長。會信長爲其下所弒，秀吉遂統信長兵，自號關白，劫降六十餘州。朝鮮與日本對馬島相望，時有倭夷往來互市。二十年夏五月，秀吉遂分渠帥行長、清正等率舟師逼釜山鎭，潛渡臨津。時朝鮮承平久，兵不習戰，昖又湎酒，弛備，猝島夷作難，望風皆潰。昖棄王城，令次子琿攝國事，奔平壤。已，復走義州，願內屬。七月，兵部議令駐劄險要，以待天兵；號召通國勤王，以圖恢復。而是時倭已入王京，毀墳墓，刦王子、陪臣，剽府庫，八道幾盡沒，旦暮且渡鴨綠江，請援之使絡繹於道。廷議以朝鮮爲國藩籬，在所必爭。遣行人薛潘諭昖以興復大義，揚言大兵十萬且至。而倭業抵平壤，朝鮮君臣益急，出避愛州。遊擊史儒等率師至平壤，戰死。副總兵祖承訓統兵渡鴨綠江援之，僅以身免。中朝震動，以宋應昌爲經略。八月，倭入豐德等郡，兵部尚書石星計無所出，議遣人偵探之，於是嘉興人沈惟敬應募。惟敬者，市中無賴也。是時秀吉次對馬島，分其將行長等守要害爲聲援。惟敬至平壤，執禮甚卑。行長紿曰：「天朝幸按兵不動，我不久當還。以大同江爲界，平壤以西盡屬朝鮮耳。」惟敬以聞。廷議倭詐未可信，乃趣應昌等進兵。而星頗惑於惟敬，乃題署遊擊，赴軍前，且請金行間。十二月，以李如松爲東征提督。明年正月，如松督諸將進戰，大捷於平壤。行長渡大同江，遁還龍山。所失黃海、平安、京畿、江原四道並復，〔三〕清正亦遁還王京。如松既勝，輕騎趨碧蹄館，敗，退駐開城。事具如松傳。

初，如松誓師，欲斬惟敬，以參軍李應試言而止。至是敗，氣縮，而應昌急圖成功，倭亦乏食有歸志，因而封貢之議起。應昌得倭報惟敬書，乃令遊擊周弘謨同惟敬往諭倭，獻王京，返王子，如約縱歸。倭果於四月棄王城遁。時漢江以南千有餘里朝鮮故土復定，兵部言宜令王還國居守，我各鎭兵久疲海外，以次撤歸爲便。詔可。應昌疏稱：「釜山雖瀕海南，猶朝鮮境，有如倭覘我罷兵，突入再犯，朝鮮不支，前功盡棄。今撥兵協守爲第一策，卽議撤，宜少需，俟倭盡歸，量留防戍。」部議留江浙兵五千，分屯要害，仍諭昖蒐練軍實，毋恃外援。已而沈惟敬歸自釜山，同倭使來請款，而倭隨犯咸安、晉州，逼全羅，聲復漢江以南，以王京、漢江爲界。如松計全羅饒沃，南原府尤其咽喉，乃命諸將分守要害。已，倭果分犯，我師並有斬獲。兵科給事中張輔之、遼東都御史趙燿皆言款貢不可輕受。七月，倭從釜山移西生浦，送回王子、陪臣。時師久暴露，聞撤，勢難久羈。應昌請留劉綎川兵，吳惟忠、駱尙志等南兵，合薊、遼兵共萬六千，聽綎分布慶尙之大丘，月餉五萬兩，資之戶兵二部。先是，發帑給軍費，已累百萬。廷臣言虛內實外非長策，請以所留川兵命綎訓練，兵餉令本國自辦。於是詔撤惟忠等兵，止留綎兵防守。諭朝鮮世子臨海君琿居全慶，以顧養謙爲經略。

九月，昖以三都旣復，疆域再造，上表謝恩。然時倭猶據釜山也，星益一意主款。九月，兵部主事曾偉芳言：「關白大衆已還，行長留待。知我兵未撤，不敢以一矢加遺。欲歸報關白捲土重來，則風不利，正苦冬寒。故款亦去，不款亦去。沈惟敬前於倭營講購，咸安、晉州隨陷，而欲恃款冀來年不攻，則速之款者，正速之來耳。故款亦來，不款亦來。宜令朝鮮自爲守，弔死問孤，練兵積粟，以圖自强。」帝以爲然，因敕諭昖者甚至。

二十二年正月，昖遣金晬等進方物謝恩。禮部郎中何喬遠奏：「晬涕泣言倭寇猖獗，朝鮮束手受刃者六萬餘人。倭語悖慢無禮，沈惟敬與倭交通，不云和親，輒曰乞降。臣謹將萬曆十九年中國被掠人許儀所寄內地書、倭夷答劉綎書及歷年入寇處置之宜，乞特敕急止封貢。」詔兵部議。時廷臣交章，皆以罷封貢、議戰守爲言。八月，養謙奏講貢之說，貢道宜從寧波，關白宜封爲日本王，諭行長部倭盡歸，與封貢如約。九月，昖請許保國。帝乃切責羣臣阻撓，追褫御史郭實等。詔小西飛入朝，集多官面議，要以三事：一，勒倭盡歸巢；一，既封不與貢；一，誓無犯朝鮮。倭俱聽從，以聞。帝復諭於左闕，語加周複。十二月，封議定，命臨淮侯李宗城充正使，以都指揮楊方亨副之，同沈惟敬往日本，王給金印，行長授都督僉事。

二十三年九月，昖奏立次子琿爲嗣。先是，昖庶長子臨海君珒陷賊中，驚憂成疾，次子光海君琿收集流散，頗著功績，奏請立之。禮部尙書范謙言繼統大義，長幼定分，不宜僭差，遂不許。至是復奏，引永樂間恭定王例上請，禮臣執奏，不從。二十四年五月，昖復疏請立琿，禮部仍執不可，詔如議。時國儲未建，中外恫疑，故尙書范謙於朝鮮易封事三疏力持云。

九月，封使至日本。先是，沈惟敬抵釜山，私奉秀吉蟒玉、翼善冠、地圖、武經、良馬。而李宗城以貪淫爲倭守臣所逐，棄璽書夜遁。事聞，逮問。乃以方亨充正使，加惟敬神機營銜副之。及是奉册至，關白怒朝鮮王子不來謝，止遣二使奉白土綢爲賀，拒其使不見，語惟敬曰：「若不思二子、三大臣、三都、八道悉遵天朝約付還，今以卑官微物來賀，辱小邦邪？辱天朝邪？且留石曼子兵於彼，候天朝處分，然後撤還。」翌日奉貢，遣使賫表文二道，隨册使渡海至朝鮮。廷議遣使於朝鮮，取表文進驗，其一謝恩，其一乞天子處分朝鮮。

初，方亨詭報去年從釜山渡海，倭於大版受封，卽回和泉州。然倭方責備朝鮮，仍留兵釜山如故，謝表後時不發，方亨徒手歸。至是，惟敬始投表文，案驗潦草，前折用豐臣圖書，不奉正朔，無人臣禮。而寬奠副總兵馬棟報淸正擁二百艘屯機張營。方亨始直吐本末，委罪惟敬，幷呈石星前後手書。帝大怒，命逮石星、沈惟敬案問。以兵部尚書邢玠總督薊、遼；改麻貴爲備倭大將軍，經理朝鮮；僉都御史楊鎬駐天津，申警備；楊汝南、丁應泰贊畫軍前。

五月，玠至遼。〔四〕行長建樓，淸正布種，島倭窖水，索朝鮮地圖，玠遂決意用兵。麻貴望鴨綠江東發，所統兵僅萬七千人，請濟師。玠以朝鮮兵惟嫺水戰，乃疏請募兵川、浙，幷調薊、遼、宣、大、山、陝兵及福建、吳淞水師，劉綎督川、漢兵聽勦。貴密報候宣、大兵至，乘倭未備，掩釜山，則行長擒，淸正走。玠以爲奇計，乃檄楊元屯南原，吳惟忠屯忠州。

六月，倭數千艘泊釜山，戮朝鮮郡守安弘國，漸逼梁山、熊川。惟敬率營兵二百，出入釜山。玠陽爲慰藉，檄楊元襲執之，縛至貴營，惟敬執而嚮導始絕。七月，倭奪梁山、三浪，遂入慶州，侵閑山。統制元均兵潰，遂失閑山。閑山島在朝鮮西海口，右障南原，爲全羅外藩，一失守則沿海無備，天津、登、萊皆可揚帆而至。而我水兵三千甫抵旅順，閑山破，經略檄守王京西之漢江、大同江，扼倭西下，兼防運道。

八月，清正圍南原，乘夜猝攻，守將楊元遁。時全州有陳愚衷，去南原僅百里，南原告急，愚衷不敢救，聞已破，棄城走。麻貴遣遊擊牛伯英赴援，與愚衷合兵，屯公州。倭遂犯全慶，逼王京。王京爲朝鮮八道之中，東阻烏嶺、〔五〕忠州，西則南原、全州，道相通。自二城失，東西皆倭，我兵單弱，因退守王京，依險漢江。麻貴請於玠，欲棄王京退守鴨綠江。海防使蕭應宮以爲不可，自平壤兼程趨王京止之。麻貴發兵守稷山，朝鮮亦調都體察使李元翼由烏嶺出忠清道遮賊鋒。玠既身赴王京，人心始定。玠召參軍李應試問計，應試請問廟廷主畫云何。玠曰：「陽戰陰和，陽勦陰撫，政府八字密畫，無泄也。」應試曰：「然則易耳。倭叛以處分絕望，其不敢殺楊元，猶望處分也。直使人諭之曰沈惟敬不死，則退矣。」因請使李大諫於行長，馮仲纓於清正，玠從之。九月，倭至漢江，楊鎬遣張貞明持惟敬手書往，責其動兵，有乖靜候處分之實。行長、正成亦尤清正輕舉，乃退屯井邑。麻貴遂報青山、稷山大捷。蕭應宮揭言：「倭以惟敬手書而退，青山、稷山并未接戰，何得言功？」玠、鎬怒，遂劾應宮恇怯，不親解惟敬，並逮。

十一月，玠徵兵大集，帝發帑金犒軍，賜玠尙方劍，而以御史陳效監其軍。玠大會諸將，分三協。鎬同貴率左右協，自忠州、烏嶺向東安，趨慶州，專攻清正。使李大諫通行長，約勿往援。復遣中協屯宜城，東援慶州，西扼全羅。以餘兵會朝鮮合營，詐攻順天等處，以牽制行長東援。十二月，會慶州。麻貴遣黃應賜賄清正約和，〔六〕而率大兵奄至其營。時倭屯蔚山，〔七〕城依山險，中一江通釜寨，其陸路由彥陽通釜山。貴欲專攻蔚山，恐釜倭由彥陽來援，乃多張疑兵，又遣將遏其水路，遂進逼倭壘。遊擊擺寨以輕騎誘倭入伏，斬級四百餘，獲其勇將，乘勝拔兩栅。倭焚死者無算，遂奔島山，連築三寨。翌日，遊擊茅國器統浙兵先登，連破之，斬獲甚多，倭堅壁不出。島山視蔚山高，石城堅甚，我師仰攻多損傷。諸將乃議曰：「倭艱水道，餉難繼，第坐困之，清正可不戰縛也。」鎬等以爲然，分兵圍十日夜，倭饑甚，僞約降緩攻。俄行長援兵大至，將繞出軍後。鎬不及下令，策馬西奔，諸軍皆潰。遂撤兵還王京，士卒物故者二萬。上聞之，震怒。乃罷鎬聽勘，以天津巡撫萬世德代。事詳鎬傳。

二十六年正月，邢玠以前役乏水兵無功，乃益募江南水兵，議海運，爲持久計。二月，都督陳璘以廣兵，劉綎以川兵，鄧子龍以浙、直兵先後至。玠分兵三協，爲水陸四路，路置大將。中路如梅，東路貴，西路綎，水路璘，各守汛地，相機行剿。時倭亦分三窟。東路則清正，據蔚山。西路則行長，據粟林、曳橋，建砦數重。中路則石曼子，據泗州。而行長水師番休濟餉，往來如駛。我師約日並進，尋報遼陽警，李如松敗沒，詔如梅還赴之，中路以董一元代。

當應泰之劾鎬也，岱請回乾斷，崇勵鎭撫，以畢征討。上不許。又應泰嘗以築城之議爲鎬罪案，〔八〕謂堅城得志，啓朝鮮異日之患，於是岱奏辨。帝曰：「連年用兵發餉，以爾國素効忠順故也，毋以人言自疑。」

九月，將士分道進兵，劉綎進逼行長營，約行長爲好會。翌日，攻城，斬首九十二。陳璘舟師協堵擊，毀倭船百餘。行長潛出千餘騎扼之，綎不利，退，璘亦棄舟走。麻貴至蔚山，頗有斬獲，倭僞退誘之。貴入空壘，伏兵起，遂敗。董一元進取晉州，乘勝渡江，連燬二寨。倭退保泗州老營，鏖戰下之，前逼新寨。寨三面臨江，一面通陸，引海爲濠，海艘泊寨下千計，築金海、固城爲左右翼。十月，董一元遣將四面攻城，用火器擊碎寨門，兵競前拔柵。忽營中火藥崩，烟焰漲天。倭乘勢衝擊，固城倭亦至，兵遂大潰，奔還晉州。帝聞，命斬二遊擊以徇，一元等各帶罪立功。是月，福建都御史金學曾報七月九日平秀吉死，各倭俱有歸志。十一月，清正發舟先走，麻貴遂入島山、酉浦，〔九〕劉綎攻奪曳橋。石曼子引舟師救行長，陳璘邀擊敗之。諸倭揚帆盡歸。

自倭亂朝鮮七載，喪師數十萬，糜餉數百萬，中朝與屬國迄無勝算，至關白死而禍始息。

二十七年閏四月，〔一〇〕以平倭詔告天下，又敕諭昖曰：「倭奴平秀吉肆爲不道，蹂躪爾邦。朕念王世篤忠貞，深用憫惻。七年之中，日以此賊爲事。始行薄伐，繼示包容，終加嚴討。蓋不殺乃天之心，而用兵非予得已。安疆靖亂，宜取蕩平。神惡凶盈，陰殲魁首，大師乘之，追奔逐北，鯨鯢盡戮，海隅載清，捷書來聞，憂勞始釋。惟王雖還舊物，實同新造，振凋起敝，爲力倍艱。倭雖遁歸，族類尚在。茲命邢玠振旅歸京，量留萬世德等分布戍守。王宜臥薪嘗膽，無忘前恥，惟忠惟孝，纘紹前休。」

五月，玠條陳東征善後事宜十事。一，留戍兵，馬步水陸共計三萬四千有奇，馬三千匹。一，定月餉，每年計銀九十一萬八千有奇。一，定本色，合用米豆，分派遼東、天津、山東等處，每年十三萬石。一，留中路海防道。〔一一〕一，裁餉司。一，重將領。一，添巡捕。一，分汛地。一，議操練。一，責成本國。廷臣議：「數年疲耗，今始息肩，自宜內固根本，不當更爲繁費。況彼國兵荒之後，不獨苦倭之擾，兼苦我兵。故今日善後事宜，仍當商之彼國，先量彼餉之贏絀，始可酌我兵之去留。至於增買馬匹，添補標兵，創立巡捕，及至管餉府佐，悉宜停止。」帝命督撫會同國王酌奏。八月，昖獻方物，助大工，褒賞如例。十月，請留水兵八千，以資戍守。其撤回官兵，駐劄遼陽備警。二十八年四月請將義州等倉遺下米豆運回遼陽。戶部議：「輸運維艱，莫若徑與彼國，振其彫敝，以昭皇仁。」詔曰：「可。」

二十九年二月，兵部覆奏經督條陳七事：「一，練兵士。麗人鷙悍耐寒苦，而長衫大袖，訓練無方，宜以束伍之法教之。一，守衝要。朝鮮三面距海，釜山與對馬相望，巨濟次之，宜各守以重兵，幷蔚山、開山等處皆宜戍守。一，修險隘。王京北倚叢山，南環滄海。忠州左右烏、竹二嶺，羊腸繞曲，有一夫當關之險。今營壘遺址尚存，亟宜修葺。一，建城池。朝鮮八道，十九無城。平壤西北鴨、浿二江，俱南通海。倘倭別遣一旅占據平壤，則王京聲援斷絕，皆應修築屯聚。一，造器械。倭戰便陸不便海，〔一二〕以船制重大，不利攻擊。今准福唬造百十艘爲奇兵，幷添造神機百子火箭。〔一三〕一，訪異材。朝鮮貴世官，賤世役，一切禁錮，往往走倭走敵，爲本國患，宜破格搜採。一，修內治。國家東南臨海，以登、旅爲門戶，鎭江爲咽喉，應撥之兵，不宜盡撤。我自固，亦所以固朝鮮也。」詔朝鮮刻勵以行。九月，奏所頒誥命冕服遭變淪失，祈補給，從之。

時倭國內亂，對馬島主平義智悉遣降人還朝鮮，遣書乞和，且揚言秀吉將家康將輸糧數十萬石爲軍興資，以脅朝鮮。朝鮮與對馬島一水相望，島地不產五穀，資米於朝鮮。兵興後，絕開市，因百計脅款。秀吉死，我軍盡撤，朝鮮畏倭滋甚。欲與倭通款，又懼開罪中國。三十年十一月，昖以島倭求款來請命。兵部以事難遙度，令總督世德酌議，詔可。三十一年，昖言倭使頻來要挾和款，兵端漸露，乞選將率兵，督同本國訓練修防。帝曰：「曾留將士教習，成法具在，無容再遣。」因命其使臣齎敕誡勵。三十三年九月，昖復請封琿爲世子，禮部仍執立長之議。三十五年四月，昖以家康求和來告，兵部議聽王自計而已。由是和款不絕，後三年始畫開市之事。

三十六年，昖卒。光海君琿自稱署國事，遣陪臣來訃，且請謚。帝惡其擅，不允，令該國臣民公議以聞。時我大淸兵征服各部，漸近朝鮮。兵部議令該王大修武備，整飭邊防，幷請敕遼左督撫鎭臣，遣官宣達毋相侵犯之意。從之。十月，封琿爲國王，從其臣民請也。三十七年二月，謚昖曰昭敬，遣官賜琿及妃柳氏誥命。

初，朝鮮失守，賴中國力得復，倭棄釜山遁。然陰謀啓疆，爲患不已。於是海上流言倭圖釜山，朝鮮與之通。四十一年九月，總兵官楊宗業以聞。琿疏辨，詔慰解之。

四十二年四月，奏請追封生母金氏。禮部按會典，嫡母受封而生母先亡者得追贈，乃命封爲國王次妃。四十三年十一月，表賀冬至，因奏買回吾學編、弇山堂別集等書，載本國事與會典乖錯，乞改正。禮部言：「野史不足憑。今所請恥與逆黨同譏，宜憫其誠，宣付史館。」報可。初，琿爲生母已得封，至是復祈給冠服。禮臣以金氏側室，禮有隆殺，執不可。四十五年正月，琿請至再，帝以琿屢次懇陳，勉從之。

四十七年，楊鎬督馬林、杜松、劉綎等出師，爲我大淸兵所敗。朝鮮助戰兵將，或降或戰死。琿告急，詔加優恤。十一月，兵部覆：朝鮮入貢之道，宜添兵防守。詔鎭江等處設兵將，令經略熊廷弼調委。四十八年正月，琿奏：「敵兵八月中攻破北關，金台吉自焚，白羊出降。鐵嶺之役，蒙古宰賽亦爲所滅。聞其國謀議以朝鮮、北關、宰賽皆助兵南朝，今北關、宰賽皆滅，不可使朝鮮獨存。又聞設兵牛毛寨、萬遮嶺，欲略寬奠、鎭江等處。寬奠、鎭江與昌城、義州諸堡隔水相望，孤危非常。敵若從靉陽境上鴉鶻關取路逶出鳳凰城裏，一日長驅，寬鎭、昌城俱莫自保。內而遼左八站，外而東江一城，彼此隔斷，聲援阻絕，可爲寒心。望速調大兵，共爲犄角，以固邊防。」時遼鎭塘報稱朝鮮與大淸講和，朝議遂謂琿陽衡陰順，宜遣官宣諭，或命將監護，其說紛挐。琿疏辨：「二百年忠誠事大，死生一節。」詞極剴摯。禮、兵二部請降勅令曉諭，以安其心。帝是其議，然勅令陪臣往，不遣官也。

天啓元年八月，改朝鮮貢道，自海至登州，直達京師。時毛文龍以總兵鎭皮島，招集逃民爲兵，而仰給於朝鮮。十一月，琿奏力難餽餉，乞循萬曆東征例，發運山東粟，從之。

三年四月，國人廢琿而立其姪綾陽君倧，以昭敬王妃之命權國事，令議政府移文督撫轉奏，文龍爲之揭報。登州巡撫袁可立上言：「琿果不道，宜聽太妃具奏，以待中國更立。」疏留中。八月，王妃金氏疏請封倧，禮部尚書林堯俞言：「朝鮮廢立之事，內外諸臣抒忠發憤，有謂宜聲罪致討者，有謂勿遽討且受方貢覈顚末者，或謂當責以大義，察輿情之向背者，或謂當令倧討敵自洗者，衆論咸有可采。其謂琿實悖德，倧討叛臣以赤心奉朝廷者，惟文龍一人耳。皇上奉天討逆，扶植綱常，此正法也。毋亦念彼素稱恭順，迥異諸裔，則更遣貞士信臣，會同文龍，公集臣民，再四詢訪。勘辨旣明，再請聖斷。」報可。十二月，禮部復上言：「臣前同兵部移咨登撫，幷劄毛帥，遣官往勘。今據申送彼國公結十二道，自宗室至八道臣民共稱倧爲恭順。且彼之陪臣相率哀籲，謂當此危急之秋，必須君國之主。乞先頒敕諭，令倧統理國事，仍令發兵索賦，同文龍設伏出奇，俟漸有次第，始遣重臣往正封典。庶幾字小之中，不失固圉之道。」從之。四年四月，封倧爲國王。

五年十二月，文龍報：「朝鮮逆黨李适、韓明璉等起兵昌城，直趨王京，被臣擒獲。餘孽韓潤、鄭梅等竄入建州，有左議府尹義立約爲內應，期今冬大舉犯朝鮮。臣已咨國王防守，暫移鐵山之衆就雲從島柴薪。」登萊巡撫武之望奏：「毛帥自五月以來，營室於須彌，所謂雲從島是也。今十月又徙兵民商賈以實之，而鐵山之地空矣。故朝鮮各道疑其有逼處之嫌，甚至布兵以防禦之。今鎮臣所稱李适等之叛，尹義立之內應，臣等微聞之，而未敢遽信焉。信之則益重鮮人之疑，不信則恐貽後來之患。」兵部言：「牽制敵國者，朝鮮也；聯屬朝鮮者，毛鎮也；駕馭毛鎮者，登撫也。今撫臣與鎮臣不和，以至鎮臣與屬國不和，大不利。」帝乃飭勉鎮撫同心，而韓潤、尹義立等令朝鮮自處。倧又請撤遼民安插中土，兵部言：「遼人去留，文龍是視。文龍一日不去，則遼人一日不離。鮮人驅之入島可也，驅之離島不可也。宜令鎮臣將遼民盡刷過島，登撫刻期運糧朝鮮，量行救振，以資屯牧。」帝是之。

六年十月，倧上疏曰：

皇朝之於小邦，覆幬之恩，視同服內。頃遭昏亂，潛通敵國，皇天震怒，降黜厥命。臣自權署之初，不敢遑寧，卽命陪臣張晚爲帥，李适副之，付以國中精銳，進屯寧邊，一聽毛鎮節制，以候協剿之期。而适重兵在握，潛蓄覬覦，遂與龜城府使明璉舉兵內叛，直犯京城。晚收餘兵躡其後，與京輔官兵表裏夾攻，賊皆授首，而西邊軍實及列鎮儲偫罄於是役矣。

毛鎮當全遼淪沒之後，孤軍東渡，寄寓海上，招集遼民前後數十萬，亦小邦所仰藉也。顧以封疆多故，土瘠民貧，內供本國之軍需，外濟鎮兵之待哺，生穀有限，支給實難。遼民迫於饑餒，散布村落，强者攫奪，弱者丐乞。小邦兵民被撓不堪，拋棄鄉邑，轉徙內地。遼民逐食，亦隨而入。自昌、義以南，安、肅以北，客居六七，主居三四。向者將此情形具奏，見兵部題覆處分已定，何敢再干。

至韓潤及弟潭係逆賊明璉子姪，〔一四〕亡命潛逃，因而勾引來寇。賊旣叛國而去，制命已不在臣。尹義立曾任判書，本非議政。頃年差爲毛鎭接伴官，不稱任使，褫職歸家，並無怨叛之事。毛鎭據王仲保等所訴，都無實事。意必有讒邪之臣，欺妄督撫，以售其交搆之計者。

毛帥久鎭海外，臣與周旋已近十稔。雖餼牽將竭，彼此俱困，而情誼之殷，實無少損。且其須彌之遷，直爲保護累重，將以就便芻薪。一進一退，兵家常事。訛言噂沓，本不介意。竊見部撫移咨曰「虞其逼處」，曰「驅其民，驅其帥」，甚至有「布兵以防，屬國攜貳」之語，似海外情事，未盡諒悉。臣之請刷遼民，因力不足濟，初非慮及逼處也。臣方與毛鎭同心一力，建功報主，豈敢有一毫猜防意乎。

帝報曰：「王和協東鎭，愛戴中朝，忠貞之忱，溢乎言表。鎭軍久懸，鮮、遼雜處。久客累主，生寡食多。微王言，朕有不坐照萬里之外者。然毛帥在中朝爲牽制之師，在王國則唇齒之形也。海上芻輓，已令該部區畫，刻期運濟。逃難邊民，亦令毛帥悉心計處，俾無重爲王累。傳訛之言，未足介懷，幷力一心，王其勉之。」

七年三月，兵部上文龍揭言：「麗官、麗人招敵攻鐵山，傷我兵千人，殺麗兵六萬，焚糧百餘萬，敵遂移兵攻麗矣。」帝敕文龍速相機應援。登撫李嵩奏：「朝鮮叛臣韓潤等引敵入安州，節度使南以興自焚死，中國援兵都司王三桂等俱陣亡。」〔一五〕既復奏：「義州及郭山、凌漢、山城俱破，平壤、黃州不戰自潰，敵兵直抵中和，遊騎出入黃、鳳之間，又分向雲從，攻掠毛帥，國王及士民遷於江華以避難。」時大清兵所至輒下，朝鮮列城望風奔潰，乃遣使諭倧輸款，遂班師。九月，倧奏被兵情形。時熹宗崩，莊烈帝嗣位，優詔勵勉焉。

崇禎二年，改每歲兩貢爲一貢。先是，遼路阻絕，貢使取道登、萊，已十餘年矣。自袁崇煥督師，題改覺華，迂途冒險，其國屢請復故。至是遣戶曹判書鄭斗源從登海來，移書登撫孫元化，屬其陳請。元化委官伴送，仍疏聞。帝以水路既有成命，改途嫌於自便，不許。是年六月，督師袁崇煥殺平遼將軍左都督毛文龍於雙島。

六年六月，倧遣書總兵黃龍言：「文龍舊將孔有德、耿仲明率士卒二萬投順大清，向朝鮮徵糧。本國以有德等曩在皮島爲本國患，故未之應。」龍以聞。

十年正月，太宗文皇帝親征朝鮮，責其渝盟助明之罪，列城悉潰。朝鮮告急，命總兵陳洪範調各鎮舟師赴援。三月，洪範奏官兵出海。越數日，山東巡撫顏繼祖奏屬國失守，江華已破，世子被擒，國王出降。今大治舟艦，來攻皮島、鐵山，其鋒甚銳。宜急敕沈世魁、陳洪範二鎭臣，以堅守皮島爲第一義。帝以繼祖不能協圖匡救，切責之。亡何，皮島並爲大淸兵所破，朝鮮遂絕，不數載而明亦亡矣。

朝鮮在明雖稱屬國，而無異域內。故朝貢絡繹，錫賚便蕃，殆不勝書，止著其有關治亂者於篇。至國之風土物產，則具載前史，茲不復錄。

校勘記

〔一〕成惟得至金甲兩上表謝　成惟得，高麗史卷四一作「成准得」。金甲兩，作「金甲雨」。

〔二〕顒爲權相李仁人所弒　李仁人，李朝實錄太祖實錄卷一恭讓王元年十二月條、明世宗實錄卷一〇四嘉靖八年八月壬午條都作「李仁任」。作「仁人」或係傳訛。太祖實錄卷二二洪武二十五年九月庚寅條、葉向高朝鮮考，統作「仁人」，今姑仍之。下同。

〔三〕黃海平安京畿江原四道並復　江原，原作「江源」，據李朝實錄世宗實錄卷一五三地理志改。

〔四〕五月玠至遼　按邢玠至遼東，以及上文所述楊方亨自朝鮮還奏、邢玠爲薊遼總督等事，均在萬曆二十五年，見神宗實錄卷三〇八三月己酉、己未各條，傳文失載年分。

〔五〕東阻鳥嶺　鳥嶺，原作「烏嶺」，據本書卷二四七劉綎傳、神宗實錄卷三一五萬曆二十五年十月辛酉條改。下同。

〔六〕遣黃應賜賄清正約和　黃應賜，明史稿傳一九四朝鮮傳、國榷卷七八頁四八〇五作「黃應暘」。

〔七〕時倭屯蔚山　蔚山，原作「尉山」，據本書卷二五九楊鎬傳及卷二三八麻貴傳、神宗實錄卷三一七萬曆二十五年十二月丙戌條、國榷卷七七頁四八〇四改。下同。

〔八〕又應泰曾以築城之議爲鎬罪案　應泰，原作「應」，脫「泰」字，據上文及神宗實錄卷三二七萬曆二十六年十月癸丑條補。「應泰」指丁應泰，不宜省。

〔九〕麻貴遂入島山西浦　西浦，本書卷二三八麻貴傳作「西浦」，疑是。

〔一〇〕二十七年閏四月　閏四月，原作「四月」，脫「閏」字，據本書卷二一神宗紀、神宗實錄卷三三四萬曆二十七年閏四月丙戌條補。

〔一一〕留中路海防道　中路，原作「中都」，據明史稿傳一九四朝鮮傳、神宗實錄卷三三五萬曆二十七年五月壬戌條改。

〔一二〕倭戰便陸不便海　原作「倭便戰陸不便海」，據神宗實錄卷三五六萬曆二十九年二月辛卯條改。

〔一三〕並添造神機百子火箭　火，原作「大」，據神宗實錄卷三五六萬曆二十九年二月辛卯條改。

〔一四〕至韓潤及弟潭係逆賊明璉子姪　弟潭，明史稿傳一九四朝鮮傳、熹宗實錄卷七二天啓六年十月辛酉條俱作「弟澤」。

〔一五〕中國援兵都司王三桂等俱陣亡　王三桂，熹宗實錄卷七七天啓七年三月戊寅條作「王三貴」。

明史卷三百二十一

列傳第二百九

外國二

安南

安南，古交阯地。唐以前皆隸中國。五代時，始爲土人曲承美竊據。宋初，封丁部領爲交阯郡王，三傳爲大臣黎桓所簒。黎氏亦三傳爲大臣李公藴所簒。李氏八傳，無子，傳其壻陳日炬。〔一〕元時，屢破其國。

洪武元年，王日煃聞廖永忠定兩廣，將遣使納款，以梁王在雲南未果。十二月，太祖命漢陽知府易濟招諭之。日煃遣少中大夫同時敏，正大夫段悌、黎安世等，奉表來朝，貢方物。明年六月達京師。帝喜，賜宴，命侍讀學士張以寧、典簿牛諒往封爲安南國王，賜駝紐塗金銀印。詔曰：「咨爾安南國王陳日煃，惟乃祖父，守境南陲，稱藩中國，克恭臣職，以永世封。朕荷天地之靈，肅清華夏，馳書往報。卿卽奉表稱臣，專使來賀，法前人之訓，安遐壤之民。眷兹勤誠，深可嘉尙。是用遣使齎印，仍封爾爲安南國王。於戲！視廣同仁，思效哲王之盛典；爵超五等，俾承奕葉之遺芳。益茂令猷，永爲藩輔，欽哉。」賜日煃大統曆、織金文綺紗羅四十匹，同時敕以下皆有賜。

以寧等至，日煃先卒，姪日熞嗣位。遣其臣阮汝亮來迎，請誥印，以寧等不予。日熞乃復遣杜舜欽等請命於朝，以寧駐安南俟命。時安南、占城搆兵，帝命翰林編修羅復仁、兵部主事張福諭令罷兵，兩國皆奉詔。明年，舜欽等至告哀。帝素服御西華門引見，遂命編修王廉往祭，賻白金五十兩、帛五十匹。別遣吏部主事林唐臣封日熞爲王，賜金印及織金文綺紗羅四十匹。廉旣行，帝以漢馬援立銅柱鎭南蠻，厥功甚偉，命廉就祀之。尋頒科舉詔於其國，且以更定嶽瀆神號及廓清沙漠，兩遣官詔告之。日熞遣上大夫阮兼、中大夫莫季龍、下大夫黎元普等謝恩，貢方物。兼卒於道，詔賜其王及使臣，而送兼柩歸國。頃之，復仁等還，言却其贐不受，帝嘉之，加賜季龍等。

四年春，遣使貢象，賀平沙漠，復遣使隨以寧等來朝。其冬，日熞爲伯父叔明逼死。叔明懼罪，貢象及方物。踰年至京，禮官見署表非日熞名，詰得其實，詔却之。叔明復朝貢謝罪，且請封。其使者抵言日熞實病死，叔明遜避於外，爲國人所推。帝命國人爲日熞服，而叔明姑以前王印視事。七年，叔明遣使謝恩，自稱年老，乞命弟煓攝政，從之。煓遣使謝恩，請貢期。詔三年一貢，新王世見。尋復遣使貢，帝令所司諭却，且定使者毋過三四人，貢物無厚。

十年，煓侵占城，敗沒。弟煒代立，遣使告哀，命中官陳能往祭。時安南怙强，欲滅占城，反致喪敗。帝遣官諭前王叔明毋搆釁貽禍，以叔明實主國事也，叔明貢方物謝罪。廣西思明土官訴安南犯境，安南亦訴思明擾邊。帝移檄數其奸誑罪，敕守臣勿納其使。煒懼，遣使謝罪，頻年貢奄豎、金銀、紫金盤、黃金酒尊、象馬之屬。帝命助教楊盤往使，令饋雲南軍餉，煒即輸五千石於臨安。二十一年，帝復命禮部郎中邢文偉齎敕及幣往賜。〔三〕煒遣使謝，復進象。帝以其頻煩，且貢物侈，命仍三歲一貢，毋進犀象。

時國相黎季犛竊柄，廢其主煒，尋弑之，立叔明子日焜主國事，仍假煒名入貢。朝廷不知而納之，越數年始覺，命廣西守臣絕其使。季犛懼，二十七年遣使由廣東入貢。帝怒，遣官詰責，却其貢。季犛益懼，明年復詭詞入貢。帝雖惡其弑逆，不欲勞師遠征，乃納之。大軍方討龍州趙宗壽，命禮部尚書任亨泰、御史嚴震直諭日焜，毋自疑。季犛聞言，稍自安。帝又遣刑部尚書楊靖諭令輸米八萬石，餉龍州軍。季犛輸一萬石，餽金千兩、銀二萬兩，言龍州陸道險，請運至憑祥洞。靖不可，令輸二萬石於沲海江，江距龍州止半日。靖因言：「日焜年幼，國事皆決季犛父子，乃敢觀望如此。」時帝以宗壽納款，移兵征向武諸蠻，遂諭靖令輸二萬石給軍，而免其所餽金銀。明年，季犛告前王叔明之訃。帝以叔明本篡弑，弔祭則獎亂，止不行，移檄使知之。

思明土官黃廣成言：「自元設思明總管府，所轄左江州縣，東上思州，南銅柱爲界。元征交阯，去銅柱百里立永平寨萬戶府，遣兵戍守，令交人給其軍。元季喪亂，交人攻破永平，越銅柱二百餘里，侵奪思明所屬丘溫、如嶅、慶遠、淵、脫等五縣地，近又告任尙書置驛思明洞登地。臣嘗具奏，蒙遣楊尙書勘實。乞敕安南以五縣地還臣，仍畫銅柱爲界。」帝命行人陳誠、呂讓往諭，季犛執不從。誠自爲書諭日焜，季犛貽書爭，且爲日焜書移戶部。誠等復命，帝知其終不肯還，乃曰：「蠻夷相爭，自古有之。彼恃頑，必召禍，姑俟之。」建文元年，季犛弑日焜，立其子顒。又弑顒，立其弟䂖，方在襁褓中，復弑之。大殺陳氏宗族而自立，更姓名爲胡一元，名其子蒼曰胡奝，謂出帝舜裔胡公後，僭國號大虞，年號元聖，尋自稱太上皇，傳位奝，朝廷不知也。

成祖旣承大統，遣官以卽位詔告其國。永樂元年，奝自署權理安南國事，遣使奉表朝貢，言：「高皇帝時安南王日煃率先輸誠，不幸早亡，後嗣絕。臣陳氏甥，爲衆所推，權理國事，於今四年。望天恩賜封爵，臣有死無二。」事下禮部，部臣疑之，請遣官廉訪。乃命行人楊渤等齎敕諭其陪臣父老，凡陳氏繼嗣之有無，胡奃推戴之誠僞，具以實聞。賚奃使者遣還，復命行人呂讓、丘智賜絨錦、文綺、紗羅。既而奃使隨渤等還，進陪臣父老所上表，如奃所以誑帝者，乞卽賜奃封爵。帝乃命禮部郎中夏止善封爲安南國王。奃遣使謝恩，然帝其國中自若也。

思明所轄祿州、西平州、永平寨爲所侵奪，帝諭令還，不聽。占城訴安南侵掠，詔令修好。奃陽言奉命，侵掠如故，且授印章逼爲屬，又邀奪天朝賜物。帝惡之，方遣官切責，而故陪臣裴伯耆詣闕告難，言：「臣祖父皆執政大夫，死國事。臣母，陳氏近族。故臣幼侍國王，官五品，後隸武節侯陳渴眞爲裨將。洪武末，代渴眞禦寇東海。而賊臣黎季犛父子弒主篡位，屠戮忠良，滅族者以百十數，臣兄弟妻孥亦遭害。遣人捕臣，欲加誅醢。臣棄軍遁逃，伏處山谷，思詣闕庭，披瀝肝膽，展轉數年，始睹天日。竊惟季犛乃故經略使黎國髦之子，世事陳氏，叨竊寵榮，及其子蒼，亦蒙貴任。一旦篡奪，更姓易名，僭號改元，不恭朝命。忠臣良士疾首痛心，願興弔伐之師，隆繼絕之義，蕩除奸凶，復立陳氏後，臣死且不朽。敢效申包胥之忠，哀鳴闕下，惟皇帝垂察。」帝得奏感動，命所司周以衣食。會老撾送陳天平至，言：「臣天平，前王日烜孫，奣子，日熞弟也。黎賊盡滅陳族，臣越在外州獲免。臣僚佐激於忠義，推臣爲主以討賊。方議招軍，賊兵見迫，倉皇出走，竄伏巖谷，萬死一生，得達老撾。恭聞皇帝陛下入正大統，臣有所依歸。匍匐萬里，哀愬明庭。陳氏後裔止臣一人，臣與此賊不共戴天。伏祈聖慈垂憐，迅發六師，用章天討。」帝益感動，命所司館之。

奃方遣使賀正旦，帝出天平示之，皆錯愕下拜，有泣者。伯耆責使者以大義，惶恐不能答。帝諭侍臣：「奃父子悖逆，鬼神所不容，而國中臣民共爲欺蔽。一國皆罪人也，朕烏能容。」

三年命御史李琦、行人王樞齎敕責奃，令具簒弒之實以聞。雲南寧遠州復訴奃侵奪七寨，掠其壻女。奃遣其臣阮景眞從琦等入朝謝罪，抵言未嘗僭號改元，請迎天平歸，奉爲主，且退還祿州、寧遠地。帝不虞其詐，許之。命行人聶聰齎敕往諭，言：「果迎還天平，事以君禮，當建爾上公，封以大郡。」奃復遣景眞從聰等還報，迎天平。聰力言奃誠可信，帝乃令天平還國，敕廣西左、右副將軍黃中、呂毅將兵五千送之。

四年，天平陛辭，帝厚加賚，敕封奃順化郡公，盡食所屬州縣。三月，中等護天平入雞陵關，將至芹站，奃伏兵邀殺天平，中等敗還。帝大怒，召成國公朱能等謀，決意討之。七月命能佩征夷將軍印充總兵官，西平侯沐晟佩征夷副將軍印爲左副將軍，新城侯張輔爲右副將軍，豐城侯李彬、雲陽伯陳旭爲左、右參將，督師南征。能至龍州病卒，輔代將其軍。入安南坡壘關，傳檄數一元父子二十大罪，諭國人以輔立陳氏子孫意。師次芹站，遂造浮橋於昌江以濟。前鋒抵富良江北嘉林縣，而輔由芹站西取他道至北江府新福縣，〔三〕諜晟、彬軍亦自雲南至白鶴，乃遣驃騎將軍朱榮往會之。時輔等分道進兵，所至皆克。賊乃緣江樹柵，增築土城於多邦隘，城柵連九百餘里，大發江北民二百餘萬守之。諸江海口皆下木椿，所居東都，嚴守備，水陸兵號七百萬，欲持久以老官軍。輔等乃移營三帶州箇招市江口，造戰艦。帝慮賊緩師以待瘴癘，敕輔等必以明年春滅賊。十二月，晟次洮江北岸，與多邦城對壘。輔遣旭攻洮江州，〔四〕造浮橋濟師，遂俱抵城下，攻拔之。賊所恃惟此城，既破，膽裂。大軍循富良江南下，遂擣東都。賊棄城走，大軍入據之，薄西都。賊大燒宮室，駕舟入海。郡縣相繼納款，抗拒者輒擊破之。士民上書陳黎氏罪惡，日以百數。

五年正月大破季犛於木丸江，宣詔訪求陳氏子孫。於是耆老千一百二十餘人詣軍門，言：「陳氏爲黎賊殺盡，無可繼者。安南本中國地，乞仍入職方，同內郡。」輔等以聞。尋大破賊於富良江，季犛父子以數舟遁去。諸軍水陸並追，次茶籠縣，知季犛走乂安，遂循舉厥江，追至日南州奇羅海口，命柳升出海追之。賊數敗，不能軍。五月獲季犛及僞太子於高望山，安南盡平。羣臣請如耆老言，設郡縣。

六月朔，詔告天下，改安南爲交阯，設三司：以都督僉事呂毅掌都司事，黃中副之，前工部侍郎張顯宗、福建布政司左參政王平爲左、右布政使，前河南按察使阮友彰爲按察使，裴伯耆授右參議，又命尚書黃福兼掌布、按二司事。設交州、北江、諒江、三江、建平、新安、建昌、奉化、清化、鎮蠻、諒山、新平、演州、乂安、順化十五府，分轄三十六州，一百八十一縣。又設太原、宣化、嘉興、歸化、廣威五州，直隸布政司，分轄二十九縣。其他要害，咸設衞所控制之。乃敕有司，陳氏諸王被弑者咸予贈謚，建祠治塚，各置灑掃二十戶。宗族被害者贈官，軍民死亡暴露者瘞埋之。居官者仍其舊，與新除者參治。黎氏苛政一切蠲除，遭刑者悉放免。禮待高年碩德。鰥寡孤獨無告者設養濟院。懷才抱德之彥敦遣赴京。又詔訪求山林隱逸、明經博學、賢良方正、孝弟力田、聰明正直、廉能幹濟、練達吏事、精通書算、明習兵法及容貌魁岸、語言便利、〔五〕膂力勇敢、陰陽術數、醫藥方脈諸人，悉以禮敦致，送京錄用。於是張輔等先後奏舉九千餘人。九月，季犛、蒼父子俘至闕下，與僞將相胡杜等悉屬吏。赦蒼弟衞國大王澄、子芮，所司給衣食。

六年六月，輔等振旅還京，上交阯地圖，東西一千七百六十里，南北二千八百里。安撫人民三百一十二萬有奇，獲蠻人二百八萬七千五百有奇，象、馬、牛二十三萬五千九百有奇，米粟一千三百六十萬石，船八千六百七十餘艘，軍器二百五十三萬九千八百。於是大行封賞，輔進英國公，晟黔國公，餘敍賚有差。

時中朝所置吏，務以寬厚輯新造，而蠻人自以非類，數相驚恐。陳氏故官簡定者，先降，將遣詣京師，偕其黨陳希葛逃去，與化州僞官鄧悉、阮帥等謀亂。定乃僭大號，紀元興慶，國曰大越。出沒乂安、化州山中，伺大軍還，卽出攻盤灘鹹子關，扼三江府往來孔道，寇交州近境。慈廉、威蠻、上洪、天堂、應平、石室諸州縣皆響應，守將屢出討，皆無功。事聞，命沐晟爲征夷將軍，統雲南、貴州、四川軍四萬人，由雲南征討。而遣使齎敕招降者予世官。賊不應，晟與戰生厥江，大敗，呂毅及參贊尚書劉儁死之。

七年，敗書聞，益發南畿、浙江、江西、福建、湖廣、廣東、廣西軍四萬七千人，從英國公輔征之。輔以賊負江海，不利陸師，乃駐北江仙游，大造戰艦，而撫諸遭寇逋播者，遂連破慈廉、廣威諸營柵。偵其黨鄧景異扼南策州盧渡江太平橋，乃進軍鹹子關。僞金吾將軍阮世每衆二萬，對岸立寨柵，列船六百餘艘，樹椿東南以扞蔽。時八月，西北風急，輔督陳旭、朱廣、俞讓、方政等舟齊進，礮矢飈發，斬首三千級，生擒僞監門將軍潘低等二百餘人，獲船四百餘艘。遂進擊景異，景異先走，乃定交州、北江、諒江、新安、建昌、鎮蠻諸府。追破景異太平海口，獲其黨范必栗。

時阮帥等推簡定爲太上皇，〔六〕別立陳季擴爲帝，紀元重光。乃遣使自稱前安南王孫，求封爵。輔叱斬之，由黃江、阿江、大安海口至福成江，轉入神投海口，盡去賊所樹椿柵。十餘日抵淸化，水陸畢會。定已奔演州，季擴走乂安，帥、景異等亦散亡。於是駐軍，捕餘黨。

定走美良縣吉利柵，〔七〕輔等窮追及之。定走入山，大索不得，遂圍之，幷其僞將相陳希葛、阮汝勵、阮晏等俱就擒。

先是，賊黨阮師檜僭王，與僞金吾上將軍杜元措等據東潮州安老縣之宜陽社，衆二萬餘人。八年正月，輔進擊之，斬首四千五百餘級，擒其黨范支、陳原卿、阮人柱等二千餘人，悉斬之，築京觀。輔將班師，言：「季擴及黨阮帥、胡具、鄧景異等尚在演州、乂安，逼清化。而鄧鎔塞神投福成江口，據清化要路，出沒乂安諸處。若諸軍盡還，恐沐晟兵少不敵。請留都督江浩，都指揮俞讓、花英、師祐等軍，佐晟守禦。」從之。五月，晟追季擴至虞江，賊棄柵遁。追至古靈縣及會潮、靈長海口，斬首三千餘級，獲僞將軍黎弄。季擴大蹙，奉表乞降。帝心知其詐，姑許之，詔授交阯布政使，阮帥、胡具、鄧景異、鄧鎔並都指揮，陳原樽右參政，潘季祐按察副使。詔旣下，念賊無悛心，九年復命輔督軍二萬四千，合晟軍討之。賊據月常江，樹椿四十餘丈，兩崖置柵二三里，列船三百餘艘，設伏山右。秋，輔、晟等水陸並進，阮帥、胡具、鄧景異、鄧鎔等來拒。輔令朱廣等連艦拔椿以進，自率方政等以步隊剿其伏兵，水陸夾攻。賊大敗，帥等皆散走。生擒僞將軍鄧宗稷、黎德彝、阮忠、阮軒等，獲船百二十艘。輔乃督水軍剿季擴，聞石室、福安諸州縣僞龍虎將軍黎蕊等斷銳江浮橋阻生厥江交州後衞道路，遂往征之。蕊及范慷來拒，蕊中矢死。斬僞將軍阮陁，獲僞將軍楊汝梅、防禦使馮翕，斬首千五百級，追殺餘賊殆盡。慷及杜箇旦、鄧明、阮思瑊等亦就擒。

十年，輔督方政等擊賊舟於神投海，大敗之，擒僞將軍陳磊、鄧汝戲等。阮帥等遠遁，追之不及。輔軍至乂安土黃，〔八〕僞少保潘季祐等請降，率僞官十七人上謁。輔承制授季祐按察副使，署乂安府事。於是僞將軍、觀察、安撫、招討諸使陳敏、阮士勤、陳全勖、陳全敏等相繼降。

明年，輔及晟合軍至順州。阮帥等設伏愛子江，而據昆傳山險，列象陣迎敵。諸軍大破之，生擒僞將軍潘徑、阮徐等五十六人，追至愛母江。賊潰散，鄧鎔弟僞侯鐵及將軍潘魯、潘勤等盡降。明年春，進軍政和。賊帥胡同降，言僞大將軍景異率黨黎蟾等七百人逃暹蠻昆蒲柵。遂進羅蒙江，〔九〕舍騎步行，比至，賊已遁。追至叱蒲捺柵，又遁。昏夜行二十餘里，聞更鼓聲，輔率政等銜枚疾趨，黎明抵叱蒲幹柵，江北賊猶寨南岸。官軍渡江圍之，矢中景異脇，擒之。鎔及弟鋭亡走，追擒之，盡獲其衆。別將朱廣追僞大將軍阮帥於暹蠻，大搜暹人關諸山，獲帥及季擴等家屬。帥逃南靈州，依土官阮茶彙。指揮薛聚追獲帥，斬茶彙。

初，鄧鎔之就執也，季擴逃乂安竹排山。輔遣都指揮師祐襲之，走老撾。祐踵其後，老撾懼官軍躪其地，請自縛以獻。輔檄索之，令祐深入，克三關，抵金陵箇，賊黨盡奔，遂獲季擴及其弟僞相國驩國王季擴，他賊盡平。明年二月，輔、晟等班師入京。四月復命輔佩征夷將軍印，出鎭。十四年召還。明年命豐城侯李彬代鎭。

交人故好亂。中官馬騏以採辦至，大索境內珍寶，人情騷動，桀黠者鼓煽之，大軍甫還，卽並起爲亂。陸那阮貞，順州黎核、潘强與土官同知陳可論，判官阮昭、千戶陳恂、南靈州判官阮擬、左平知縣范伯高、縣丞武萬、百戶陳巳律等一時並反。彬皆遣將討滅之，而反者猶不止。俄樂巡檢黎利、四忙故知縣車綿之子三、乂安知府潘僚、南靈州千戶陳順慶、乂安衞百戶陳直誠，亦乘機作亂。其他奸宄，范軟起俄樂，〔一〇〕武貢、黃汝典起偈江，儂文歷起丘溫，陳木果起武定，阮特起快州，吳巨來起善誓，鄭公證、黎姪起同利，陶强起善才，丁宗老起大灣，范玉起安老，皆自署官爵，殺將吏，焚廬舍。有楊恭、阮多者，〔一一〕皆自稱王，署其黨韋五、譚興邦、阮嘉爲太師、平章，與羣寇相倚，而潘僚、范玉尤猖獗。僚者，故乂安知府季祐子也，嗣父職，不堪馬騏虐，遂反。土官指揮路文律、千戶陳苔等從之。玉爲塗山寺僧，自言天降印劍，遂僭稱羅平王，紀元永寧，與范善、吳中、黎行、陶承等爲亂，署爲相國、司空、大將軍，攻掠城邑。彬東西征剿，日不暇給。中朝以賊久未平，十八年命榮昌伯陳智爲左參將，助之。又降敕責彬曰：「叛寇潘僚、黎利、車三、儂文歷等迄今未獲，兵何時得息，民何時得安。宜廣爲方略，速奏蕩平。」彬皇恐，督諸將追剿。明年秋，賊悉破滅，惟黎利不能得。

利初仕陳季擴爲金吾將軍，後歸正，用爲淸化府俄樂縣巡檢，邑邑不得志。及大軍還，遂反，僭稱平定王，以弟石爲相國，與其黨段莽、范柳、范晏等放兵肆掠。官軍討之，生擒晏等，利遁去。久之，出據可藍柵行劫。〔一三〕諸將方政、師祐剿獲其僞將軍阮箇立等，利逃匿老撾。及政等還，利潛出，殺玉局巡檢。已，復出掠磊江，每追擊輒遁去。及羣盜盡滅，利益深匿。彬奏言：「利竄老撾，老撾請官軍毋入，當盡發所部兵捕利。今久不遣，情叵測。」帝疑老撾匿賊，令彬遣其使臣至京詰問，老撾乃逐利。

二十年春，彬卒，詔智代彬。二十一年，智追利於寧化州車來縣，敗之，利復遠竄。明年秋，智奏利初逃老撾，後被逐歸瑰縣。官軍進擊，其頭目范仰等已率男婦千六百人降，利雖求撫，顧以所部來歸，而止俄樂不出，造軍器未已，必當進兵。奏至，會仁宗以踐阼大赦天下，因敕智善撫之，而利已寇茶籠州，敗方政軍，殺指揮伍雲。

利未叛時，與鎭守中官山壽善。至是壽還朝，力言利與己相信，今往諭之，必來歸。帝曰：「此賊狡詐，若爲所紿，則其勢益熾，不易制也。」壽叩頭言：「如臣往諭，而利不來，臣當萬死。」帝頷之，遣壽齎敕授利淸化知府，慰諭甚至。敕甫降，利已寇淸化，殺都指揮陳忠。利得敕，無降意，卽借撫愚守臣，佯言俟秋涼赴官，而寇掠不已。

時洪熙改元，鑄將軍印分頒邊將，智得征夷副將軍印，又命安平伯李安往佐之。智素無將略，憚賊，因借撫以愚中朝，且與方政迕，遂頓兵不進。賊益無所忌，再圍茶籠，智等坐視不救。閏七月，城中糧盡，巡按御史以聞，奏至而仁宗崩。宣宗初卽位，敕責智及三司官。智等不爲意，茶籠遂陷，知州琴彭死之。尚書掌布按二司陳洽言：「利雖乞降，內攜貳，旣陷茶籠，復結玉麻土官、老撾酋長與之同惡。始言俟秋涼，今秋已過，復言與參政梁汝笏有怨，乞改授茶籠州，而遣逆黨潘僚、路文律等往嘉興、廣威諸州招集徒衆，勢日滋蔓。乞命總兵者速行剿滅。」奏上，爲降敕切責，期來春平賊。智始懼，與政薄可留關，敗還，至茶籠又敗。政勇而寡謀，智懦而多忌，素不相能，而山壽專招撫，擁兵乂安不救，是以屢敗。

宣德元年春，事聞，復降敕切責。時渠魁未平，而小寇蠭起，美留潘可利助逆，宣化周莊、太原黃菴等結雲南寧遠州紅衣賊大掠。帝敕沐晟剿寧遠，又發西南諸衞軍萬五千、弩手三千赴交阯，且敕老撾不得容叛人。四月，命成山侯王通爲征夷將軍，都督馬瑛爲參將，往討黎利。削陳智、方政職，充爲事官。通未至，賊犯清化。政不出戰，都指揮王演擊敗之。詔大赦交阯罪人，黎利、潘僚降亦授職；停採辦金銀、香貨，冀以弭賊，而賊無悛心。政督諸軍進討，李安及都指揮于瓚、謝鳳、薛聚、朱廣等先奔，政由此敗，俱謫爲事官，立功贖罪。未幾，智遣都指揮袁亮擊賊黎善於廣威州，欲渡河，土官何加伉言有伏。亮不從，遣指揮陶森、錢輔等渡河，中伏並死，亮亦被執。善遂分兵三道犯交州，其攻下關者爲都督陳濬所敗，攻邊江小門者爲李安所敗，善夜走。

通聞之，亦分兵三道出擊。馬瑛敗賊淸威，至石室與通會，俱至應平寧橋。士卒行泥濘中，遇伏兵，大敗。尙書陳洽死焉，通亦中脇還。利在乂安聞之，〔一三〕鼓行至淸潭，攻北江，進圍東關。通素無戰功，以父眞死事封。朝廷不知其庸劣，誤用之。一戰而敗，心膽皆喪，舉動乖張，不奉朝命，擅割淸化以南地予賊，盡撤官吏軍民還東關。惟淸化知州羅通不從，利移兵攻之不下。賊分兵萬人圍隘留關，百戶萬琮奮擊，乃退。帝聞通敗，大駭，命安遠侯柳升爲總兵官，保定伯梁銘副之，督師赴討，又命沐晟爲征南將軍，興安伯徐亨、新寧伯譚忠爲左、右副將軍，從雲南進兵，兩軍共七萬餘人。復敕通固守，俟升。

二年春，利犯交州。通與戰，斬僞太監黎祕及太尉、司徒、司空等官，獲首級萬計。利破膽奔遁，諸將請乘勢追之，通逗留三日。賊知其怯，復立寨濬濠，四出剽掠。三月復發三萬三千人，從柳升、沐晟征討。賊分兵圍丘溫，都指揮孫聚力拒之。先是，賊以昌江爲大軍往來要道，發衆八萬餘人來攻，都指揮李任等力拒，殺賊甚衆。閱九月，諸將觀望不救，賊懼升大軍至，攻益力。夏四月，城陷，任死之。時賊圍交州久，通閉城不敢出，賊益易之，致書請和。通欲許之，集衆議，按察使楊時習曰：「奉命討賊，與之和，而擅退師，何以逃罪！」

通怒，厲聲叱之，衆不敢言，遂以利書聞。

升奉命久，俟諸軍集，九月始抵隘留關。利既與通有成言，乃詭稱陳氏有後，率大小頭目具書詣升軍，乞罷兵，立陳氏裔。升不啓封，遣使奏聞。無何，升進薄倒馬坡，陷歿，後軍相繼盡歿。通聞，懼甚，大集軍民官吏，出下哨河，立壇與利盟誓，約退師。遂遣官偕賊使奉表及方物進獻。沐晟軍至水尾，造船將進，聞通已議和，亦引退，賊乘之，大敗。

鴻臚寺進賊與升書，略言：「高皇帝龍飛，安南首朝貢，特蒙褒賞，錫以玉章。後黎賊簒弑，太宗皇帝興師討滅，求陳氏子孫。陳族避禍方遠竄，故無從訪求。今有遺嗣暠，潛身老撾二十年，本國人民不忘先王遺澤，已訪得之。倘蒙轉達黼扆，循太宗皇帝繼絕明詔，還其爵土，匪獨陳氏一宗，實蠻邦億萬生民之幸。」帝得書領之。明日，暠表亦至，稱「臣暠，先王暊三世嫡孫」，其詞與利書略同。帝心知其詐，欲藉此息兵，遂納其言。

初，帝嗣位，與楊士奇、楊榮語交阯事，卽欲棄之。至是，以表示廷臣，諭以罷兵息民意。士奇、榮力贊之，惟蹇義、夏原吉不可。然帝意已決，廷臣不敢爭。十一月朔，命禮部左侍郎李琦、工部右侍郎羅汝敬爲正使，右通政黃驥、鴻臚卿徐永達爲副使，齎詔撫諭安南人民，盡赦其罪，與之更新，令具陳氏後人之實以聞。因敕利以興滅繼絕之意，幷諭通及三司官，盡撤軍民北還。詔未至，通已棄交阯，由陸路還廣西，中官山壽、馬騏及三司守令，由水路還欽州。凡得還者止八萬六千人，爲賊所殺及拘留者不可勝計。天下舉疾通棄地殃民，而帝不怒也。

三年夏，通等至京，文武諸臣合奏其罪，廷鞫具服，乃與陳智、馬瑛、方政、山壽、馬騏及布政使弋謙，俱論死下獄，籍其家。帝終不誅，長繫待決而已。騏恣虐激變，罪尤重，而謙實無罪，皆同論，時議非之。廷臣復劾沐晟、徐亨、譚忠逗留及喪師辱國罪，帝不問。

琦等還朝，利遣使奉表謝恩，詭言暠於正月物故，陳氏子孫絕，國人推利守其國，謹俟朝命。帝亦知其詐，不欲遽封，復遣汝敬、永達諭利及其下，令訪陳氏，幷盡還官吏人民及其眷屬。明年春，汝敬等還，利復言陳氏無遺種，請別命。因貢方物及代身金人。又言：「臣九歲女遭亂離散，後知馬騏攜歸充宮婢，臣不勝兒女私，冒昧以請。」帝心知陳氏卽有後，利必不言，然以封利無名，復命琦、汝敬敕諭再訪，且以利女病死告之。

五年春，琦等還，利遣使貢金銀器方物，復飾詞具奏，幷具頭目耆老奏請令利攝國政。使臣歸，帝復以訪陳氏裔，還中國遺民二事諭之，詞不甚堅。明年夏，利遣使謝罪，以二事飾詞對，復進頭目耆老奏，仍爲利乞封。帝乃許之，命禮部右侍郎章敞、右通政徐琦齎敕印，命利權署安南國事。利遣使齎表及金銀器方物，隨敞等入貢。七年二月達京師，比還，利及使臣皆有賜。明年八月來貢，命兵部侍郎徐琦等與其使偕行，諭以順天保民之道。是年，利卒。

利雖受敕命，其居國稱帝，紀元順天，建東、西二都，分十三道：曰山南、京北、山西、海陽、安邦、諒山、太原、明光、諒化、清華、乂安、順化、廣南。各設承政司、憲察司、總兵使司，擬中國三司。東都在交州府，西都在清華府。置百官，設學校，以經義、詩賦二科取士，彬彬有華風焉。僭位六年，私謚太祖。

子麟繼，麟一名龍。自是其君長皆有二名，以一名奏天朝，貢獻不絕如常制。麟遣使告訃，命侍郎章敞、行人侯璡敕麟權署國事。明年遣使入貢謝恩。

正統元年四月以宣宗賓天，遣使進香。又以英宗登極及尊上太皇太后、皇太后位號，並遣使表賀，貢方物。閏六月復貢。帝以陳氏宗支既絕，欲使麟正位，下廷議，咸以爲宜。乃命兵部右侍郎李郁、左通政李亨齎敕印，封麟爲安南國王。明年遣使入貢謝恩。時安南思郎州土官攻掠廣西安平、思陵二州，據二峒二十一村。帝命給事中湯鼐、行人高寅敕麟還侵地。麟奉命，遣使謝罪，而訴安平、思陵土官侵掠思郎。帝令守臣嚴飭。七年，安南貢使還，令齎皮弁冠服、金織襲衣賜其王。是歲，麟卒，私謚太宗。改元二：紹平六年，大寶三年。

子濬繼，一名基隆，遣使告訃。命光祿少卿宋傑、兵科都給事中薛謙持節册封爲國王。

濬遣將侵占城，奪新州港，擄其王摩訶賁該以歸。帝爲立新王摩訶貴來，敕安南使，諭濬歸其故王。濬不奉詔，侵掠人口至三萬三千餘，占城入訴。

景泰元年賜敕戒濬，迄不奉詔。四年遣使賀册立皇太子。天順元年遣使入貢，乞賜袞冕，如朝鮮例，不從。其使者乞以土物易書籍、藥材，從之。二年遣使賀英宗復辟。三年十月，其庶兄諒山王琮弒之而自立。濬改元二：大利十一年，延寧六年。私謚仁宗。琮，一名宜民，簒位九月，改元天與，爲國人所誅，貶厲德侯，以濬弟灝繼。灝，一名思誠。

初，琮弒濬，以游湖溺死奏。天朝不知，將遣官弔祭。琮恐天使至覺其情，言禮不弔溺，不敢煩天使，帝卽已之。使者言濬無子，請封琮。命通政參議尹旻、禮科給事中王豫往封。未入境，聞琮已誅，灝嗣位，卽却還。灝速遣使朝貢請封，禮官疑其詐，請命廣西守臣覈實奏請，從之。使臣言：「禮，生有封，死有祭。今濬死旣白，請賜祭。」乃命行人往祭。六年二月命侍讀學士錢溥、給事中王豫封灝爲國王。

憲宗踐阼，命尚寶卿淩信、〔一四〕行人邵震賜王及妃綵幣。灝遣使來貢，因請冕服，不從，但賜皮弁冠服及紗帽犀帶。成化元年八月以英宗賓天，遣使進香，命赴裕陵行禮。

灝雄桀，自負國富兵强，輒坐大。四年侵據廣西憑祥。帝聞，命守臣謹備之。七年破占城，執其王盤羅茶全，逾三年又破之，執其王盤羅茶悅，遂改其國爲交南州，設兵戍守。安南貢道，故由廣西。時雲南鎭守中官錢能貪恣，遣指揮郭景齎敕取其貨。灝素欲窺雲南，遂以解送廣西龍州罪人爲詞，隨景假道雲南入京，索夫六百餘，且發兵繼其後，雲南大擾。兵部言雲南非貢道，龍州罪人宜解廣西，不必赴京。乃令守臣檄諭，且嚴邊備。

灝既得憑祥，滅占城，遂侵廣東瓊、雷，盜珠池。廣西之龍州、右平，雲南之臨安、廣南、鎭安，亦數告警。詔守臣詰之，輒詭詞對。廟堂務姑息，雖屢降敕諭，無厲詞。灝益玩侮無畏忌，言：「占城王盤羅茶全侵化州道，爲其弟盤羅茶悅所弑，因自立。及將受封，又爲子茶質苔所弑。〔一五〕其國自亂，非臣灝罪。」中朝知其詐，不能詰，但勸令還其土宇。灝奏言：「占城非沃壤，家鮮積貯，野絕桑麻，山無金寶之收，海乏魚鹽之利，止產象牙、犀角、烏木、沉香。得其地不可居，得其民不可使，得其貨不足富，此臣不侵奪占城故也。」明詔令臣復其土宇，乞遣朝使申畫郊圻，俾兩國邊陲休息，臣不勝至願。」時占城久爲所據，而其詞誕如此。

先是，安南入貢，多攜私物，道憑祥、龍州，乏人轉運，輒興讎釁。會遣使賀册立皇太子，有詔禁飭之。十五年冬，灝遣兵八百餘人，越雲南蒙自界，聲言捕盜，擅結營築室以居。守臣力止之，始退。灝既破占城，志意益廣，親督兵九萬，開山爲三道，攻破哀牢，侵老撾，復大破之，殺宣慰刀板雅、蘭、掌父子三人，其季子怕雅賽走八百以免。灝復積糧練兵，頒僞敕於車里，徵其兵合攻八百。將士暴死者數千，咸言爲雷霆所擊。八百乃遏其歸路，襲殺萬餘人，灝始引還。帝下廷議，請令廣西布政司檄灝斂兵，雲南、兩廣守臣戒邊備而已。既而灝言未侵老撾，且不知八百疆宇何在，語甚誑誕。帝復慰諭之，迄不奉命。十七年秋，滿剌加亦以被侵告，帝敕使諭令睦鄰保國。未幾，使臣入貢，請如暹羅、爪哇例賜冠帶。許之，不爲例。

孝宗踐阼，命侍讀劉戩詔諭其國。其使臣來貢，以大喪免引奏。弘治三年，時占城王古來以天朝力得還國，復愬安南見侵。兵部尙書馬文升召安南使臣曰：「歸諭爾主，各保疆土享太平。不然，朝廷一旦赫然震怒，天兵壓境，如永樂朝事，爾主得無悔乎？」安南自是有所畏。

十年，灝卒，私謚聖宗。其改元二：光順十年，洪德二十八年。子暉繼，一名鏳，遣使告訃，命行人徐鈺往祭。尋賜暉皮弁服、金犀帶。其使臣言，國主受王封，賜服與臣下無別，乞改賜。禮官言：「安南名爲王，實中國臣也。嗣王新立，必賜皮弁冠服，使不失主宰一國之尊，又賜一品常服，俾不忘臣事中國之義。今所請，紊亂祖制，不可許。然此非使臣罪，乃通事者導之妄奏，宜懲。」帝特宥之。十七年，暉卒，私謚憲宗。其改元曰景統。子漴繼，一名敬甫，七月而卒，私謚肅宗。弟誼繼，一名璿。

武宗踐阼，命修撰倫文敍、給事中張弘至詔諭其國。誼亦遣使告訃，命官致祭如常儀。正德元年册爲王。誼寵任母黨阮种、阮伯勝兄弟，恣行威虐，屠戮宗親，酖殺祖母。种等怙寵竊權，四年逼誼自殺，擁立其弟伯勝，貶誼爲厲愍王。國人黎廣等討誅之，立灝孫晭，改謚誼威穆帝。誼在位四年，改元端慶。晭，一名瀅，七年受封，多行不義。

十一年，社堂燒香官陳暠與二子昺、昇作亂，殺晭而自立。詭言前王陳氏後，仍稱大虞皇帝，改元應天，貶晭爲靈隱王。晭臣都力士莫登庸初附暠，後與黎氏大臣阮弘裕等起兵討之。暠敗走，獲昺及其黨陳璲等。暠與昇奔諒山道，據長寧、太原、淸節三府自保。〔一六〕登庸等乃共立晭兄灝之子譓，〔一七〕改謚晭襄翼帝。晭在位七年，改元洪順。譓將請封，因國亂不果。以登庸有功，封武川伯，總水陸諸軍。旣握兵柄，潛蓄異志。黎氏臣鄭綏，以譓徒擁虛位，別立其族子酉榜，發兵攻都城。譓出走，登庸擊破綏兵，捕酉榜殺之，益恃功專恣，遂逼妻譓母，迎譓歸，自爲太傅仁國公。十六年率兵攻陳暠，暠敗走死。

嘉靖元年，登庸自稱安興王，謀弑譓。譓母以告，乃與其臣杜溫潤間行以免，居於清華。登庸立其庶弟懬，遷居海東長慶府。世宗踐阼，命編修孫承恩、給事中俞敦詔諭其國。至龍州，聞其國大亂，道不通，乃却還。四年夏，譓遣使問道通貢，幷請封，爲登庸所阻。明年春，登庸賂欽州判官唐淸，爲懬求封。總督張嶺逮淸，死於獄。六年，登庸令其黨范嘉謨僞爲廲禪詔，篡其位，改元明德，立子方瀛爲皇太子。旋酖殺廲，謚爲恭皇帝。踰年，遣使來貢，至諒山城，被攻而還。九年，登庸禪位於方瀛，自稱太上皇，移居都齋、海陽，爲方瀛外援，作大誥五十九條，頒之國中。方瀛改元大正。其年九月，黎譓卒於清華，國亡。

十五年冬，皇子生，當頒詔安南。禮官夏言言：「安南不貢已二十年，兩廣守臣謂黎譓、黎廲均非黎賙應立之嫡，莫登庸、陳暠俱彼國篡逆之臣，宜遣官按問，求罪人主名。且前使既以道阻不通，今宜暫停使命。」帝以安南叛逆昭然，宜急遣官往勘，命言會兵部議征討。言及本兵張瓚等力言逆臣篡主奪國，朝貢不修，決宜致討。乞先遣錦衣官二人往覈其實，敕兩廣、雲南守臣整兵積餉，以俟師期，制可。乃命千户陶鳳儀、鄭璽等，分往廣西、雲南，詰罪人主名，敕四川、貴州、湖廣、福建、江西守臣，預備兵食，候征調。户部侍郎唐胄上疏，力陳用兵七不可，語詳其傳中，末言：「安南雖亂，猶頻奉表箋，具方物，款關求入。守臣以其姓名不符，拒之。是彼欲貢不得，非負固不貢也。」章下兵部，亦以爲然，命俟勘官還更議。

十六年，安南黎寧遣國人鄭惟僚等赴京，〔一八〕備陳登庸篡弒狀，言：「寧卽譓子。譓卒，國人立寧爲世孫，權主國事。屢馳書邊臣告難，俱爲登庸邀殺。乞興師問罪，亟除國賊。」時嚴嵩掌禮部，謂其言未可盡信，請羈之，待勘官回奏，從之。尋召鳳儀等還，命禮、兵二部會廷臣議，列登庸十大罪，請大振宸斷，剋期徂征。乃起右都御史毛伯温於家，參贊軍務，命戶部侍郎胡璉、高公韶先馳雲、貴，兩廣調度軍食，以都督僉事江桓、牛桓爲左、右副總兵，督軍征討，其大將需後命。兵部復奉詔，條用兵機宜十二事。〔一九〕獨侍郎潘珍持不可，抗疏切諫。帝怒，褫其職。兩廣總督潘旦亦馳疏請停前命，言：「朝廷方興問罪之師，登庸卽有求貢之使，宜因而許之，戒嚴觀變，以待彼國之自定。」嚴嵩、張瓚窺帝旨，力言不可宥，且言黎寧在清都圖恢復，而旦謂彼國俱定，上表求貢，決不可許。旦疏遂寢。五月，伯温至京，奏上方略六事，以旦不可共事，請易之，優旨褒答。及兵部議上，帝意忽中變，謂黎寧誠僞未審，令三方守臣從宜撫剿，參贊、督餉大臣俱暫停，旦調用，以張經代之。時御史徐九皐、給事中謝廷蒞以修省陳言，〔二〇〕亦請罷征南之師。

八月，雲南巡撫汪文盛以獲登庸間諜及所撰僞大誥上聞。帝震怒，命守臣仍遵前詔征討。時文盛招納黎氏舊臣武文淵得其進兵地圖，謂登庸必可破，遂上之朝。廣東按臣余光言：「莫之篡黎，猶黎之篡陳，不足深較。但當罪其不庭，責以稱臣修貢，不必遠征，疲敝中國。臣已遣使宣諭，彼如來歸，宜因以撫納。」帝以光輕率，奪祿一年。文盛卽傳檄安南，登庸能束身歸命，籍上輿圖，待以不死。於是登庸父子遣使奉表乞降，且投牒文盛及黔國公沐朝輔，具述黎氏衰亂，陳暠叛逆，己與方瀛有功，爲國人歸附，所有土地，已載一統志中，乞貰其罪，修貢如制。朝輔等以十七年三月奏聞，而黎寧承前詔，懼天朝竟納其降，備以本國簒弑始末及軍馬之數、水陸進兵道里來上。俱下兵部，集廷臣議。僉言莫氏罪不可赦，亟宜進師。請以原推咸寧侯仇鸞總督軍務，伯溫仍爲參贊，從之。張經上言：「安南進兵之道有六，兵當用三十萬，一歲之餉當用百六十萬，造舟、市馬、制器、犒軍諸費又須七十餘萬。况我調大衆，涉炎海，與彼勞逸殊勢，不可不審處也。」疏方上，欽州知州林希元又力陳登庸可取狀。兵部不能決，復請廷議。及議上，帝不悅曰：「朕聞卿士大夫私議，咸謂不當興師。爾等職司邦政，漫無主持，悉委之會議。既不協心謀國，其已之。鸞、伯溫別用。」

十八年册立皇太子，當頒詔安南。特起黃綰爲禮部尚書，學士張治副之，往使其國。命甫下，方瀛遣使上表降，並籍其土地、戶口，聽天朝處分，凡爲府五十有三，州四十有九，縣一百七十有六。帝納之，下禮、兵二部協議。至七月，綰猶未行，以忤旨落職，遂停使命。初，征討之議發自夏言，帝既責綰，因發怒曰：「安南事，本一人倡，衆皆隨之。乃訕上聽言計，共作慢詞。此國應棄應討，宜有定議，兵部即集議以聞。」於是瓚及廷臣惶懼，請如前詔，仍遣鸞、伯溫南征。如登庸父子束手歸命，無異心，則待以不死，從之。

十九年，伯溫等抵廣西，傳檄諭以納款宥罪意。時方瀛已卒，登庸即遣使請降。登庸聞，大喜。十一月率從子文明及部目四十二人入鎭南關，囚首徒跣，匍匐叩頭壇上，進降表，伯溫稱詔赦之。復詣軍門匍匐再拜，上土地軍民籍，請奉正朔，永爲藩臣。伯溫等宣示威德，令歸國俟命。疏聞，帝大喜，命削安南國爲安南都統使司，授登庸都統使，秩從二品，銀印。舊所僭擬制度悉除去，改其十三道爲十三宣撫司，各設宣撫、同知、副使、僉事，聽都統黜陟。廣西歲給大統曆，仍三歲一貢以爲常。更令覈黎寧眞僞，果黎氏後，割所據四府奉其祀事，否則已之。制下，登庸悚惕受命。

二十二年，登庸卒，方瀛子福海嗣，遣宣撫同知阮典敬等來朝。〔三〕二十五年，福海卒，子宏瀷嗣。初，登庸以石室人阮敬爲義子，封西寧侯。敬有女嫁方瀛次子敬典，因與方瀛妻武氏通，得專兵柄。宏瀷立，方五歲，敬益專恣用事。登庸次子正中及文明避之都齋，其同輩阮如桂、范子儀等亦避居田里。敬舉兵逼都齋，正中、如桂、子儀等禦之，不勝。正中、文明率家屬奔欽州，子儀收殘卒遁海東。敬詭稱宏瀷歿，以迎立正中爲詞，犯欽州，爲參將俞大猷所敗，誅死。宏瀷初立時，遣使黎光賁來貢，至南寧，守臣以聞。禮官以其國內亂，名分未定，止來使勿進，而令守臣覈所當立者。至三十年事白，命授宏瀷都統使，赴關領牒。會部目黎伯驪與黎寧臣鄭檢合兵來攻，宏瀷奔海陽，不克赴。光賁等留南寧且十五年，其偕來使人物故大半。宏瀷祈守臣代請，詔許入京，其都統告身，仍俟宏瀷赴關則給。四十三年，宏瀷卒，子茂洽嗣。萬曆元年授都統使。三年遣使謝恩，賀卽位，進方物，又補累年所缺之貢。

時莫氏漸衰，黎氏復興，互相搆兵，其國益多故。始黎寧之據清華也，仍僭帝號，以嘉靖九年改元元和。居四年，爲登庸所攻，竄占城界。國人立其弟憲，改元光照。十五年廉知寧所在，迎歸清華，後遷於漆馬江。寧卒，其臣鄭檢立寧子寵。寵卒，無子，國人共立黎暉四世孫維邦。維邦卒，檢子松立其子維潭，世居清華，自爲一國。

萬曆十九年，維潭漸强，舉兵攻茂洽，茂洽敗奔嘉林縣。〔三〕明年冬，松誘土人內應，襲殺茂洽，奪其都統使印，親黨多遇害。有莫敦讓者，奔防城告難，總督陳蕖以聞。松復擒敦讓，勢益張。茂洽子敬恭與宗人履遜等奔廣西思陵州，莫履機奔欽州。獨莫敬邦有衆十餘萬，起京北道，擊走黎黨范拔萃、范百祿諸軍，敦讓得復歸。衆乃推敬邦署都統，諸流寓思陵、欽州者悉還。黎兵攻南策州，敬邦被殺，莫氏勢益衰。敬恭、敬用屯諒山高平，敬璋屯東海新安，懼黎兵追索，竄至龍州、憑祥界，令土官列狀告當事。維潭亦叩關求通貢，識以國王金印。

二十一年，廣西巡撫陳大科等上言：「蠻邦易姓如弈棋，不當以彼之叛服爲順逆，止當以彼之叛我服我爲順逆。今維潭雖圖恢復，而茂洽固天朝外臣也，安得不請命而擅然戮之。竊謂黎氏擅興之罪，不可不問。莫氏孑遺之緒，亦不可不存。倘如先朝故事，聽黎氏納款，而仍存莫氏，比諸漆馬江，亦不翦其祀，於計爲便。」廷議如其言。明年，大科方遣官往察，敬用卽遣使叩軍門告難，且乞兵。明年秋，維潭亦遣使謝罪，求款。時大科已爲兩廣總督，與廣西巡撫戴燿並以屬左江副使楊寅秋，寅秋竊計曰：「不拒黎，亦不棄莫，吾策定矣。」兩遣官往問，以敬恭等願居高平來告，而維潭求款之使亦數至。寅秋乃與之期，具報督撫。會敬璋率衆赴永安，爲黎氏兵擊敗，海東、新安地盡失，於是款議益決。

時維潭圖恢復名，不欲以登庸自處，無束身入關意。寅秋復遣官諭之，其使者來報如約，至期忽言於關吏曰：「士卒饑病，款儀未備。且莫氏吾讎也，棲之高平，未敢聞命。」遂中宵遁去。大科等疏聞，謂其臣鄭松專權所致。維潭復遣使叩關，自己非遁。大科等再遣官諭之，維潭聽命。

二十五年遣使請期，寅秋示以四月。屆期，維潭至關外，譯者詰以六事。首擅殺茂洽，曰：「復讎急，不遑請命。」次維潭宗派，曰：「世孫也，祖暉，天朝曾錫命。」次鄭松，曰：「此黎氏世臣，非亂黎氏也。」然則何宵遁，曰：「以儀物之不戒，非遁也。」何以用王章，曰：「權倣爲之，立銷矣。」惟割高平居莫氏，猶相持不絕。復諭之曰：「均貢臣也，黎昔可棲漆馬江，莫獨不可棲高平乎？」乃聽命。授以款關儀節，俾習之。維潭率其下入關謁御幄，一如登庸舊儀。退謁寅秋，請用賓主禮，不從，四拜成禮而退。安南復定。詔授維潭都統使，頒曆奉貢，一如莫氏故事。先是，黎利及登庸進代身金人，皆囚首面縛，維潭以恢復名正，獨立而肅容。當事嫌其倨，令改製，乃爲俯伏狀，鐫其背曰：「安南黎氏世孫，臣黎維潭不得蒲伏天門，恭進代身金人，悔罪乞恩。」自是，安南復爲黎氏有，而莫氏但保高平一郡。

二十七年，維潭卒，子維新嗣，鄭松專其柄。會叛酋潘彥搆亂，維新與松移保清化。三十四年遣使入貢，命授都統使。時莫氏宗黨多竄處海隅，往往僭稱公侯伯名號，侵軼邊境，維新亦不能制。守臣檄問，數發兵夾剿，雖應時破滅，而邊方頗受其害。維新卒，子維祺嗣。天啓四年，發兵擊莫敬寬，克之，殺其長子，掠其妻妾及少子以歸。敬寬與次子逃入山中，復回高平，勢益弱。然迄明之世，二姓分據，終不能歸一云。

安南都會在交州，卽唐都護治所。其疆域東距海，西接老撾，南渡海卽占城，北連廣西之思明、南寧，雲南之臨安、元江。土膏腴，氣候熱，穀歲二稔。人性獷悍。驩、演二州多文學，交、愛二州多倜儻士，較他方爲異。

校勘記

〔一〕傳其壻陳日炬　陳日炬，明史稿傳一九五安南傳、元史卷二〇九安南傳都作「陳日煚」，大越史記全書本紀全書卷四作「陳煚」。

〔二〕帝復命禮部郎中邢文偉齎敕及幣往賜　邢文偉，太祖實錄卷一八九洪武二十一年三月庚寅條作「邢文博」。

〔三〕至北江府新福縣　北江府，原作「江北府」，據太宗實錄卷五〇永樂五年六月癸未條、明一統志卷九〇改。

〔四〕輔遣旭攻洮江州　洮江州，原作「洮州」。太宗實錄卷四七永樂四年十二月辛卯條作「洮江」，又卷五〇永樂五年六月癸未條及明一統志卷九〇稱洮江州屬三江府。此脫「江」字，據補。

〔五〕語言便利　原脫「語言」，據明史稿傳一九五安南傳、太宗實錄卷五〇永樂五年六月癸未條補。

〔六〕時阮帥等推簡定爲太上皇　太上皇，本書卷一五四張輔傳、太宗實錄卷六八永樂八年正月丁酉條作「越上皇」。

〔七〕定走美良縣吉利柵　吉利柵，原作「吉利册」，據丘濬平定交南錄、王世貞安南傳改。

〔八〕輔軍至乂安土黄　土黄，原作「上黄」，據太宗實錄卷五〇永樂五年六月癸未條、又卷八五永樂十年十月戊寅條及大南一統志卷一四改。

〔九〕遂進羅蒙江　羅蒙江，原作「羅江」，脫「蒙」字，據太宗實錄卷九一永樂十二年正月壬辰條、國榷卷一六頁一〇九八、讀史方輿紀要卷一一二補。

〔一〇〕范軟起俄樂　俄樂，原作「浮樂」，據本書卷一五四李彬傳及太宗實錄卷一一四永樂十七年十月壬申條改。

〔一一〕有楊恭阮多者　楊恭，原作「楊公」，據本書卷一五四李彬傳改。

〔一二〕出據可藍柵行劫　可藍柵，原作「可藍堡」，據本書卷一五四李彬傳及太宗實錄卷一一三永樂十七年五月乙巳條改。

〔一三〕利在乂安聞之　乂安，原作「清化」，據本書卷一五四王通傳、宣宗實錄卷二二宣德元年十一月乙未條及王世貞安南傳改。按時清化未破，黎利不得在清化，作「乂安」是。

〔一四〕命尙寶卿淩信　尙寶卿，原作「尙書卿」，據憲宗實錄卷二天順八年二月壬寅條改。

〔一五〕又爲子茶質苔所弒　茶質苔，憲宗實錄卷一四四成化十一年八月辛丑條、國榷卷三七頁二三五八及殊域周咨錄卷七俱作「茶質苔來」。

〔一六〕據長寧太原清節三府自保　清節，明史稿傳一九五安南傳、殊域周咨錄卷五都作「清都」。

〔一七〕登庸等乃共立晭兄灝之子譓　灝，明史考證擴逸卷四〇據識大錄改爲「㶁」。

〔一八〕安南黎寧遣國人鄭惟僚等赴京　鄭惟僚，明史稿傳一九五安南傳、世宗實錄卷一九七嘉靖十六年二月壬子條及殊域周咨錄卷六都作「鄭惟憭」。

〔一九〕條用兵機宜十二事　十二事，世宗實錄卷一九九嘉靖十六年四月辛酉條作「十一事」，具列十一事條文。

〔三〇〕給事中謝廷蒞以修省陳言　謝廷蒞，原作「謝廷茝」，據本書卷二〇七謝廷蒞傳、世宗實錄卷二〇〇嘉靖十六年五月乙巳條及卷二二三嘉靖十八年四月甲寅條改。

〔三一〕遣宣撫同知阮典敬等來朝　阮典敬，原作「阮敬典」，據世宗實錄卷二七三嘉靖二十二年四月乙未條、殊域周咨錄卷六改。

〔三二〕茂洽敗奔嘉林縣　嘉林縣，原作「喜林縣」，據太宗實錄卷五〇永樂五年六月癸未條、明一統志卷九〇改。

明史卷三百二十二

列傳第二百十

外國三

日本

日本，古倭奴國。唐咸亨初，改日本，以近東海日出而名也。地環海，惟東北限大山，有五畿、七道、三島，共一百十五州，統五百八十七郡。其小國數十，皆服屬焉。國小者百里，大不過五百里。戶小者千，多不過一二萬。國主世以王爲姓，羣臣亦世官。宋以前皆通中國，朝貢不絕，事具前史。惟元世祖數遣使趙良弼招之不至，乃命忻都、范文虎等帥舟師十萬征之，至五龍山遭暴風，軍盡沒。後屢招不至，終元世未相通也。

明興，高皇帝卽位，方國珍、張士誠相繼誅服。諸豪亡命，往往糾島人入寇山東濱海州縣。洪武二年三月，帝遣行人楊載詔諭其國，且詰以入寇之故，謂：「宜朝則來廷，不則修兵自固。倘必爲寇盜，卽命將徂征耳，王其圖之。」日本王良懷不奉命，〔一〕復寇山東，轉掠溫、台、明州旁海民，遂寇福建沿海郡。

三年三月又遣萊州府同知趙秩責讓之，泛海至析木崖，入其境，守關者拒弗納。秩以書抵良懷，良懷延秩入。諭以中國威德，而詔書有責其不臣語。良懷曰：「吾國雖處扶桑東，未嘗不慕中國。惟蒙古與我等夷，乃欲臣妾我。我先王不服，乃使其臣趙姓者訹我以好語，語未旣，水軍十萬列海岸矣。以天之靈，雷霆波濤，一時軍盡覆。今新天子帝中夏，天使亦趙姓，豈蒙古裔耶？亦將訹我以好語而襲我也。」目左右將兵之。秩不爲動，徐曰：「我大明天子神聖文武，非蒙古比，我亦非蒙古使者後。能兵，兵我。」良懷氣沮，下堂延秩，禮遇甚優。遣其僧祖來奉表稱臣，貢馬及方物，且送還明、台二郡被掠人口七十餘，以四年十月至京。太祖嘉之，宴賚其使者，念其俗佞佛，可以西方敎誘之也，乃命僧祖闡、克勤等八人送使者還國，賜良懷大統曆及文綺、紗羅。是年掠溫州。〔二〕五年寇海鹽、澉浦，又寇福建海上諸郡。六年以於顯爲總兵官，出海巡倭，倭寇萊、登。祖闡等旣至，爲其國演敎，其國人頗敬信。而王則傲慢無禮，拘之二年，以七年五月還京。倭寇膠州。

時良懷年少，有持明者，與之爭立，國內亂。是年七月，其大臣遣僧宣聞溪等齎書上中書省，貢馬及方物，而無表。帝命却之，仍賜其使者遣還。未幾，其別島守臣氏久遣僧奉表來貢。帝以無國王之命，且不奉正朔，亦却之，而賜其使者，命禮臣移牒，責以越分私貢之非。又以頻入寇掠，命中書移牒責之。乃以九年四月，遣僧圭廷用等來貢，且謝罪。帝惡其表詞不誠，降詔戒諭，宴賚使者如制。十二年來貢。十三年復貢，無表，但持其征夷將軍源義滿奉丞相書，書辭又倨。乃却其貢，遣使齎詔譙讓。十四年復來貢，帝再却之，命禮官移書責其王，幷責其征夷將軍，示以欲征之意。良懷上言：

臣聞三皇立極，五帝禪宗，惟中華之有主，豈夷狄而無君。乾坤浩蕩，非一主之獨權，宇宙寬洪，作諸邦以分守。蓋天下者，乃天下之天下，非一人之天下也。臣居遠弱之倭，褊小之國，城池不滿六十，封疆不足三千，尚存知足之心。陛下作中華之主，爲萬乘之君，城池數千餘，封疆百萬里，猶有不足之心，常起滅絕之意。夫天發殺機，移星換宿。地發殺機，龍蛇走陸。人發殺機，天地反覆。昔堯、舜有德，四海來賓。湯、武施仁，八方奉貢。

臣聞天朝有興戰之策，小邦亦有禦敵之圖。論文有孔、孟道德之文章，論武有孫、吳韜略之兵法。又聞陛下選股肱之將，起精銳之師，來侵臣境。水澤之地，山海之洲，自有其備，豈肯跪途而奉之乎？順之未必其生，逆之未必其死。相逢賀蘭山前，聊以博戲，臣何懼哉。倘君勝臣負，且滿上國之意。設臣勝君負，反作小邦之羞。自古講和爲上，罷戰爲强，免生靈之塗炭，拯黎庶之艱辛。特遣使臣，敬叩丹陛，惟上國圖之。

帝得表愠甚，終鑑蒙古之轍，不加兵也。

十六年，倭寇金鄉、平陽。十九年遣使來貢，却之。明年命江夏侯周德興往福建濱海四郡，相視形勢。衞所城不當要害者移置之，民戶三丁取一，以充戍卒，乃築城一十六，增巡檢司四十五，得卒萬五千餘人。又命信國公湯和行視浙東、西諸郡，整飭海防，乃築城五十九。民戶四丁以上者以一爲戍卒，得五萬八千七百餘人，分戍諸衞，海防大飭。閏六月命福建備海舟百艘，廣東倍之，以九月會浙江捕倭，既而不行。

先是，胡惟庸謀逆，欲藉日本爲助。乃厚結寧波衞指揮林賢，佯奏賢罪，謫居日本，令交通其君臣。尋奏復賢職，遣使召之，密致書其王，借兵助己。賢還，其王遣僧如瑤率兵卒四百餘人，詐稱入貢，且獻巨燭，藏火藥、刀劍其中。既至，而惟庸已敗，計不行。帝亦未知其狡謀也。越數年，其事始露，乃族賢，而怒日本特甚，決意絕之，專以防海爲務。然其時王子滕祐壽者，來入國學，帝猶善待之。二十四年五月特授觀察使，留之京師。後著祖訓，列不征之國十五，日本與焉。自是，朝貢不至，而海上之警亦漸息。

成祖卽位，遣使以登極詔諭其國。永樂元年又遣左通政趙居任、行人張洪偕僧道成往。將行，而其貢使已達寧波。禮官李至剛奏：「故事，番使入中國，不得私攜兵器鬻民。宜敕所司覈其船，諸犯禁者悉籍送京師。」帝曰：「外夷修貢，履險蹈危，來遠，所費實多。有所齎以助資斧，亦人情，豈可概拘以禁令。至其兵器，亦准時直市之，毋阻向化。」十月，使者至，上王源道義表及貢物。帝厚禮之，遣官偕其使還，賚道義冠服、龜鈕金章及錦綺、紗羅。

明年十一月來賀冊立皇太子。時對馬、臺岐諸島賊掠濱海居民，因諭其王捕之。王發兵盡殲其衆，縶其魁二十人，以三年十一月獻於朝，且修貢。帝益嘉之，遣鴻臚寺少卿潘賜偕中官王進賜其王九章冕服及錢鈔、錦綺加等，而還其所獻之人，令其國自治之。使者至寧波，盡置其人於甑，烝殺之。明年正月又遣侍郎俞士吉齎璽書褒嘉，〔三〕賜賚優渥。封其國之山爲壽安鎭國之山，御製碑文，立其上。六月，使來謝，賜冕服。五年、六年頻入貢，且獻所獲海寇。使還，請賜仁孝皇后所製勸善、內訓二書，卽命各給百本。十一月再貢。十二月，其國世子源義持遣使來告父喪，命中官周全往祭，賜謚恭獻，且致賻。又遣官齎敕，封義持爲日本國王。時海上復以倭警告，再遣官諭義持剿捕。

八年四月，義持遣使謝恩，尋獻所獲海寇，帝嘉之。明年二月復遣王進齎敕褒賚，收市物貨。其君臣謀阻進不使歸，進潛登舶，從他道遁還。自是，久不貢。是年，倭寇盤石。十五年，倭寇松門、金鄉、平陽。有捕倭寇數十人至京者，廷臣請正法。帝曰：「威之以刑，不若懷之以德，宜還之。」乃命刑部員外郎呂淵等齎敕責讓，令悔罪自新。中華人被掠者，亦令送還。明年四月，其王遣使隨淵等來貢，謂：「海寇旁午，故貢使不能上達。其無賴鼠竊者，實非臣所知。願貸罪，容其朝貢。」帝以其詞順，許之，禮使者如故，然海寇猶不絕。

十七年，倭船入王家山島，都督劉榮率精兵疾馳入望海堝。賊數千人分乘二十舟，〔四〕直抵馬雄島，進圍望海堝。榮發伏出戰，奇兵斷其歸路。賊奔櫻桃園，榮合兵攻之，斬首七百四十二，生擒八百五十七。召榮至京，封廣寧伯。自是，倭不敢窺遼東。二十年，倭寇象山。

宣德七年正月，帝念四方蕃國皆來朝，獨日本久不貢，命中官柴山往琉球，令其王轉諭日本，賜之敕。明年夏，王源義教遣使來。帝報之，賚白金、綵幣。秋復至。十年十月以英宗嗣位，遣使來貢。

正統元年二月，使者還，賚王及妃銀幣。四月，工部言：「宣德間，日本諸國皆給信符勘合，今改元伊始，例當更給。」從之。四年五月，倭船四十艘連破台州桃渚、寧波大嵩二千戶所，又陷昌國衞，大肆殺掠。八年五月，寇海寧。先是，洪熙時，黃巖民周來保、龍巖民鍾普福困於徭役，叛入倭。倭每來寇，爲之鄉導。至是，導倭犯樂清，先登岸偵伺。俄倭去，二人留村中丐食，被獲，置極刑，梟其首於海上。倭性黠，時載方物、戎器，出沒海濱，得間則張其戎器而肆侵掠，不得則陳其方物而稱朝貢，東南海濱患之。

景泰四年入貢，至臨淸，掠居民貨。有指揮往詰，毆幾死。所司請執治，帝恐失遠人心，不許。先是，永樂初，詔日本十年一貢，人止二百，船止二艘，不得攜軍器，違者以寇論。乃賜以二舟，爲入貢用，後悉不如制。宣德初，申定要約，人毋過三百，舟毋過三艘。而倭人貪利，貢物外所攜私物增十倍，例當給直。禮官言：「宣德間所貢硫黃、蘇木、刀扇、漆器之屬，估時直給錢鈔，或折支布帛，爲數無多，然已大獲利。今若仍舊制，當給錢二十一萬七千，銀價如之。宜大減其直，給銀三萬四千七百有奇。」從之。使臣不悅，請如舊制。詔增錢萬，猶以爲少，求增賜物。詔增布帛千五百，終怏怏去。

天順初，其王源義政以前使臣獲罪天朝，蒙恩宥，欲遣使謝罪而不敢自達，移書朝鮮王令轉請，朝鮮以聞。廷議敕朝鮮覈實，令擇老成識大體者充使，不得仍前肆擾，既而貢使亦不至。

成化四年夏，乃遣使貢馬謝恩，禮之如制。其通事三人，自言本寧波村民，幼爲賊掠，市與日本，今請便道省祭，許之。戒其勿同使臣至家，引中國人下海。十一月，使臣淸啓復來貢，傷人於市。有司請治其罪，詔付淸啓，奏言犯法者當用本國之刑，容還國如法論治。且自服不能鈐束之罪，帝俱赦之。自是，使者益無忌。十三年九月來貢，求佛祖統紀諸書，〔五〕詔以法苑珠林賜之。使者述其王意，請於常例外增賜，命賜錢五萬貫。二十年十一月復貢。弘治九年三月，王源義高遣使來，還至濟寧，其下復持刀殺人。所司請罪之，詔自今止許五十人入都，餘留舟次，嚴防禁焉。十八年冬來貢，時武宗已卽位，命如故事，鑄金牌勘合給之。

正德四年冬來貢。禮官言：「明年正月，大祀慶成宴。朝鮮陪臣在殿東第七班，日本向無例，請殿西第七班。」從之。禮官又言：「日本貢物向用舟三，今止一，所賜銀幣，宜如其舟之數。且無表文，賜敕與否，請上裁。」命所司移文答之。五年春，其王源義澄遣使臣宋素卿來貢，時劉瑾竊柄，納其黃金千兩，賜飛魚服，前所未有也。素卿，鄞縣朱氏子，名縞，幼習歌唱。倭使見，悅之，而縞叔澄負其直，因以縞償。至是，充正使，至蘇州，澄與相見。後事覺，法當死，劉瑾庇之，謂澄已自首，並獲免。七年，義澄使復來貢，浙江守臣言：「今畿輔、山東盜充斥，恐使臣遇之爲所掠，請以貢物貯浙江官庫，收其表文送京師。」禮官會兵部議，請令南京守備官卽所在宴賚，遣歸，附進方物，皆予全直，毋阻遠人向化心。從之。

嘉靖二年五月，其貢使宗設抵寧波。未幾，素卿偕瑞佐復至，互爭眞僞。素卿賄市舶太監賴恩，宴時坐素卿於宗設上，船後至又先爲驗發。宗設怒，與之鬬，殺瑞佐，焚其舟，追素卿至紹興城下，素卿竄匿他所免。凶黨還寧波，所過焚掠，執指揮袁璡，奪船出海。都指揮劉錦追至海上，戰沒。巡按御史歐珠以聞，且言：「據素卿狀，西海路多羅氏義興者，向屬日本統轄，無入貢例。因貢道必經西海，正德朝勘合爲所奪。我不得已，以弘治朝勘合，由南海路起程，比至寧波，因詰其僞，致啓釁。」章下禮部，部議：「素卿言未可信，不宜聽入朝。但釁起宗設，素卿之黨被殺者多，其前雖有投番罪，已經先朝宥赦，毋容問。惟宜諭素卿還國，移咨其王，令察勘合有無，行究治。」帝已報可，御史熊蘭、給事張翀交章言：「素卿罪重不可貸，請幷治賴恩及海道副使張芹、分守參政朱鳴陽、分巡副使許完、都指揮張浩，閉關絕貢，振中國之威，寢狡寇之計。」事方議行，會宗設黨中林、望古多羅逸出之舟，爲暴風飄至朝鮮。朝鮮人擊斬三十級，生擒二賊以獻。給事中夏言因請逮赴浙江，會所司與素卿雜治，因遣給事中劉穆、御史王道往。至四年，獄成，素卿及中林、望古多羅並論死，繫獄。久之，皆瘐死。時有琉球使臣鄭繩歸國，命傳諭日本以擒獻宗設，還袁璡及海濱被掠之人，否則閉關絕貢，徐議征討。

九年，琉球使臣蔡瀚者，道經日本，其王源義晴附表言：「向因本國多事，干戈梗道。正德勘合不達東都，以故素卿捧弘治勘合行，乞貸遣。望幷賜新勘合、金印，修貢如常。」禮官驗其文，無印篆，言：「倭譎詐難信，宜敕琉球王傳諭，仍遵前命。」十八年七月，義晴貢使至寧波，守臣以聞。時不通貢者已十七年，敕巡按御史督同三司官覈，果誠心效順，如制遣送，否則却回，且嚴居民交通之禁。明年二月，貢使碩鼎等至京申前請，乞賜嘉靖新勘合，還素卿及原留貢物。部議：「勘合不可遽給，務繳舊易新。貢期限十年，人不過百，舟不過三，餘不可許。」詔如議。二十三年七月復來貢，未及期，且無表文。部臣謂不當納，却之。其人利互市，留海濱不去。巡按御史高節請治沿海文武將吏罪，嚴禁奸豪交通，得旨允行。而內地諸奸利其交易，多爲之囊橐，終不能盡絕。

二十六年六月，巡按御史楊九澤言：「浙江寧、紹、台、溫皆濱海，界連福建福、興、漳、泉諸郡，有倭患，雖設衞所城池及巡海副使、備倭都指揮，但海寇出沒無常，兩地官弁不能通攝，制禦爲難。請如往例，特遣巡視重臣，盡統海濱諸郡，庶事權歸一，威令易行。」廷議稱善，乃命副都御史朱紈巡撫浙江兼制福、興、漳、泉、建寧五府軍事。未幾，其王義晴遣使周良等先期來貢，用舟四，人六百，泊於海外，以待明年貢期。守臣沮之，則以風爲解。十一月事聞，帝以先期非制，且人船越額，敕守臣勒回。十二月，倭賊犯寧、台二郡，大肆殺掠，二郡將吏並獲罪。

明年六月，周良復求貢，紈以聞。禮部言：「日本貢期及舟與人數雖違制，第表辭恭順，去貢期亦不遠，若概加拒絕，則航海之勞可憫，若稍務含容，則宗設、素卿之事可鑑。宜敕紈循十八年例，起送五十人，餘留嘉賓館，量加犒賞，諭令歸國。若互市防守事，宜在紈善處之。」報可。紈力言五十人過少，乃令百人赴都。部議但賞百人，餘罷勿賞。良訴貢舟高大，勢須五百人。中國商船入海，往往藏匿島中爲寇，故增一舟防寇，非敢違制。部議量增其賞，且謂：「百人之制，彼國勢難遵行，宜相其貢舟大小，以施禁令。」從之。

日本故有孝、武兩朝勘合幾二百道，使臣前此入貢請易新者，而令繳其舊。至是良持弘治勘合十五道，言其餘爲素卿子所竊，捕之不獲。正德勘合留十五道爲信，而以四十道來還。部議令異時悉繳舊，乃許易新，亦報可。

當是時，日本王雖入貢，其各島諸倭歲常侵掠，濱海奸民又往往勾之。紈乃嚴爲申禁，獲交通者，不俟命輒以便宜斬之。由是，浙、閩大姓素爲倭內主者，失利而怨。紈又數騰疏於朝，顯言大姓通倭狀，以故閩、浙人皆惡之，而閩尤甚。巡按御史周亮，閩產也，上疏詆紈，請改巡撫爲巡視，以殺其權。其黨在朝者左右之，竟如其請。又奪紈官，羅織其擅殺罪，紈自殺。自是不置巡撫者四年，海禁復弛，亂益滋甚。

祖制，浙江設市舶提舉司，以中官主之，駐寧波。海船至則平其直，制馭之權在上。及世宗，盡撤天下鎮守中官，幷撤市舶，而濱海奸人遂操其利。初市猶商主之，及嚴通番之禁，遂移之貴官家，負其直者愈甚。索之急，則以危言嚇之，或又以好言紿之，謂我終不負若直。倭喪其貲不得返，已大恨，而大奸若汪直、徐海、陳東、麻葉輩素窟其中，以內地不得逞，悉逸海島爲主謀。倭聽指揮，誘之入寇。海中巨盜，遂襲倭服飾、旂號，並分艘掠內地，無不大利，故倭患日劇，於是廷議復設巡撫。三十一年七月以僉都御史王忬任之，而勢已不可撲滅。

明初，沿海要地建衞所，設戰船，董以都司、巡視、副使等官，控制周密。迨承平久，船敝伍虛。及遇警，乃募漁船以資哨守。兵非素練，船非專業，見寇舶至，輒望風逃匿，而上又無統率御之。以故賊帆所指，無不殘破。

三十二年三月，汪直勾諸倭大舉入寇，連艦數百，蔽海而至。浙東、西，江南、北，濱海數千里，同時告警。破昌國衞。四月犯太倉，破上海縣，掠江陰，攻乍浦。八月劫金山衞，犯崇明及常熟、嘉定。三十三年正月自太倉掠蘇州，攻松江，復趨江北，薄通、泰。四月陷嘉善，破崇明，復薄蘇州，入崇德縣。六月由吳江掠嘉興，還屯柘林。縱橫來往，若入無人之境，忬亦不能有所爲。未幾，忬改撫大同，以李天寵代，又命兵部尚書張經總督軍務。乃大徵兵四方，協力進剿。

是時，倭以川沙窪、柘林爲巢，抄掠四出。明年正月，賊奪舟犯乍浦、海寧，陷崇德，轉掠塘棲、新市、橫塘、雙林等處，攻德淸縣。五月復合新倭，突犯嘉興，至王江涇，乃爲經擊斬千九百餘級，餘奔柘林。其他倭復掠蘇州境，延及江陰、無錫，出入太湖。大抵眞倭十之三，從倭者十之七。倭戰則驅其所掠之人爲軍鋒，法嚴，人皆致死，而官軍素懦怯，所至潰奔。帝乃遣工部侍郎趙文華督察軍情。文華顚倒功罪，諸軍益解體。經、天寵並被逮，代以周琬、胡宗憲。踰月，琬罷，代以楊宜。

時賊勢蔓延，江浙無不蹂躪。新倭來益衆，益肆毒。每自焚其舟，登岸劫掠。自杭州北新關西剽淳安，突徽州歙縣，至績谿、旌德，過涇縣，趨南陵，遂達蕪湖。燒南岸，奔太平府，犯江寧鎭，徑侵南京。倭紅衣黃蓋，率衆犯大安德門，及夾岡，乃趨秣陵關而去，由溧水流劫溧陽、宜興。聞官兵自太湖出，遂越武進，抵無錫，駐惠山。一晝夜奔百八十餘里，抵滸墅。爲官軍所圍，追及於楊林橋，殲之。是役也，賊不過六七十人，而經行數千里，殺戮戰傷者幾四千人，歷八十餘日始滅，此三十四年九月事也。〔六〕

應天巡撫曹邦輔以捷聞，文華忌其功。以倭之巢於陶宅也，乃大集浙、直兵，與宗憲親將之。又約邦輔合剿，分道並進，營於松江之甎橋。倭悉銳來衝，遂大敗，文華氣奪，賊益熾。十月，倭自樂清登岸，流劫黃巖、仙居、奉化、餘姚、上虞，被殺擄者無算。至嵊縣乃殲之，亦不滿二百人，顧深入三府，歷五十日始平。其先一枝自山東日照流劫東安衞，至淮安、贛榆、沭陽、桃源，至淸河阻雨，爲徐、邳官兵所殲，亦不過數十人，流害千里，殺戮千餘，其悍如此。而文華自輒橋之敗，見倭寇勢甚，其自柘林移於周浦，與泊於川沙舊巢及嘉定高橋者自如，他侵犯者無虛日，文華乃以寇息請還朝。

明年二月，罷宜，代以宗憲，以阮鶚巡撫浙江。於是宗憲乃請遣使諭日本國王，禁戢島寇，招還通番奸商，許立功免罪。既得旨，遂遣寧波諸生蔣洲、陳可願往。及是，可願還，言至其國五島，遇汪直、毛海峰，謂日本內亂，王與其相俱死，諸島不相統攝，須徧諭乃可杜其入犯。又言，有薩摩洲者，〔七〕雖已揚帆入寇，非其本心，乞通貢互市，願殺賊自効。乃留洲傳諭各島，而送可願還。宗憲以聞，兵部言：「直等本編民，既稱効順，卽當釋兵。乃絕不言及，第求開市通貢，隱若屬國然，其奸叵測。宜令督臣振揚國威，嚴加備禦。移檄直等，俾剿除舟山諸賊巢以自明。果海疆廓清，自有恩賚。」從之。

時兩浙皆被倭，而慈谿焚殺獨慘，餘姚次之。浙西柘林、乍浦、烏鎭、皂林間，皆爲賊巢，前後至者二萬餘人，命宗憲亟圖方略。七月，宗憲言：「賊首毛海峯自陳可願還，一敗倭寇於舟山，再敗之瀝表，又遣其黨招諭各島，相率効順，乞加重賞。」部令宗憲以便宜行。當是時，徐海、陳東、麻葉，方連兵攻圍桐鄉，宗憲設計間之，海遂擒東、葉以降，盡殲其餘衆於乍浦。未幾，復蹴海於梁莊，海亦授首，餘黨盡滅。江南、浙西諸寇略平，而江北倭則犯丹陽及掠瓜洲，燒漕艘者明春復犯如皐、海門，攻通州，掠揚州、高郵，入寶應，遂侵淮安府，集於廟灣，逾年乃克。其浙東之倭則盤踞於舟山，亦先後爲官軍所襲。

先是，蔣洲宣諭諸島，至豐後被留，令僧人往山口等島傳諭禁戢。於是山口都督源義長具咨送還被掠人口，而咨乃用國王印。豐後太守源義鎮遣僧德陽等具方物，奉表謝罪，請頒勘合修貢，送洲還。前楊宜所遣鄭舜功出海哨探者，行至豐後島，島主亦遣僧淸授附舟來謝罪，言前後侵犯，皆中國奸商潛引諸島夷衆，義鎮等實不知。於是宗憲疏陳其事，言：「洲奉使二年，止歷豐後、山口二島，或有貢物而無印信勘合，或有印信而無國王名稱，皆違朝典。然彼既以貢來，又送還被掠人口，實有畏罪乞恩意。宜禮遣其使，令傳諭義鎮、義長，轉諭日本王，擒獻倡亂諸渠，及中國奸宄，方許通貢。」詔可。

汪直之踞海島也，與其黨王激、葉宗滿、謝和、王淸溪等，各挾倭寇爲雄。朝廷至懸伯爵、萬金之賞以購之，迄不能致。及是，內地官軍頗有備，倭雖横，亦多被剿戮，有全島無一人歸者，往往怨直，直漸不自安。宗憲與直同郡，館直母與其妻孥於杭州，遣蔣洲齎其家書招之。直知家屬固無恙，頗心動。義鎮等以中國許互市，亦喜。乃裝巨舟，遣其屬善妙等四十餘人隨直等來貢市，於三十六年十月初，抵舟山之岑港。將吏以爲入寇也，陳兵備。直乃遣王激入見宗憲，謂：「我以好來，何故陳兵待我？」激卽毛海峯，直養子也。宗憲慰勞甚至，指心誓無他。俄善妙等見副將盧鏜於舟山，鏜令擒直以獻。語洩，直益疑。宗憲開諭百方，直終不信，曰：「果爾，可遣㴒出，吾當入見。」宗憲立遣之。直又邀一貴官爲質，即命指揮夏正往。直以爲信，遂與宗滿、淸溪偕來。宗憲大喜，禮接之甚厚，令謁巡按御史王本固於杭州，本固以屬吏。㴒等聞，大恨，支解夏正，焚舟登山，據岑港堅守。

逾年，新倭大至，屢寇浙東三郡。其在岑港者，徐移之柯梅，造新舟出海，宗憲不之追。十一月，賊揚帆南去，泊泉州之浯嶼，掠同安、惠安、南安諸縣，攻福寧州，破福安、寧德。明年四月遂圍福州，經月不解。福淸、永福諸城皆被攻燬，蔓延於興化，奔突於漳州。其患盡移於福建，而潮、廣間亦紛紛以倭警聞矣。至四十年，浙東、江北諸寇以次平。宗憲尋坐罪被逮。明年十一月陷興化府，大殺掠，移據平海衞不去。初，倭之犯浙江也，破州縣衞所城以百數，然未有破府城者。至是，遠近震動，亟徵俞大猷、戚繼光、劉顯諸將合擊，破之。其侵犯他州縣者，亦爲諸將所破，福建亦平。

其後，廣東巨寇曾一本、黃朝太等，無不引倭爲助。隆慶時，破碣石、甲子諸衞所。已，犯化州石城縣，陷錦囊所、神電衞。吳川、陽江、茂名、海豐、新寧、惠來諸縣，悉遭焚掠。轉入雷、廉、瓊三郡境，亦被其患。萬曆二年犯浙東寧、紹、台、溫四郡，又陷廣東銅鼓石雙魚所。〔八〕三年犯電白。四年犯定海。八年犯浙江韭山及福建澎湖、東湧。十年犯溫州，又犯廣東。十六年犯浙江。然時疆吏懲嘉靖之禍，海防頗飭，賊來輒失利。其犯廣東者，爲蜑賊梁本豪勾引，勢尤猖獗。總督陳瑞集衆軍擊之，斬首千六百餘級，沈其船百餘艘，〔九〕本豪亦授首。帝爲告謝郊廟，宣捷受賀云。

日本故有王，其下稱關白者最尊，時以山城州渠信長爲之。偶出獵，遇一人臥樹下，驚起衝突，執而詰之。自言爲平秀吉，薩摩州人之奴，雄健蹻捷，有口辯。信長悅之，令牧馬，名曰木下人。後漸用事，爲信長畫策，奪幷二十餘州，遂爲攝津鎭守大將。有參謀阿奇支者，得罪信長，命秀吉統兵討之。俄信長爲其下明智所殺，秀吉方攻滅阿奇支，聞變，與部將行長等乘勝還兵誅之，威名益振。尋廢信長三子，僭稱關白，盡有其衆，時爲萬曆十四年。於是益治兵，征服六十六州，又以威脅琉球、呂宋、暹羅、佛郎機諸國，皆使奉貢。乃改國王所居山城爲大閣，廣築城郭，建宮殿，其樓閣有至九重者，實婦女珍寶其中。其用法嚴，軍行有進無退，違者雖子壻必誅，以故所向無敵。乃改元文祿，幷欲侵中國，滅朝鮮而有之。召問故時汪直遺黨，知唐人畏倭如虎，氣益驕。益大治兵甲，繕舟艦，與其下謀，入中國北京者用朝鮮人爲導，入浙、閩沿海郡縣者用唐人爲導。慮琉球洩其情，使毋入貢。

同安人陳甲者，商於琉球。懼爲中國害，與琉球長史鄭迥謀，因進貢請封之使，具以其情來告。甲又旋故鄉，陳其事於巡撫趙參魯。參魯以聞，下兵部，部移咨朝鮮王。王但深辨嚮導之誣，亦不知其謀已也。

初，秀吉廣徵諸鎭兵，儲三歲糧，欲自將以犯中國。會其子死，旁無兄弟。前奪豐後島主妻爲妾，慮其爲後患。而諸鎭怨秀吉暴虐，咸曰：「此舉非襲大唐，乃襲我耳。」各懷異志。由是，秀吉不敢親行。二十年四月遣其將清正、行長、義智，僧玄蘇、宗逸等，將舟師數百艘，由對馬島渡海陷朝鮮之釜山，乘勝長驅，以五月渡臨津，〔一〇〕掠開城，分陷豐德諸郡。朝鮮望風潰，清正等遂偪王京。朝鮮王李昖棄城奔平壤，又奔義州，遣使絡繹告急。倭遂入王京，執其王妃、王子，追奔至平壤，放兵淫掠。七月命副總兵祖承訓赴援，與倭戰於平壤城外，大敗，承訓僅以身免。八月，中朝乃以兵部侍郎宋應昌爲經略，都督李如松爲提督，統兵討之。

當是時，寧夏未平，朝鮮事起，兵部尙書石星計無所出，募能說倭者偵之，於是嘉興人沈惟敬應募。星卽假游擊將軍銜，送之如松麾下。明年，如松師大捷於平壤，朝鮮所失四道並復。如松乘勝趨碧蹄館，敗而退師。於是封貢之議起，中朝彌縫惟敬以成款局，事詳朝鮮傳。久之，秀吉死，諸倭揚帆盡歸，朝鮮患亦平。然自關白侵東國，前後七載，〔一一〕喪師數十萬，糜餉數百萬，中朝與朝鮮迄無勝算。至關白死，兵禍始休，諸倭亦皆退守島巢，東南稍有安枕之日矣。秀吉凡再傳而亡。

終明之世，通倭之禁甚嚴，閭巷小民，至指倭相詈罵，甚以噤其小兒女云。〔一二〕

校勘記

〔一〕日本王良懷不奉命　良懷，日本史籍作「懷良」，指懷良親王。

〔二〕是年掠溫州　溫州，本書卷二太祖紀、太祖實錄卷六六洪武四年六月戊申條都作「膠州」。

〔三〕又遣侍郎俞士吉齎璽書褒嘉　按本書卷一四九夏原吉傳附俞士吉傳及國朝獻徵錄卷四九俞公士吉傳，俞士吉出使日本時官僉都御史。

〔四〕賊數千人分乘二十舟　二十舟，本書卷一五五劉榮傳作「三十餘舟」，太宗實錄卷一一三永樂十七年六月戊子條作「三十一艘」。

〔五〕求佛祖統紀諸書　佛祖統紀，原作「佛祖通紀」，據憲宗實錄卷一七〇成化十三年九月辛卯條、稽璜續文獻通考卷一八五、四庫全書總目卷一四五改。

〔六〕此三十四年九月事也　九月，本書卷十八世宗紀、世宗實錄卷四二五嘉靖三十四年八月壬辰條都作「八月」。

〔七〕有薩摩洲者　薩摩洲，日本史籍俱作「薩摩州」。

〔八〕又陷廣東銅鼓石雙魚所　銅鼓石，原作「銅鼓衛」，本書卷二一二張元勳傳及神宗實錄卷三二萬曆二年十二月乙卯條都作「銅鼓石雙魚城」。據改。按本書卷九〇兵志，銅鼓衞隸湖廣都司，不在廣東。

〔九〕沈其船百餘艘　百餘，本書卷二一二李錫傳附黃應甲傳作「二百餘」。

〔一〇〕以五月渡臨津　原脫「臨」字，據本書卷三二〇朝鮮傳、國榷卷七六頁四七〇〇補。